BVT

Donatello, Michelangelo, Cellini, Palladio, Botticelli, Leonardo, Raffael und viele andere sind die Helden, die der renommierte Historiker Paul Johnson in seiner Geschichte der Renaissance vorstellt, die eine der wirkungsmächtigsten Epochen der Kunstgeschichte war. Entscheidend für die Blüte der Renaissance war die Begeisterung der Stadtfürsten für die Kunst, wie die der Medici in Florenz, der Visconti und Sforza in Mailand und nicht zuletzt auch der Päpste in Rom. Johnson zeichnet das Bild der ökonomischen und sozialen Hintergründe und beschreibt luzide Aufstieg und Niedergang einer Periode, die Europa formte.

Paul Johnson ist einer der renommiertesten zeitgenössischen Historiker und Verfasser von wegweisenden philosophischen, historischen und religionswissenschaftlichen Büchern.

Paul Johnson
Die Renaissance

Aus dem Englischen von
Michael Benthack

Berliner Taschenbuch Verlag

Deutsche Erstausgabe
April 2002
BvT Berliner Taschenbuch Verlags GmbH, Berlin,
ein Unternehmen der Verlagsgruppe Random House GmbH
Die Originalausgabe erschien 2000 unter dem Titel
The Renaissance. A Short History
bei Weidenfeld & Nicholson, a division of
The Orion Publishing Group, Ltd., London
© 2000 Paul Johnson
Für die deutsche Ausgabe
© 2002 Berliner Taschenbuch Verlags GmbH, Berlin
Umschlaggestaltung: Nina Rothfos und Patrick Gabler, Hamburg,
unter Verwendung eines Ausschnitts aus Pietro Perugines »Mosis Reise nach
Ägypten und Beschneidung seines Sohnes Eliezer« aus der Sixtinischen Kapelle
Gesetzt aus der Minion durch Fotosatz Reinhard Amann, Aichstetten
Druck und Bindung: Elsnerdruck, Berlin
Printed in Germany · ISBN 3-442-76041-0

INHALT

ANHANG

I. DER HISTORISCHE UND WIRTSCHAFTLICHE HINTERGRUND

Die Vergangenheit ist unendlich kompliziert zu interpretieren, weil sie sich aus bedeutenden wie auch unbedeutenden Ereignissen zusammensetzt und sich allzu oft jeder genauen Bestimmung entzieht. Um kulturelle oder politische Entwicklungen zu erkennen, muss der Historiker auswählen, vereinfachen und strukturieren. Eine Möglichkeit ist, die Geschichte in Epochen oder Zeitalter einzuteilen. Auch lässt sich jede dieser Perioden leichter erinnern und verstehen, wenn man sie mit einem Begriff versieht, der ihren Geist repräsentiert. Auf diese Weise entstanden Bezeichnungen wie »Renaissance«. Selbstverständlich haben diesen Ausdruck nicht jene geprägt, die diese Zeit tatsächlich erlebten, sondern spätere – oft sehr viel spätere – Autoren. Die historischen Epochenbezeichnungen sind weitgehend das Werk des 19. Jahrhunderts. Der Begriff »Renaissance« wurde zuerst vom französischen Historiker Jules Michelet 1858 verwendet; zwei Jahre später etablierte ihn Jacob Burckhardt in seinem bedeutenden Buch *Die Cultur der Renaissance in Italien*. Diese Bezeichnung blieb im Gedächtnis haften, weil sich mit ihr zutreffend die Zeit des Übergangs vom Mittelalter, als Europa noch ganz vom Christentum bestimmt war, zur Neuzeit charakterisieren ließ. Überdies spricht aus historischer Sicht vieles für den Begriff. Denn obwohl die italienischen Eliten der damaligen Zeit die Wörter »Renaissance« oder »Rinascimento« nie verwendeten, waren sie sich doch bewusst, dass eine Art kulturelle Wiedergeburt stattfand und einiges von der literarischen, philosophischen und künstlerischen Größe der griechischen und römischen Antike neu erschaffen wurde. Im Jahr 1550 veröffentlichte der Maler Vasari sein ambitioniertes Werk *Lebensläufe der berühmtesten Maler, Bildhauer und Architekten*, in dem er zu beschreiben versuchte, wie sich dieser Prozess vollzog und sich in der Malerei, der Bildhauerkunst und der Architektur fortsetzte. Er verglich die Schönheiten des Altertums mit den Errungenschaften der Gegenwart und jüngeren Vergangenheit in Italien und bezeichnete die Zeit des Verfalls und Niedergangs dazwischen als »Mittelalter«. Auch diese Bezeichnung blieb haften.

Man bediente sich also eines Begriffs aus dem 19. Jahrhundert, um das Ende einer Epoche zu kennzeichnen, die im 16. Jahrhundert ihren Namen erhielt. Doch wann genau vollzog sich dieser Beginn einer neuen Epoche? Hier kommen wir zum ersten Problem im Zusammenhang mit der Renaissance. Historiker der europäischen Geschichte sind sich schon seit langem darüber einig, dass die Frühe Neuzeit um die Wende vom 15. Jahrhundert zum 16. Jahrhundert einsetzte, auch wenn sie diesen Epochenwechsel in verschiedenen Ländern unterschiedlich datieren. So begann die Frühe Neuzeit in Spanien im Jahr 1492, als die Eroberung Granadas mit der Vertreibung der Mauren und der Juden abgeschlossen war und Christoph Kolumbus auf Anweisung von Königin Isabella und König Ferdinand in die westliche Hemisphäre aufbrach. England trat 1485 in diese Epoche ein, als Richard III., der letzte König des Hauses Plantagenet, in der Schlacht bei Bosworth getötet wurde und die Tudor-Dynastie in Gestalt Heinrichs VII. an die Macht kam. 1492, als der französische König Karl VIII. in Italien einmarschierte, schlossen sich Frankreich und Italien auf Grund dieses Ereignisses Spanien und England an. Und schließlich trat Deutschland 1519 in die neue Epoche ein, als Karl V. den deutschen Kaiserthron mit der Krone Spaniens und Westindiens vereinigte. Doch als diese Ereignisse stattfanden, hatte sich die Renaissance bereits im Großen und Ganzen durchgesetzt und bewegte sich rasch auf die von Historikern so genannte Hochrenaissance zu. Auch hatte die nachfolgende Epoche, die Reformation, die Historiker meist auf 1517 datieren, als Martin Luther seine 95 Thesen an die Tür der Kirche in Wittenberg schlug, bereits begonnen. Man sieht also, dass die Verbindung von Renaissance und dem Einsetzen der Frühen Neuzeit eher in struktureller als in chronologischer Hinsicht präzise ist.

Die nächste Schwierigkeit liegt somit darin, die Chronologie der Renaissance zu bestimmen. Der Begriff bedeutet soviel wie die Wiederentdeckung und Nutzbarmachung der Tugenden und Fähigkeiten der Antike, ihrer Kenntnisse und ihrer Kultur, die in den »barbarischen« Jahrhunderten – deren Beginn wird meist auf das 5. Jahrhundert n. Chr. datiert – unmittelbar nach dem Zusammenbruch des Römischen Reiches im Abendland verloren gegangen waren. Hier aber stoßen wir auf ein weiteres Problem. In der Geschichte kommt es immer wieder zu – bedeutenden wie unbedeutenden – kulturellen Wiedergeburten. Generationen in allen Gesellschaften neigen dazu, auf goldene Zeitalter zurückzublicken und diese wiederherstellen zu wollen. So wurde zum Beispiel die lange, von heutigen Archäologen penibel in das Alte, Mittlere und Neue Reich unterteilte Zivilisation des alten Ägypten durch zwei Zusammenbrüche, die so genannten mittleren Epochen, unterbrochen, wobei es sich beim Mittleren und Neuen Reich unumstritten um Wiedergeburten handelt. Die drei Jahrtausende ägyptischer Kulturgeschichte sind von bewussten Archaismen gekennzeichnet, vom absichtsvollen Wiederaufgreifen früherer Grundmuster der Kunst, Architektur und Literatur, die jene kulturellen Praktiken ersetzten, die man als »degeneriert« ansah. Dieses Muster findet man in allen antiken Gesellschaften. Als Alexander der Große im 4. Jahrhundert v. Chr. ein Weltreich schuf, wollten seine Hofkünstler die Größe und den Glanz der athenischen Zivilisation des 5. Jahrhunderts wieder auferstehen lassen. So war das hellenistische Griechenland, wie wir es nennen, eine Art Wiedergeburt der Wertvorstellungen der klassischen Antike.

Auch das Römische Reich versuchte in regelmäßigen Abständen seine tugendhafte und schöpferische Vergangenheit zurückzugewinnen. Als Augustus am Vorabend der christlichen Epoche sein Reich schuf, schaute er zurück auf den edlen Geist der Republik und darüber hinaus auf die eigentlichen Ursprünge der Stadt Rom, um so eine moralische und kulturelle Kontinuität herzustellen und seiner Regentschaft Legitimität zu verleihen. Der Historiker Livius ließ die Vergangenheit in seinen Prosaschriften wieder auferstehen, und der Dichter Vergil erzählte in seinen Versepen von den durch Gott gesegneten Ursprüngen Roms. Dennoch war das Kaiserreich nie so selbstbewusst wie die Republik, da es mehr den Launen eines fehlbaren Alleinherrschers unterworfen war und weniger von der kollektiven Weisheit des Senats regiert wurde. Außerdem richtete es ständig den Blick in eine Vergangenheit, die eher Bewunderung zu verdienen schien, und suchte deren hohes Niveau wiederzuerlangen. Die Vorstellung von einer Wiedergeburt der Republik war in den Köpfen der führenden Personen des Römischen Reichs stets präsent.

Nach dem Zusammenbruch des Westreichs im 5. Jahrhundert v. Chr. verstärkte sich in den Gesellschaften, die dem *Imperium Romanum* nachfolgten, diese Sehnsucht nach der majestätischen Vergangenheit Roms. In der Vatikanischen Bibliothek befindet sich ein Codex, bekannt als der »Vatikanische Vergil«, aus dem 5. oder 6. Jahrhundert. Er ist in einer monumentalen *Capitalis Rustica* verfasst und stellt den Versuch dar, die lateinische kalligrafische Großbuchstabenschrift wieder aufleben zu lassen, die in den Zeiten des Niedergangs im 3. und 4. Jahrhundert weitgehend außer Gebrauch gekommen war. Offenbar hatte der Künstler-Schreiber, vielleicht aus Ravenna, der den Text mit Miniaturen illustrierte – darunter eine des Vergil –, Zugang zu einem qualitätsvollen, sehr viel früheren römischen Werk, das er nach besten Kräften nachahmte. Dies ist ein Beispiel für einen der vielen Versuche der Wiederbelebung verloren gegangener römischer Kenntnisse und Gepflogenheiten.

Eine erfolgreichere und bewusstere Wiedergeburt, die von staatlicher Seite organisiert wurde, fand während und nach der Regierungszeit Karls des Großen statt, König der Franken von 768 bis 814, der praktisch alle christlichen Gebiete Westeuropas in einem großen Königreich zusammenführte. 800 n. Chr. ernannte er sich selbst zum Kaiser des Heiligen Römischen Reiches; es unterschied sich von seinem heidnischen Vorgängerreich durch das erläuternde Adjektiv und strebte eine Verschmelzung antiken Erbes und christlicher Religion an. Die Krönung fand in Rom statt, in der Alten Peterskirche während der Weihnachtsmesse, die Papst Leo III. zelebrierte. Der neue römische Kaiser regierte jedoch nicht von dort, sondern ließ die Kaiserpfalz lieber im Herzland seines Reiches, in Aachen, errichten. Diese wurde aus Baustoffen errichtet, die aus Rom und Ravenna herbeigeschafft wurden und über die rechte antike Schönheit und Ausdruckskraft verfügen mussten. Nachdem Karl sich Latein und ein wenig Griechisch beigebracht und Gelehrte um sich versammelt hatte, die aus der ganzen damals bekannten Welt zu ihm kamen und ihm dienten, schuf er in Aachen eine höfische Kultur, die in seinen Augen römischen Grundsätzen folgte. Sein einflussreichster Berater, Alkuin, verfasste auf sein Geheiß das Lehrbuch *Epistola de litteris colendis* (785), das in allen Dom- und Klosterschulen des Frankenreiches zum Studium der lateinischen Sprache der heiligen und weltlichen Schriftstücke verwendet wurde. Eine Zusammenfassung des als authentisch und nützlich erachteten Wissens, die *Libri Carolini*, wurde vorbereitet und in Umlauf gebracht. In Karls eigenem Skriptorium und danach in anderen geistigen Zentren seines Herrschaftsgebietes entwickelten seine Schreiber die so genannte karolingische Minuskel. Diese klare und schöne Schrift aus Kleinbuchstaben setzte sich im frühen Mittelalter schließlich durch.

In der Vatikanischen Bibliothek befinden sich zwei alte Codices, die die Auswirkungen des Programms Karls des Großen veranschaulichen. Der erste, das *Sacramentarium Gelasianum*, datiert aus der Zeit unmittelbar vor der Thronbesteigung, zeichnet sich durch vorzügliche, wenn auch »barbarische« Bilder von Pflanzen und Tieren aus. Er dokumentiert antike römische liturgische Feiern und andere urkundliche Belege der Vergangenheit und ist in einer feinen Unzialschrift verfasst, auch wenn an einigen Stellen erstmals die Kleinbuchstabenschrift, die Karl populär gemacht hatte, erscheint. Dies war das Vermächtnis, auf dem der neue Kaiser aufbaute. Im Gegensatz dazu steht der weitaus ausgefeiltere *Terentius Vaticanus;* er ist komplett in einer feinen karolingischen Minuskelschrift verfasst und enthält Abbildungen von Schauspielern, die Stücke des Terenz aufführen. Das Buch ist schon für sich genommen interessant, da es zeigt, dass die Gelehrten des Frühmittelalters mit Terenz' Schriften vertraut waren. Die künstlerische Ausgestaltung beruht jedoch unzweifelhaft auf Vorbildern aus römischer Zeit, denn die Figuren der Schauspieler auf der Rückseite des Blattes 55 erinnern mit ihren ausdrucksstarken Gebärden an die Fähigkeiten, die vermeintlich Jahrhunderte zuvor verloren gegangen waren.

Das karolingische Experiment hatte also durchaus die Eigenschaften einer genuinen Wiedergeburt. Doch es schlug letztlich fehl. Der Gesellschaft des 9. Jahrhunderts fehlten die verwaltungstechnischen Mittel, um ein Reich von der Größe Karls des Großen aufrechtzuerhalten, und erst recht mangelte es an den wirtschaftlichen Ressourcen, um ein derart ambitioniertes kulturelles Programm zu festigen und auszuweiten. Aber immerhin konnte man nun auf etwas aufbauen, und genau dies taten die deutschen Ottonen, die sich ebenfalls in Rom zu römischen Kaisern krönen ließen. Im 11. Jahrhundert war das Heilige Römische Reich Deutscher Nation, der Nachfolgestaat (wie es sich selbst sah) des antiken Römischen Reichs, zu einem dauerhaften Element in der mittelalterlichen Gesellschaft geworden und erinnerte daran, dass die Errungenschaften der römischen Antike nicht nur Nostalgie waren, sondern wieder erschaffen werden konnten. Bildlichen Ausdruck fand dies in der Verbreitung romanischer architektonischer Formen – stämmiger, runder Säulen, auf denen halbkreisförmige Bögen ruhen –, die nach dem Urteil der Steinmetze des Frühmittelalters für die besten Bauwerke der römischen Kaiserzeit kennzeichnend waren. Die Ottonische Renaissance rief, besonders unter Gregor VII., dem früheren Mönch Hildebrand, Gegenreaktionen seitens des Papsttums hervor. Dazu zählten eine grundlegende Neuordnung des gesamten kanonischen Rechts nach den Grundsätzen der bedeutenden Gesetzbücher der Spätantike sowie ehrgeizige Programme zur geistlichen und moralischen Ausbildung des Klerus und reale physische und geistige Befreiung von den weltlichen Autoritäten. Das führte zwangsläufig zum Konflikt zwischen Kurie und Reich, der auch in den militärischen Auseinandersetzungen der Guelfen und Ghibellinen in Italien zum Ausdruck kam. Positiv war allerdings, dass durch die Hildebrandschen Reformen, die sich im gesamten westlichen Christentum ausbreiteten, eine selbstbewusste Schicht von Geist-

lichen entstand, aus der sich eine wachsende Anzahl bedeutender Gelehrter rekrutierte.

Schließlich sammelten sich diese neuen Gelehrten in den –
später so genannten – Universitäten, die eine Erweiterung und
Verschmelzung von Domschulen und klösterlichen Ausbildungs-
zentren waren. Die erste Universität entstand im 12. Jahrhundert
in Paris, wo Peter Lombard an der Domschule von Notre Dame,
Abélard an der Schule von Sankt Geneviève und Hugo und Richard an Sankt Viktor lehrten. Eine ähnliche Entwicklung vollzog sich in Oxford. Dort finden sich etwa seit dem Jahr 1125
Hinweise, dass unabhängige Lehrer an Schulen, die sich in der
Mitte der Stadt befanden, Kunst, Theologie sowie ziviles und
kanonisches Recht unterrichteten. Die neuen Hochschulen bildeten den Kern dessen, was man heute als die Renaissance des
12. Jahrhunderts bezeichnet. Besonders bedeutsam ist in diesem
Zusammenhang, dass es in Oxford bereits zu Beginn der zwanziger Jahre des 12. Jahrhunderts eine Kunstfakultät gab, deren
Kurse das Fundament für die über 200 Jahre später einsetzende
eigentliche Renaissance bildeten.

Diese so genannte Protorenaissance war nicht nur deshalb
von Bedeutung, weil sie zu qualitativen Verbesserungen im Un-
terrichten und Schreiben sowie im mündlichen Gebrauch der
lateinischen Sprache führte, die sich zur Lingua franca einer Bil-
dungsschicht entwickelte, die hauptsächlich, wenn nicht ausschließlich, aus Priestern bestand, sondern auch, weil sich in
dieser Zeit in quantitativer Hinsicht ein explosionsartiges Wachstum vollzog. Die wachsende Anzahl der Gelehrten und Literaten
führte zu einer immensen Zunahme von Handschriften der
klösterlichen Schreibstuben und Produkten der säkularen Her-
stellungszentren in den Städten. Einige der Berufsschreiber waren zugleich Künstler, deren Miniaturen künstlerische Ideen in

Umlauf brachten. Zwar nutzten nur die des Lesens kundigen Führungsschichten Codices und Handschriften; doch wurden die Buchgestaltungen von den vielen Kirchenmalern, Glasern, Bildhauern, Steinmetzen und anderen Kunsthandwerkern gesehen und aufgenommen, die sich an den enormen Bau- und Neubauvorhaben beteiligten, durch die im beginnenden 12. Jahrhundert Tausende romanische Kirchen und Dome in gotische verwandelt wurden. Es lohnt, in diesem Zusammenhang anzumerken, dass der neue Chorraum der Kathedrale in Canterbury, die nach einem Brand im Jahr 1174 durch eine romanische ersetzt worden war, einen Kranz korinthischer Säulen enthielt, der den Schrein des ermordeten Thomas Becket aufnehmen sollte. Man würde diese Säulen ins Italien des 15. Jahrhunderts datieren, wenn es nicht urkundliche Beweise gäbe, dass sie im letzten Viertel des 12. Jahrhunderts von William von Sens angefertigt wurden.

Nachdem sich die neuen Universitäten etabliert hatten, war die Zeit für die Wiederentdeckung des Aristoteles, des bedeutendsten Enzyklopädisten und Philosophen der Antike, gekommen. Die Kirchenväter hatten sein Werk mit Argwohn betrachtet und ihn als Materialisten eingestuft, im Gegensatz zu Platon, in dem sie einen eher idealistischen Denker und echten Vorläufer christlicher Vorstellungen und Ideen sahen. Im 6. Jahrhundert hatte Boethius die Schriften des Aristoteles voll Begeisterung kommentiert. Allerdings waren ihm dabei nur wenige gefolgt, was teilweise daran lag, dass die Texte nur in Auszügen oder aus Besprechungen bekannt waren. Dennoch kamen Aristoteles' Schriften zur Logik vom 9. Jahrhundert an in Umlauf, auch wenn sie erst um 1130 komplett zur Verfügung standen. Um 1200 war die *Ethik* in lateinischer Übersetzung zugänglich, die *Politik* ein halbes Jahrhundert später; gleichzeitig wurden verschiedene wissenschaftliche Texte, versehen mit gelehrten Kommentaren, aus dem Arabischen übersetzt. Da Aristoteles' Schriften im islamischen Raum rezipiert wurden und von dort in das Abendland gelangten, blieben sie in den Augen der katholischen Kirche als eine mögliche Quelle der Häresie suspekt; dies hielt die bedeutenden Philosophen Albertus Magnus und Thomas von Aquin jedoch nicht davon ab, ihre *summae* auf eine aristotelische Basis zu stellen. Mit Brillanz wendeten sie – vor allem Thomas von Aquin – Aristoteles' Ideen an, wobei das Besondere darin bestand, die christliche Lehre gleichermaßen auf ein solides Fundament der Vernunft und des Glaubens zu stellen. Die Einverleibung aristotelischer Vorstellungen und Methoden war der erste große und komplizierte Akt in der langen Geschichte der Wiederentdeckung der antiken Kultur; er vollzog sich im 13. Jahrhundert, also vor Beginn der eigentlichen Renaissance.

Wenn nun aber so viele konstituierende Elemente der Renaissance schon vor 1200 vorhanden waren – warum dauerte es dann so lange, bis sie an Dynamik gewann und sich selbst trug? An dieser Stelle sollte man zwei Erklärungen heranziehen, von denen die eine den Faktor Wirtschaft, die andere den Faktor Mensch betrifft. Athen war in seiner Blütezeit ein reiches Zentrum des Handels, der Mittelpunkt eines Netzwerks überseeischer Kolonien. Das nachfolgende Alexandrinische Reich war viel größer und verfügte über weitaus mehr Mittel. Und das Römische Reich, das an seinem Ostrand das Reich Alexanders eingliederte, war noch viel größer und besaß Ressourcen, die erst in verhältnismäßig neuer Zeit übertroffen wurden. Ein solcher Reichtum ermöglichte nicht nur gigantische öffentliche Bauvorhaben und eine großzügige staatliche Förderung der Kunst, sondern ließ auch begüterte Klassen entstehen, deren Angehörige die Künste sowohl förderten als auch ausübten. Das Römische

Reich war ein monumentales rechtliches und militärisches Faktum, das über riesige Geldsummen verfügte, wovon die Künste und die Literatur eher zufällig profitierten.

Schließlich brach dieses gigantische Reich zusammen. Im Zuge dieses ruinösen Prozesses, der teilweise durch eine galoppierende Inflation – die Unfähigkeit, eine kaufkräftige Währung zu erhalten – verursacht wurde, sank das Bruttosozialprodukt in den Westgebieten des Reiches dramatisch, bis es im 6. und 7. Jahrhundert einen Tiefpunkt erreichte, von dem es sich nur langsam und mit regelmäßig wiederkehrenden Rückschlägen erholte. Als die Wirtschaft des Abendlandes wieder erstarkte, geschah dies auf einer Basis, die in grundlegender Hinsicht weitaus viel versprechender war als die in der Antike herrschenden Verhältnisse.

Die Griechen waren große Erfinder und brachten etliche geniale Wissenschaftler und Ingenieure hervor. Deshalb konnten die Römer auf ihrer Arbeit aufbauen und Vorhaben in einem Maßstab durchführen, die auch noch nach heutigen Vorstellungen beeindruckend sind, den Menschen des Mittelalters aber als geradezu übermenschlich erschienen. Doch der Monumentalität des Römischen Reichs haftete auch etwas Fragwürdiges an. Sie gründete eher auf menschlicher Muskelkraft und weniger auf intellektuellen Leistungen. Die Festungswerke, Straßen und Brücken, die gewaltigen Aquädukte, die prachtvollen städtischen und staatlichen Bauwerke wurden mit Hilfe einer ungeheuren Menge an Zwangsverpflichteten beziehungsweise Sklaven errichtet, deren Kraft und Energie die Hauptquelle der römischen Machtstellung bildeten. Das durch die Eroberungskriege ständig aufgefüllte Heer von Sklaven stand fast ununterbrochen in beinahe unbegrenzter Anzahl zur Verfügung. Es fehlte der Anreiz, neue Ingenieursfähigkeiten zu entwickeln, und so verließ man sich weiterhin auf die schiere Wucht dicker Mauern und Strebepfeiler. Es gibt sogar Hinweise, dass es den römischen Behörden aus Angst vor Arbeitslosigkeit und Unzufriedenheit in der Bevölkerung widerstrebte, arbeitssparende Methoden einzusetzen, selbst wenn diese zur Verfügung standen. In Anbetracht des Reichtums der Römischen Republik während ihrer Blütezeit war der Stand der Technik kaum weiter fortgeschritten als im athenischen Griechenland; zudem beschränkten sich die technischen Innovationen weitgehend auf den militärischen Bereich. Doch selbst in der Kriegsmarine machten die Römer erbärmlich wenig Gebrauch von der Segelkraft, sondern ließen ihre Galeeren lieber von Sklaven rudern. So stagnierte die Technik, und in der Spätphase des Reichs, als die Inflation immer weiter um sich griff, entwickelte sie sich sogar zurück.

Im Europa des Mittelalters war eine solche Überfülle an Arbeitskräften unbekannt. Unter dem Einfluss der christlichen Lehre ging es mit der Leibeigenschaft zunächst langsam, dann steil bergab. Dies galt vor allem für den germanischen Norden, doch später auch für den mittelmeerischen Süden. Zur Zeit des *Domesday Book* (Reichsgrundbuch), mit dem sich Wilhelm I., der Eroberer, 1086 einen Überblick über die Einkünfte der Krone verschaffen wollte, gab es in England nur eine verschwindend geringe Zahl amtlich registrierter Leibeigener. Die meisten Männer und Frauen waren so genannte *glebae adscripti*: Die Dorfbevölkerungen waren durch komplizierte feudale Verpflichtungen – die mit der Zeit durch geschriebenes Gesetz, das die Freiheit der Bewegung untersagte, noch verstärkt wurden – an ihren Wohnort gebunden. Es war schwierig für sie, in die Städte zu ziehen und dort einen Arbeitsmarkt zu bilden. Da selbst an ungelernten Arbeitskräften Mangel herrschte, gerieten ehrgeizige Bauprogramme bald in Schwierigkeiten. Als Edward I. von England im 13. Jahrhundert in Nordwales sein riesiges Vorhaben zum Bau von Schlössern und Burgen startete, stellte er fest, dass er mit den kirchlichen Behörden, die ihre Kathedralen wieder aufbauten, um einen begrenzten Bestand an gelernten Handwerkern und sogar an Bauarbeitern im Wettbewerb stand. Die Auswirkungen dieses Arbeitskräftemangels spiegeln sich in den steigenden Kosten, die in den Rechnungsbüchern des Königlichen Bauamtes verzeichnet sind. In Frankreich machte man ähnliche Erfahrungen. In der Mitte des 14. Jahrhunderts reduzierte die Pest die Bevölkerung Westeuropas um 25 bis 30 Prozent. Dadurch wurden Arbeitskräfte noch rarer, selbst in landwirtschaftlichen Regionen, aber auch die Seehäfen waren betroffen.

Aus all diesen Gründen gab es enorme Anreize, die im späteren Mittelalter noch stärker wurden, arbeitssparende Maschinen und Energiequellen als Alternative für die menschliche Muskelkraft zu entwickeln. Manche mittelalterlichen Erfindungen, beispielsweise die Schubkarre, waren zwar schlicht, aber immens wichtig. Es hatte außerordentlich lange gedauert, bis die Römer gelernt hatten, Pferde effektiv einzusetzen; sie begnügten sich mit einer Art Ochsenjoch beziehungsweise Geschirr, das im Wesentlichen aus einem Brustband bestand. Im 12. Jahrhundert hatten dagegen die Bauern – von den Römern kaum verwendete – Deichseln und Zugriemen erfunden und auch das wenig wirkungsvolle Brustband zum steifen, gepolsterten Pferdegeschirr weiterentwickelt, wodurch sich die Zugkraft eines Pferdes um das Fünffache erhöhte. Damit die Pferde die mittelalterlichen Ritter in ihren schweren Rüstungen tragen konnten, hatte man in Frankreich besonders starke Rosse gezüchtet, von denen das heutige Zugpferd abstammt. Diese kräftigen Tiere, die die Ochsen vor dem Pflug ersetzten, verdoppelten die landwirtschaftliche Produktivität, so dass die Bauern hölzerne Pflüge durch eiserne ersetzen konnten, was die Produktivität wiederum

steigerte. Zudem zogen diese Pferde größere, mit einer drehba-
ren Vorderachse und effizienteren konkaven Rädern versehene
Wagen. Im 14. Jahrhundert sanken in England die Transportko-
sten, wenn man die Rückreise am selben Tag antreten konnte,
auf einen Penny pro Tonne und Meile. Und weil man immer
mehr Brücken baute, waren erstmals Überlandfahrten gegenüber der Beförderung zu Wasser konkurrenzfähig.

Die Römer kannten die Technik der Wassermühle und errichteten auch einige große solcher Anlagen. Da sie jedoch bevorzugt Sklaven, Esel und Pferde einsetzten, dauerte es lange, bis
diese Mühlen gebaut wurden. Vespasian, römischer Kaiser von
69 bis 79 n. Chr., soll sich sogar gegen die Verbreitung der Wasserkraft ausgesprochen haben, weil die Menschen dadurch ar-
beitslos würden. Auch der Mangel an Eisenerzeugnissen führte
dazu, dass die Römer die ineffizienten hölzernen Gerätschaften
nur widerstrebend ausrangierten. Im Mittelalter stieg die Eisen-
produktion stetig, wodurch das Metall preiswerter wurde und so
für eine Vielzahl von Zwecken, darunter den Antrieb von Maschinen, eingesetzt werden konnte. Erstmals produzierten die
Schmieden das für Antriebsmaschinen aller Art ungeheuer wichtige Gusseisen. Das Reichsgrundbuch verzeichnet für England
südlich des Flusses Trent 5 624 Wassermühlen. Allmählich nutzte
man diese wasserbetriebenen Mühlen, um Holz zu sägen, Tuch
zu walken, Erz zu brechen, Metall zu hämmern und Kohle ab-
zubauen. Die weite Verbreitung und Bedeutung dieser Mühlen
spiegelt sich in den komplizierten Gesetzen bezüglich der Be-
wirtschaftung von Flüssen. Beginnend mit dem 12. Jahrhundert
kam zur Wasserkraft, mit deren Hilfe man schwere, Metall schlei-
fende Maschinen antreiben konnte, die Windkraft hinzu. Die –
den Römern unbekannten – Windmühlen wurden in großer
Zahl und oft in beträchtlicher Größe gebaut. Allein in den Nie-

derlanden existierten 8 000. Dort wurden sie jedoch nicht nur zum Getreidemahlen eingesetzt, sondern auch zum Wasserpumpen. Dadurch wurden Entwässerungsvorhaben möglich, die die landwirtschaftliche Nutzfläche vergrößerten. Dieser Prozess vollzog sich in vielen Teilen Europas.

Die komplizierte Segelkraft, die man zum Antrieb der Windmühlen verwendete, und die Entwicklung der Segelschiffe hingen eng miteinander zusammen. Dies erklärt, weshalb sich die Seefahrt im Mittelalter gegenüber dem römischen Seetransport, der weitgehend auf von Rudern angetriebenen Galeeren bewerkstelligt wurde, so weit verbessern konnte. Im 13. Jahrhundert tauchten, vor allem in den nördlichen Gewässern der Hanse, die ausschließlich von Segeln angetriebenen Koggen auf, denen im 14. Jahrhundert die portugiesischen Karavellen folgten. Diese Lateinsegel führenden Schiffe mit zwei oder drei Masten, mehreren Decks und einem großen Schiffskörper – die in allen wesentlichen Teilen heutigen Segelschiffen glichen – wogen 600 Tonnen oder mehr und konnten das Eigengewicht an Fracht befördern. Solche Schiffe konnten auf den Atlantik hinaussegeln und ihn überqueren, was sie schließlich, unterstützt durch den magnetischen Kompass, mechanische Zeitmessgeräte und ständig verbesserte Seekarten auch taten.

Jetzt, da es in der Seefahrt zu revolutionären Umwälzungen gekommen war und sich die Beförderung zu Lande verbessert hatte, verdoppelte sich der europäische Binnen- und Außenhandel praktisch mit jeder Generation. Doch durch den überseeischen Handel, insbesondere mit dem Osten, breitete sich der Schwarze Tod aus, und zahlreiche Epidemien wie die Große Pest (1347–1351) dezimierten die Bevölkerung. Es gibt allerdings keine Belege, dass die Pest das enorme Wirtschaftswachstum unterbrach. Eher beschleunigte sie dieses auf lange Sicht, weil sie

noch mehr Anreize zur Verwendung nichtmenschlicher Arbeits-
kraft lieferte. Gleichzeitig entstanden im Zuge der Ausweitung
des Handels in immer größerem Umfang ergänzende wirt-
schaftliche Praktiken, beispielsweise Versicherungen oder Bank-
geschäfte, die durch die Erfindungen von Geschäftsmethoden
wie etwa der doppelten Buchführung unterstützt wurden.

Daher wurde im Spätmittelalter in einer bisher unbekannten
Menge Reichtum produziert. Er konzentrierte sich in Städten
wie Venedig und Florenz, die sich in den neuen Wirtschaftszwei-
gen des Handelsverkehrs und des Bankwesens in großem Stil
spezialisierten. Derart wohlhabende Städte fanden sich vorrangig in den Niederlanden, im Rheintal und in Nord- und Mittelitalien. Dort sammelte sich immer mehr Reichtum an, und
diejenigen, die ihn besaßen, befriedigten ihre Sinne, indem sie
Literatur und Künste förderten. Bald begannen die Herrscher,
Päpste und Fürsten, den neuen Wohlstand ihrer Untertanen erfindungsreich mit Steuern zu belegen. Doch Reichtum allein
hätte die historische Epoche, die wir als Renaissance bezeichnen,
nicht hervorgebracht. Geld kann zwar die Kunst befördern, doch
es muss auch Künstler geben, die die Kunstwerke hervorbringen.
Im Spätmittelalter trat Europa in eine Epoche ein, die die moderne Wirtschaftswissenschaft als »mittlere Technologie« bezeichnet. Vor allem in den Niederlanden, Deutschland und Italien
entstanden Tausende Werkstätten aller Art, die sich auf Materialien wie Stein, Leder, Metall, Holz, Gips, Chemikalien und Tuche
spezialisierten und nicht nur Luxusgüter, sondern auch Maschinen herstellten. Hauptsächlich die Familien derjenigen, die in
diesen Betrieben arbeiteten, brachten jene Maler und Holz-
schnitzer, Bildhauer und Architekten, Schriftsteller und Dekora-
teure, Lehrer und Gelehrten hervor, die für die immense Ausweitung der Kultur am Beginn der Neuzeit verantwortlich waren.

In einer Hinsicht hatte das Wachstum der »mittleren Technologie« eine unmittelbare, geradezu explosive Wirkung auf diese kulturelle Entwicklung, mehr noch: auf das wichtigste kulturelle Ereignis der gesamten Epoche. Gemeint ist die Erfindung des Buchdrucks und dessen extrem rasche Verbreitung. Die Römer hatten eine weit verzweigte und vielfältige Literatur hervorgebracht. Doch im Verlagswesen waren sie – wie auf so vielen anderen Gebieten – ausgesprochen konservativ. Zwar war ihnen der Codex bekannt – eine Sammlung gefalteter und geschnittener Buchseiten, die zusammengenäht und mit einem Buchdeckel versehen waren –, doch hielten sie an der althergebrachten Schriftrolle als *der* normativen Form eines Schriftstücks fest. Die Frühchristen bevorzugten dagegen den Codex, wobei die Schriftrolle im »finsteren Mittelalter« durch immer weiter verfeinerte Bücher ersetzt wurde. Für das Binden der Schriftstücke benutzten die Christen eine Version der römischen Schrauben-Weinpresse.

Der ursprüngliche Beschreibstoff der Römer war der Papyrus, der aus dem Mark der Stängel von Papyrusstauden gewonnen wurde; aus diesem Wortstamm leitet sich das heutige Wort »Papier« her. Doch zwischen 200 und 300 v. Chr. wurde der Papyrus durch Velin, in Kalk eingeweichte Kalbshaut, die anschließend mit Messer und Bimsstein geglättet wurde, beziehungsweise das aus enthaarten und geglätteten Schafs- oder Ziegenhäuten hergestellte Pergament ersetzt. Das äußerst haltbare Velin war ein Luxusmaterial und kam das ganze Mittelalter hindurch für die schönsten Handschriften zum Einsatz. Auch in der Renaissance wurde es noch verwendet, selbst für gedruckte Werke. Allerdings war besondere Sorgfalt erforderlich, um zufrieden stellende Ergebnisse zu erzielen. Das preiswertere, aber ebenfalls sehr haltbare Pergament wurde noch bis zur Mitte des

20. Jahrhunderts für bestimmte juristische Dokumente benutzt.
Während des Mittelalters löste das Papier oder »Stoffpergament«,
wie man es ursprünglich bezeichnete, diese beiden Schreibmate-
rialien weitgehend ab. Es wurde industriell hergestellt, indem
Faserstoffe, wie beispielsweise Stroh, Holz, Leinen oder Baum-
wolle, zu einer breiigen Masse verarbeitet wurden, die man
anschließend in Bögen über ein Drahtgestell spannte. Die Methode kam aus China in die muslimische Welt, von wo aus sie
wiederum nach Spanien und Sizilien gelangte. Um 1150 hatten
die Spanier das ursprüngliche Verfahren durch die Entwicklung
einer per Hand gedrehten Stampfmühle, bei der mittels eines
Rades und Nockenwellen Stößel gehoben und in Mörser gesenkt
wurden, verbessert. Im 13. Jahrhundert wurden die Papier-
mühlen durch Wasserkraft angetrieben, und Italien wurde
führend in diesem Wirtschaftszweig. 1285 erfand man dort ein
Verfahren, mit dem man in die Matrize eine Drahtfigur nähen
konnte, wodurch ein Wasserzeichen entstand. Stellte man das
Papier auf effiziente Weise her, war es weitaus billiger als jedes
andere Schreibmaterial. Selbst in England, das in diesem Ge-
werbe rückständig war, kostete im 15. Jahrhundert ein Blatt
Papier (acht Oktavseiten) nur einen Penny.

Die Verfügbarkeit preiswerten Papiers in größeren Mengen
war ein Schlüsselfaktor, der die Erfindung des Buchdrucks mittels beweglicher Lettern zum zentralen technischen Ereignis der
Renaissance machte. Das Drucken mit Holzblöcken war eine alte
Idee: Die Römer bedienten sich dieser Technik für die Produktion von Textilien, das Mongolenreich für die Herstellung von
Papiergeld. Um 1400 wurden in Venedig und Süddeutschland
Spielkarten und Bilder von Heiligen gedruckt. Die entscheidende Neuerung war die Erfindung beweglicher, auswechsel-
barer Metalltypen für die Druckerpresse, die über drei Vorzüge

verfügten: Sie konnten mehrfach verwendet werden, solange bis sie verbraucht waren; sie konnten leicht erneuert werden, da sie aus ein und derselben Form gegossen wurden; und sie führten zu einer strengen Uniformität der Buchstaben. Die beweglichen Metall-Lettern erfanden zwei Mainzer Goldschmiede, Johannes Gutenberg und Johann Fust, in den Jahren 1446 bis 1448. Gutenberg begann seine Arbeit mit einer gedruckten Bibel, bekannt als die Gutenberg-Bibel oder 42-zeilige Bibel (nach der Anzahl der Zeilen auf jeder Seite); sie war 1455 fertig gestellt und das erste gedruckte Buch der Welt. Gutenberg musste die vielfältigen Probleme des Stanzens, des Schriftgießens und des Schriftsetzens, des Auftragens der Druckerschwärze sowie des eigentlichen Druckens lösen, für das er eine abgewandelte Form der Schraubenpresse einsetzte. Das auf diese Weise entstandene Buch, das jeden, der es zum ersten Mal sieht und in die Hand nimmt, ob seiner Klarheit und Qualität erstaunt, ist ein Triumph bester deutscher Handwerkskunst des 15. Jahrhunderts.

Das Drucken mittels beweglicher Lettern war also eine deutsche Erfindung. Dies stellt die Charakterisierung der »Renaissance« als italienisch in Frage. Rasch bediente man sich in Deutschland der neuen Möglichkeiten zur Herstellung von religiösen Büchern, insbesondere Bibeln und Nachschlagewerken, aber auch von seltenen Texten des Altertums. Das erste gedruckte Lexikon der Bibelexegese, das *Mainzer Catholicon,* erschien 1460, im folgenden Jahr produzierte ein Straßburger Drucker, Johan Mentelin, eine Bibel für Laien. Anschließend stellte er eine Bibel auf Deutsch her, das erste gedruckte Buch in einer Volkssprache. In Köln entstand um 1464 eine eigene Druckerwerkstatt, in Basel zwei Jahre später. Basel erlangte zunächst wegen seiner wissenschaftlichen Ausgaben klassischer Werke, später durch den holländischen Humanisten Erasmus von Rotterdam

als literarischen Berater, rasch Berühmtheit. Nürnberg besaß
1470 die erste Druckereiwerkstatt und entwickelte sich bald danach zum ersten Zentrum des internationalen Druckereige-
werbes; Anton Koberger unterhielt in Nürnberg 24 Druckerbe-
triebe und stand mit Kaufleuten und Gelehrten in ganz Europa
in Geschäftskontakt. In Augsburg wurden die neuen Drucke-
reien neben der Benediktinerstiftskirche Sankt Ulrich gebaut,
die eines der berühmtesten *scriptoria* in Europa beherbergte.
Offenbar gab es kaum kommerzielle Konflikte zwischen den
Schreibstuben und den neuen Druckereibetrieben, denn die
Schreibstuben konzentrierten sich bei ihrer Arbeit auf komplizierte und schöne, oft durch führende Künstler illustrierte
Bücher, die Drucker achteten dagegen auf Menge und günstige
Preise. Zum ersten »Bestseller« in der neuen Welt des Buch-
drucks wurde Thomas a Kempis' Erbauungsbuch *De Imitatione
Christi* (*Über die Nachfolge Christi*), das in den dreißig Jahren
von 1471 bis 1500 neunundneunzig Mal aufgelegt wurde.

Der Buchdruck war zwar nicht in Italien entstanden, doch
wegen der großen Papier verarbeitenden Industrie, der dortigen
Erfahrungen im Holzdruck und der starken Schreibstubentradi-
tion übernahmen die Italiener bald die führende Rolle in der
neuen Technik. Nahe Rom unterhielt das Benediktinerkloster in
Subiaco Verbindungen zu Deutschland. Zwischen 1464 und 1465
beauftragte es zwei deutsche Drucker, Konrad Sweynheym und
Arnold Pannartz, neben dem *scriptorium* eine Druckerei einzu-
richten. Die Druckereibetriebe in Deutschland hatten im internationalen Handel einen entscheidenden Nachteil: Gutenberg
und die anderen deutschen Drucker legten ihrer Schrifttype die
kalligrafischen Striche der amtlichen Schrift zu Grunde und
bedienten sich als Vorlage gotischer Schriften aus der Mitte des
15. Jahrhunderts (später in England als »Schwarzbuchstaben-

schrift« bekannt). Außerhalb Deutschlands fanden die Leser diese Schrifttypen hässlich und schwer zu lesen. Die deutschen Drucker der Druckerei in Subiaco mussten die Typen nach der üblichen Handschrift italienischer Humanisten des 15. Jahrhunderts schneiden, die ihrerseits auf der wunderbar klaren karolingischen Minuskelschrift beruhte. Diese wurde als römische Drucktype bekannt und schließlich zur genuinen Schrift der Renaissance.

1458 wurde Nicolas Jenson, Leiter der Königlichen Münze in Tours, von Karl VII. von Frankreich nach Mainz entsandt, damit er dort die neue Kunst des Druckens erlerne. Doch statt nach Frankreich zurückzukehren, blieb er für den Rest seines Lebens in Venedig, wo er die berühmteste Druckerei der Welt errichtete. Er schuf unnachahmlich schöne Beispiele für römische Lettern, die in ganz Europa Nachahmer fanden. Von 1490 an bekam er Konkurrenz durch Aldus Manutius, der nicht nur eine zweckmäßige griechische Schrifttype zum Drucken antiker Texte im Original entwarf, sondern auch eine Type auf Grundlage der Kursivschrift ersann und popularisierte, die im 15. Jahrhundert von der päpstlichen Kanzlei verwendet wurde. Diese Schrifttype ist durch eine scharfe Neigung nach rechts und übertriebene Serifen gekennzeichnet und wurde unter dem Namen »kursiv« bekannt. Aldus benutzte sie erstmals im Jahr 1501, allerdings nur in Großbuchstaben. Die Kleinbuchstaben folgten um 1520, woraufhin manche Bücher ganz und gar in Kursivschrift hergestellt wurden. Später schlüpfte sie nach und nach in ihre heutige Rolle: Betonungen, Kontraste und Zitate kenntlich zu machen.

Die Geschwindigkeit, mit der sich der Buchdruck verbreitete, die Qualität und die Quantität der Herstellung sowie der dabei gezeigte außergewöhnliche Erfindungsreichtum im Bereich der Mechanik bedeuteten eine Art industrieller Revo-

lution. Um 1500, kaum 50 Jahre nach Erscheinen des ersten gedruckten Buchs, gab es in sechs deutschen Städten Drucke-
reien, in Venedig allein 150. 1470 brachten deutsche Drucker den
Buchdruck in das niederländische Utrecht, 1473 nach Budapest
und 1474 nach Krakau. 1473 gelangte der Buchdruck nach
Valencia; ein Vierteljahrhundert später begann Spanien, unter
der Schirmherrschaft des Kardinals und Staatsmanns Francisco
Jiménez de Cisneros, das herzustellen, was bis auf den heutigen
Tag eines der bemerkenswertesten Bücher ist, das jemals ersonnen wurde: die Complutenser Polyglotte. Es ist in den fünf Sprachen des Altertums: Hebräisch, Syrisch, Latein, Griechisch und
Chaldäisch verfasst, wobei der Text in parallelen Spalten angeordnet ist. Außerdem stellte Manutius preiswerte lateinische
Texte her, die sich auch arme Gelehrte leisten konnten. Die Verbreitung des Buchdrucks in der Landessprache war ein Weg, der
zur Erweiterung des Marktes führte. William Caxton, der sein
Handwerk in Köln erlernt hatte und seine erste Druckerei 1474
in Brügge betrieb, brachte den Buchdruck 1476 nach England
und konzentrierte sich auf die einheimische Leserschaft. Von
den ca. 90 Büchern, die er verlegte, waren 74 in englischer Sprache gesetzt. 22 davon hatte er selbst übersetzt.

Man kann den Handel mit gedruckten Büchern als den ersten leistungsfähigen und innovativen gesamteuropäischen Wirtschaftszweig bezeichnen. Die ersten Werbeanzeigen für Bücher
erschienen 1466, bald darauf folgten die ersten Verlagskataloge.
Die quantitativen Auswirkungen waren überwältigend. Vor der
Zeit des Buchdrucks besaßen die allergrößten Bibliotheken bis
zu 600 Bücher, die Gesamtzahl der Bücher in Europa lag weiter
unter hunderttausend. Für die Zeit um 1500, nach vierzig Jahren
des Buchdrucks, hat man dagegen eine Gesamtzahl von neun
Millionen errechnet.

Den Hintergrund der Renaissance bildeten somit das kumulative Wachstum und die Ausbreitung eines noch nie dagewesenen Reichtums sowie der Aufstieg einer Gesellschaft, in der sich eine »mittlere Technologie« durchsetzte und nach einiger Zeit zu einer erstaunlichen Umwälzung auf dem Gebiet der Veröffentlichung und des Vertriebs von Schriftstücken führte. Das heißt jedoch nicht, dass sich die wichtigsten Ereignisse der Renaissance auf den Gebieten Wirtschaft und Technik abspielten. Ohne die Entwicklungen in Ökonomie und Technologie hätte sie aber nicht die Gestalt annehmen können, die sie schließlich fand. Deshalb war es wichtig, zunächst den materiellen Hintergrund zu beschreiben. Trotzdem sollte man erkennen, dass das Besondere der Renaissance primär im Bereich der Leistungen einzelner Personen lag und dass die historische Entwicklung durch eine Reihe herausragender Talente angetrieben wurde, von denen man einige nur als Genie bezeichnen kann. Im Folgenden geht es um diesen ideellen Vordergrund, zunächst um die schöne Literatur.

II. DIE RENAISSANCE IN LITERATUR UND WISSENSCHAFT

Das Wesentliche der Renaissance war in gewisser Hinsicht der Individualismus. Die erste und bedeutendste dieser Persönlichkeiten war Dante Alighieri (1265–1321). Bezeichnenderweise war Dante Florentiner und Florenz spielte in der Renaissance eine wichtigere Rolle als irgendeine andere Stadt. Zudem verkörperte Dante das zentrale Paradox der Renaissance: So war ihr Anliegen die Wiederentdeckung und das Verstehen der alten griechischen und lateinischen Texte sowie das Schreiben eines eleganten Latein. Gleichzeitig ging es aber auch um das Reifen, das Ordnen und das Verwenden der Volkssprachen, insbesondere des Italienischen. Über Dantes Kindheit und Jugend ist wenig bekannt, außer dass seine Eltern vor seinem achtzehnten Lebensjahr starben. Im Alter von zwölf Jahren verlobte er sich. 1293 – er war 28 – heiratete er. Nach den damaligen Gepflogenheiten handelte es sich um ein Arrangement zwischen zwei Familien, bei dem Gefühle eine untergeordnete Rolle spielten. Mit neun Jahren, 1274, begegnete er zum ersten Mal Beatrice (Bice Portinari, die Tochter eines angesehenen Florentiner Bürgers), womit – so wird vermutet – sein emotionales Leben begann. Der Gegenwart Beatrices und – nach 1290, als sie starb – ihrer Erinnerung weihte er sein ganzes Leben und Werk.

Dantes Bildung bestand aus drei Schlüsselelementen. Zum einen waren da die florentinischen Dominikaner, bei denen er in den neunziger Jahren des 13. Jahrhunderts studierte. Der Dominikanermönch Thomas von Aquin, der bedeutendste Theologe und Philosoph des Mittelalters, war zu jener Zeit bereits tot, sein Werk vollendet, so dass Dante die gesamte aristotelische Philosophie, wie Thomas sie aufgefasst und christianisiert hatte, studieren konnte. Die aristotelisch-thomistischen Grundkategorien geben Dantes Œuvre Halt, verleihen ihm Dichte und intellektuelle Strenge. Des Weiteren hatte Dante einen bedeutenden Lehrer in dem Dichter und Humanisten Brunetto Latini, der ebenfalls Aristoteliker war. Der erste Teil des zweiten Buches seines Hauptwerkes, die Laienenzyklopädie *Li Livres dou trésor* – auf Französisch verfasst, da man die italienische Sprache noch nicht als geeignet erachtete, bedeutende Werke hervorzubringen –, enthält unter anderem eine der ersten Übersetzungen der *Ethik* des Aristoteles in eine westeuropäische Sprache. Dass Dante die Bedeutung der rhetorischen Kunst verstand, das heißt die Fähigkeit, ein Argument vorzubringen und sich dabei des Lateinischen – oder irgendeiner anderen Sprache – kraftvoll und elegant zu bedienen, ist Latini zu verdanken. Ebenfalls durch Latini lernte er zumindest Teile der Schriften Ciceros und Senecas kennen. Vergils Werke, vor allem die *Äneis*, das Nachfolgeepos zu Homers *Ilias* und *Odyssee*, waren selbst im von Wirren bestimmten Mittelalter nie in Vergessenheit geraten und hatten immer wieder christliche Verteidiger gefunden. Andere Christen, darunter einige der wichtigsten wie beispielsweise Augustinus und der heilige Hieronymus, hatten Vergil dagegen als Prototypen des Heiden verdammt. Latini aber zeigte Dante, dass man sich Vergils Werke nicht nur nutzbar machen, sondern sich auch an ihnen freuen konnte. So erscheint Vergil in der *Göttlichen Komödie*, die als christliches Nachfolgeepos der *Äneis* angesehen werden kann, als Dantes Führer auf seiner visionären Wanderung durch die neun Höllenkreise und auf den Läuterungsberg, auch wenn Dante genügend orthodoxer Christ ist, den lateinischen Dichter aus dem Paradies auszuschließen und ihn stattdessen in die Vorhölle hinabsinken zu lassen.

Das dritte Element in Dantes Bildung stellten der Einfluss und die Ermutigung seines Freundes und nahen Zeitgenossen

Guido Cavalcanti dar, auch er ein Dichter und Gelehrter, dessen Leidenschaft aber hauptsächlich der Förderung der italienischen Sprache galt. Er war es, der Dante dazu überredete, in der toskanischen beziehungsweise florentinischen Mundart zu schreiben. Zu gegebener Zeit lieferte Dante in dem auf Italienisch geschriebenen *Il convivio (Das Gastmahl)* sowie in *De vulgari eloquentia (Über die Volkssprache),* verfasst in lateinischer Sprache, die erste bedeutende Verteidigung der Renaissance der Volkssprache als eines geeigneten Instruments zur Schaffung schöner und bedeutender literarischer Werke. *De vulgari eloquentia* enthält einen Satz, der dem Italienischen prophezeit: »Es wird das neue Licht sein, die neue Sonne, die aufsteigt, wenn die abgenutzte untergehen wird, und sie wird denjenigen Licht spenden, die in Schatten und Dunkel sind, weil die alte Sonne sie nicht erhellte«; eine scharfsinnige Beobachtung Dantes, der erkannte, dass das Volk zwar nie in bedeutendem Maße würde Latein beherrschen können, dass man es aber lehren konnte, in der Volkssprache verfasste Werke zu lesen. Wichtiger als das Argument, die gewöhnliche toskanische Mundart könne dazu dienen, höchst erlesene Gedichte zu schreiben und Fragen von größter Bedeutung zu behandeln, war jedoch, dass er mit der durchgängig auf Italienisch geschriebenen *Göttlichen Komödie* ein Beispiel gab. Vor ihm war das Toskanische nur einer von vielen italienischen Dialekten gewesen, auch gab es keine italianisierte Schriftsprache, die auf der gesamten Halbinsel akzeptiert wurde. Nach ihm war das geschriebene Italienisch (in der toskanischen Form) ein Faktum. Tatsächlich können die Italiener des 21. Jahrhunderts und Ausländer, die des Italienischen einigermaßen mächtig sind, die *Göttliche Komödie* weitgehend ohne Mühe lesen. Kein anderer Autor hat eine derart entscheidende Nachwirkung auf eine moderne Sprache gehabt.

Die *Göttliche Komödie,* in der Dante seine Wanderung durch die drei Reiche des Jenseits – Hölle, Läuterungsberg und Paradies – und das dort Gesehene schildert, ist ein christliches Epos über Laster und Tugend, Belohnung und Bestrafung. Es weist eine große Zahl von Personen auf, von denen viele Dantes Zeitgenossen waren. Ab 1294 wurde er in der von Machtpolitik bestimmten und der Sache der Guelfen bzw. des Papstes verpflichteten Stadt Florenz politisch tätig. Wie die meisten italienischen Städte war Florenz in zwei Lager gespalten. Da Dante der Partei angehörte, die zu dem in hohem Maße triumphalistischen Papst Bonifaz VIII. in Opposition stand und im Spiel um die Macht unterlag, wurde er 1302 ins Exil verbannt. Im Jahr 1315 wurde das Urteil erneuert. Die Kämpfe zwischen den politischen Fraktionen in den italienischen Stadtstaaten waren tückisch und mörderisch. Nachdem Dantes Eigentum konfisziert worden war, wurde er zum Tod auf dem Scheiterhaufen verurteilt, sollte er in die Stadt zurückkehren. Einen Großteil seines Lebens verbrachte er daher im Exil, hauptsächlich in Ravenna, dort starb er auch. In Mitleid erheischenden Zeilen klagt er darüber, »eines anderen Brot zu essen und eines anderen Treppe zu benutzen, damit ich zu Bett gehen kann«.

Dennoch findet man in seiner großen *Commedia* nur wenig Bitterkeit. Dante war ein außergewöhnlich großherziger Mann von einer allumfassenden Liebe sowohl zur Menschheit als auch zum Einzelnen; er verstand das Wesen der göttlichen Liebe, die das Universum durchwirkt und ihm Sinn verleiht. Sein Gedicht ist allegorisch und lehrhaft – in vielerlei Hinsicht auf so offensichtliche Weise wie ein großes Altargemälde in einem mittelalterlichen Dom. Den christlichen Glauben verficht er mit Ernst und Ehrfurcht, obgleich er weder die Leiden der Verdammten noch die Qualen im *Purgatorio* herabzuwürdigen sucht. In diesem Sinne war er ein Mann des Mittelalters, wenn auch von großem Genie, so doch unberührt von Zweifeln im Hinblick auf die Ordnung des Universums, so wie die Kirche sie darstellte. Aber er war auch ein begnadeter Erzähler und Dichter. Die Erzählung schreitet in großem Tempo voran und ist voll ergötzlicher, einprägsamer und Furcht erregender Geschehnisse, die mit großer sprachlicher Kraft und Inspiration veranschaulicht werden.

Dante war jedoch nicht nur ein Mann des Mittelalters, sondern auch der Renaissance. Wie so viele Dichter und Gelehrte nach ihm stand er der Kurie höchst kritisch gegenüber. Obwohl Guelfe, beeindruckte ihn der spätere deutsche Kaiser Heinrich VII. Der kam im Jahr 1310 nach Italien und bekehrte ihn zu der Idee einer universellen Monarchie, die Dante in seiner auf Latein verfassten Abhandlung *De monarchia* formulierte; sie wurde nach dem Tod des Dichters als ketzerisch verdammt. Dante hatte einen festen Glauben. Für ihn ist das Wesentliche am mittelalterlichen Christentum, dass man inneren Frieden nur durch die Unterwerfung unter den Willen Gottes findet. Doch er besaß auch den kritischen Geist der heraufziehenden neuen Zeit. Jeder Mann und jede Frau, ob reich oder arm, gebildet oder ungebildet, konnte etwas in seiner Dichtung entdecken; sie lasen seine Verse oder lauschten ihnen voll Staunen. Der nach seinem Tod einsetzende Ruhm wuchs stetig weiter. Schon bald stritt Florenz, das ihn in die Verbannung geschickt hatte, mit Ravenna um die Verwahrung seiner nunmehr äußerst kostbaren Gebeine. Dante ebnete der italienischen Sprache nicht nur als Ausdrucksmittel der hohen Kunst den Weg, sondern in gewisser Weise begann mit ihm auch die eigentliche Renaissance, diese neue Epoche schöpferischen Strebens unerhört begabter Individuen. Er wurde zum Vorbild, zum Mentor für andere – wie Vergil es für ihn gewesen war –, zu einer stärkenden, anregenden Quelle für weniger Talentierte und zu einer überragenden Geistesgröße, mit der sich auch die Ehrgeizigsten messen konnten. Nach Dante schien es, als sei die Freiheit des Menschen grenzenlos.

Diese Ansicht vertrat auch ein anderer Toskaner, Giovanni Boccaccio. Boccaccio wurde im Jahr 1313 geboren, als Dante noch einige Zeit zu leben hatte. Sein Vater, ein Kaufmann, hatte auch für ihn eine Laufbahn als Kaufmann vorgesehen. Zu diesem Zweck wurde er nach Neapel geschickt, wo er jedoch, so wie zuvor Dante, die Liebe seines Lebens fand: Fiammetta, die in all seinen Werken, einem Palimpsest gleich, immer wieder präsent ist. In seiner Fähigkeit, mit der neu gereiften Sprache umzugehen sowie in seinem außerordentlichen Vermögen, Geschichten zu erzählen, war er Dantes Erbe. In seinem Werk fasste Boccaccio, dessen Mutter Französin war, das Vermächtnis des französischen Versromans des Mittelalters zusammen. Er übernahm den Ottaverime der Minnesänger und verlieh ihm literarischen Rang, machte ihn mehr noch zur dynamischsten Strophenform in der italienischen Literatur. Sein *Decamerone,* als Quell der Freude in der europäischen Renaissance nur von der *Göttlichen Komödie* übertroffen, ist ein Produkt der Pestepidemie von 1348. Der Autor lässt sieben junge Damen und drei junge Herren aus Florenz auf einen Landsitz fliehen, wo sie Zuflucht vor der Ansteckungsgefahr suchen. Zehn Tage lang vertreiben sie sich die Zeit mit dem Erzählen von Geschichten, wobei insgesamt 100 Novellen entstehen. Jede Erzählung endet mit einem *canzione* oder Lied. Das *Decamerone* wurde zu einer Sammlung von Geschichten und Gedichten, die Autoren mit weniger Erfindungsgabe in den beiden folgenden Jahrhunderten durchforsten sollten, um sich inspirieren zu lassen. Der Kirche und den prüderen Mitgliedern der Gesellschaft missfiel das Werk, denn das hier dargestellte liberalere Leben und Denken der jüngeren Generation stand im Gegensatz zu der Förmlichkeit und der erstickenden Atmosphäre der Vergangenheit. Den Übrigen gefiel das *Decamerone* aus ebendiesem Grund. Es ist ein »fortschrittliches Buch«, der Vorbote einer zunehmenden Entwicklung.

Boccaccio ging einer Vielzahl von Tätigkeiten nach, in allen bewies er Geschick und Bravour. Er diente Florenz als Berater und bei etlichen Anlässen als Gesandter des Papstes und Diplomat in Deutschland; er war ein Mann von Welt und ein Höfling, zugleich aber auch Gelehrter und Dichter. Seine Energie war gewaltig, seine literarische Produktion riesig. Nahezu 40 Jahre lang erstellte eine Gruppe italienischer Forscher eine Gesamtausgabe seiner Werke mit einem Anmerkungsapparat, der vielleicht zum ersten Mal den Umfang und die Spannweite seines Werkes zum Ausdruck bringt. Boccaccios erstes Prosawerk *Il Filocolo*, einst als unbedeutend abgetan, umfasst in Wirklichkeit sechshundert Seiten und fand in ganz Europa Aufnahme. Er schrieb neun weitere beachtliche Erzählwerke in italienischer Sprache. Zum Zeichen seiner Verehrung verfasste er eine Biografie Dantes, die in verschiedenen Ausgaben und gekürzten Fassungen weite Verbreitung fand. Dabei vertiefte er sich sehr viel stärker als sein Lehrmeister in den sich herausbildenden Kanon der antiken römischen und griechischen Literatur. Zwischen 1360 und 1362 wohnte bei ihm Leonzio Pilato, dem er eine Professur für Griechisch im »Studio« verschaffte, wie man die Universität von Florenz damals nannte. Boccaccio veranlasste Pilato, eine Rohübersetzung der Werke Homers ins Lateinische anzufertigen, wodurch er selbst und viele andere (einschließlich Petrarca) das Studium der griechischen Klassiker aufnehmen konnten, und trug so dazu bei, die authentischen Texte von Martial, Apuleius, Varro, Seneca, Ovid und Tacitus wieder zu entdecken. Insbesondere die Entdeckung der Schriften des Tacitus ist sein Werk. Er übersetzte Livius ins Italienische und verfasste eine Reihe von Nachschlagewerken, darunter zwei voluminöse Enzyklopädien über das Altertum. Die eine ist eine Art geographisches Lexikon, das sämtliche Schauplätze – Wälder, Quellen, Seen und Meere – der griechischen und lateinischen Literatur aufführt. Zu diesem Zweck verwendete er die Werke Plinius' des Älteren, diverser römischer Geographen wie Pomponius Mela und Vibius Sequester sowie die klassischen Texte, zum Beispiel kommentierte er ganz hingerissen Vergils Geburtsort Petola.

Noch bedeutender war Boccaccios 15 Bände umfassende Enzyklopädie *Die Genealogie der heidnischen Götter*, die sämtliche Gestalten der antiken Mythologie verzeichnete. Manchmal las oder verstand er Texte falsch und schuf damit reine Erfindungen, wie etwa den Gott Demorgorgon, der später ein quicklebendiges Eigenleben führte. Die meisten seiner Leser aber, die begierig waren, die Literatur der Vergangenheit zu verstehen, empfanden die Bände als Gottesgeschenk. Sie wurden zu Quellen der Information und der Inspiration, und dies nicht nur für Gelehrte und Schriftsteller, sondern auch – und vielleicht in noch stärkerem Maße – für bildende Künstler, die nach Sujets suchten. Indem er in allen Einzelheiten über die heidnischen Götter schrieb, riskierte Boccaccio, bei der katholischen Kirche in Ungnade zu fallen; er verteidigte sich mit den Worten, dass die von den Ungläubigen verehrten Männer und Frauen keine Götter seien, sondern außergewöhnliche Menschen, deren Heldentaten durch endloses Wiedererzählen unsterblich geworden seien, und dass sie damit keine Bedrohung für die christliche Theologie darstellten. Tatsächlich bildete Boccaccios Werk, wie so vieles von dem Stoff, den die Wiederentdeckung der Antike durch die Renaissance lieferte, eine echte Herausforderung für

das christliche Monopol in der bildenden Kunst. Bis zur zweiten
Hälfte des 14. Jahrhunderts waren in der Malerei fast ausschließlich christliche Themen behandelt worden. Zwar verwendete sie
auch weiterhin Episoden aus dem Leben Christi und der Heiligen und Szenen aus dem Alten Testament, und das noch bis
zum ausgehenden 17. Jahrhundert und darüber hinaus. Doch
nun bot sich ihnen eine Alternative, die in gewisser Hinsicht
auch deshalb reizvoll war, weil die antike Mythologie mehr Gelegenheit zur Darstellung von Schönheit – und hier vor allem der
des weiblichen Körpers – und Lebensfreude bot als die einseitige
christliche Betonung der Frömmigkeit und der Leiden der Märtyrer. Unter anderem wurde auf diesem Wege der eiserne Zugriff
der Kirche auf die bildenden Künste und damit auf das Bewusstsein der einfachen Männer und Frauen, die des Lesens unkundig
waren, allmählich gelockert.

Dies aber entsprach nun gerade nicht Boccaccios Absicht.
Den frivolen jugendlichen Jahren, in denen er seine Prosa schrieb,
folgte eine zunehmend nachdenkliche, durchaus fromme Zeit
der Reife und des Alters. Wir kommen nicht umhin anzuerken-
nen, dass die Intensität der religiösen Leidenschaft der Meister
des 14. und 15. Jahrhunderts – und dies gilt auch für spätere
Jahrhunderte – durchaus Schwankungen unterlag. Unter der zunehmend diesseitigen Oberfläche der Renaissance gab es eine
mittelalterliche Basis, die deutlich zu Tage trat, als der Überbau
im Laufe der Zeit zerfiel. Beginnend mit Dante, hatten diese bedeutenden Männer den einen Fuß in der aufregenden Gegenwart der Renaissance und den anderen fest in der Vergangenheit
des Mittelalters mitsamt dessen abergläubischen Vorstellungen
und Glaubensüberzeugungen.

Das Janusgesicht und das Tauziehen zwischen Vergangenheit, Gegenwart und Zukunft verkörperte Boccaccios lebenslan-

ger Freund Francesco Petrarca (1304–1374). Er war älter und gebildeter, verfolgte eine wechselnde Karriere im Dienste des Papsttums, auch im Exil in Avignon, und war zudem ein weitaus engagierterer und auch begabterer Vertreter der Dichtkunst. Auch er besaß eine Muse, Laura (und zeugte, obwohl er Kleriker war, eine Tochter). Doch während Dante im Wesentlichen ein Erzähler war, war Petrarca Lyriker. Die von ihm erfundene Form des 14-zeiligen Sonetts hat bis heute überdauert, außerdem erfand er weitere Versformen. Er war imstande, kurze Gedichte zu verfassen, in eine Folge zu bringen und zu einer stimmigen Sammlung zusammenzustellen. Er wollte den Kultus der Dichtung als der höchsten Kunstform wieder beleben und dort anknüpfen, wo die Entwicklung seiner Auffassung nach tausend Jahre zuvor unterbrochen worden war. Anerkannt wurde seine Leistung, als er – so wie seine antiken Vorgänger – 1341 auf dem Kapitolshügel in Rom öffentlich zum Dichter (poeta laureatus) gekrönt wurde, auch wenn er darauf achtete, den Lorbeerkranz auf das Grabmal des heiligen Petrus in der antiken Basilika gleichen Namens niederzulegen.

Petrarca war mit der Wiedergeburt der Kultur des Altertums unmittelbar befasst, weil er in alten Klosterbibliotheken die Handschriften antiker Autoren aufspürte, die in Vergessenheit geraten waren. Es ist oft behauptet worden, dass die Triebkraft hinter der Renaissance die Ankunft von Manuskripten aus Byzanz gewesen sei. Und das trifft auch zu. Doch der Großteil der antiken Literatur war die ganze Zeit vorhanden gewesen, in zerbröckelnden Schriftrollen und staubbedeckten alten Codices, die fromme, aber unwissende Mönche, die nicht ahnten, welch große Schätze sie hüteten, mehr recht als schlecht vor dem Verfall bewahrten. Petrarca war in der Welt weit herumgekommen, viel mehr als Dante oder Boccaccio. So reiste er 1333 durch das

Rheinland, Flandern, Brabant und Frankreich, wo er mit befreundeten Gelehrten zusammentraf und Bibliotheken durchstöberte. In Lüttich stieß er auf die Abschriften zweier verloren geglaubter Reden Ciceros. 1345 gelang ihm in Verona ein sogar noch bedeutenderer Fund: Ciceros Briefe an Atticus, Brutus und Quintus – Texte, die den großen Rhetor zu neuem Leben erweckten. Die Entdeckung veranlasste Petrarca, mehr Wert auf den eigenen Briefstil zu legen, und so trug er zur Wiederentdeckung des Briefs als einer literarischen Form bei. Seine Briefe wurden aufbewahrt, gesammelt und zu gegebener Zeit veröffentlicht. Er mochte das zurückgezogene Leben eines Gelehrten, aber auch Aktivitäten und Geselligkeit, besaß einen Landsitz im Departement Vaucluse und später einen bei Arquà auf den Hügeln nahe Venedig. Für die heutigen Besucher, die sich die Mühe machen, dort hinzufahren, beschwört Petrarcas Wohnhaus, das Byron, Shelley und die anderen englischen romantischen Dichter so sehr liebten, den Geist des Dichters. Es ist die Stein gewordene Renaissance, wenn auch von einem Hauch Mittelalter durchweht.

Noch sinnfälliger zeigen die von Petrarca handschriftlich verfassten Texte, worum es in der Frührenaissance ging. Er war nicht nur ein bedeutender Dichter, sondern auch ein Kalligraf von hohen Graden. Insbesondere drei Handschriften, alle in der Vatikanischen Bibliothek, zeugen von seiner Leidenschaft für die Schreibkunst. 1357 transkribierte er seine Gedichtsammlung *Bucolicum Carmen* in einer vorzüglichen gotischen Minuskel. Die schwarze Schrift – einige Großbuchstaben sind blau, ein Satz am Ende rot – beweist, dass es sich um Petrarcas Handschrift handelt. 1370 verwendete er zur kompletten Abschrift seines Codex *De sui ipsius et multorum ignorantia* eine noch feinere gotische Kleinbuchstabenschrift und unterzeichnete das Werk

(»*scripsi bis iterum manu mea*«) auf der Rückseite des acht-
unddreißigsten Blattes. Noch spektakulärer ist die Original-
handschrift seiner Gedichtsammlung *Il Canzoniere (Lieder-
buch)*. Zwar ist auch dieses Werk in gotischer Buchminuskel
abgefasst, doch stammt es nicht vollständig aus Petrarcas Hand,
Teile hat ein Berufsschreiber verfasst. Andererseits zeigt die Vorderseite des ersten Blattes einen mit vielfarbigen Zweigen und
Blättern verzierten Anfangsbuchstaben in der Schrift Petrarcas,
der das Manuskript bis zu seinem Tod weiter korrigierte und
ausschmückte. Auf diesen schönen Buchseiten lebt die ganze
Frührenaissance fort, inspiriert durch den Geist und die handwerkliche Kunst des Dichters.

Man kann Petrarca als den ersten humanistischen Gelehrten
bezeichnen. Sicherlich war er der erste Autor, der die Vorstellung
in Worte fasste, dass die Jahrhunderte zwischen dem Niedergang
Roms und der Gegenwart ein dunkles Zeitalter darstellten. An
den mittelalterlichen Universitäten standen die sieben »Human-
wissenschaften« in geringstem Ansehen. Petrarca hingegen räumte ihnen größte Bedeutung ein, er ordnete sie folgendermaßen
an: An erster Stelle stand die Grammatik, die auf dem Studium
der antiken Sprachen beruhte, so wie die Alten sie benutzt hatten
(einschließlich der korrekten Aussprache). Hierzu zählten das
sorgfältige Studium und die sorgsame *imitatio* der bedeutenden
Autoren des Altertums. Sobald man die Sprache in grammati-
scher Hinsicht beherrschte, konnte man sich der zweiten Herausforderung stellen: der Rhetorik. Die Kunst der Rede war
aber kein *l'art pour l'art*, sondern diente dem Erwerb der Fähigkeit, andere Menschen – Männer wie Frauen – zu überzeugen,
ein gutes Leben zu führen. Oder wie Petrarca es ausdrückte:
»Besser ist es, das Gute zu wollen, als die Wahrheit zu erkennen.«
Auf diese Weise führte die Rhetorik zur Philosophie, die sie ein-

schloss. Leonardo Bruni (um 1369–1444), der herausragende Gelehrte der neuen Generation, äußerte zwar, dass Petrarca »uns den Weg eröffnete und uns zeigte, wie man Bildung erwirbt«. Doch erst zu Brunis Lebzeiten kam der Begriff *umanista* zum ersten Mal in Gebrauch, dort wurden die fünf Hauptfächer Grammatik, Rhetorik, Dichtung, Moralphilosophie und Geschichte aufgeführt.

Die humanistischen Gelehrten erlangten in der Zeit vor der Reformation nie eine beherrschende Stellung an den etablierten Universitäten, die weiterhin um das Studium der Theologie, »der Königin der Wissenschaften«, herum organisiert und deren Lehrmethoden entsprechend geprägt waren. Den Humanisten missfiel nicht nur der Lehrplan – gegen den sie sich zur Wehr setzten –, sondern auch, dass man sich an den Hochschulen zum Zweck der Wissensvermittlung auf das streng formalisierte Verfahren der öffentlichen Debatte im Stil von Frage und Antwort stützte. Diese Form der Lehre betrachteten sie zu Recht als wenig wirkungsvoll und als Zeitverschwendung, weil die lange Studienzeit (sieben Jahre, manchmal mehr) dazu führte, dass Theologiestudenten in der Regel ihren Doktortitel kaum vor dem 35. Lebensjahr erwerben konnten – und zwar in einer Zeit, als die durchschnittliche Lebenserwartung vierzig Jahre oder weniger betrug. Darüber hinaus erschwerte die Lehrmethode, dass sich zwischen Lehrer und Schüler eine engere Beziehung entwickelte, ein großer Nachteil, da die Vorstellung von der Freundschaft während des Studiums den Kern der humanistischen Liebe zum geschriebenen Wort bildete.

Die Humanisten waren somit Außenseiter und bis zu einem gewissen Grad auch Nichtakademiker. Sie assoziierten die Universitäten mit jener Art von geschlossener Organisation, wie sie auch die Zünfte bildeten. Ihrer Ansicht nach unterdrückten die

Hochschulen den Individualismus und jedwede Form von Innovation. In der Regel reisten die humanistischen Gelehrten von
einem Zentrum der Bildung zum anderen, »ernteten die Früchte
ihrer Erkenntnis« und zogen dann weiter. Außerdem errichteten
sie eigene kleine Akademien. So gründete Vittorino da Feltre
1423 in Mantua eine Schule, in der nach dem neuen humanistischen Lehrplan unterrichtet wurde; sechs Jahre darauf folgte
Guarino da Verona in Ferrara seinem Beispiel. In den Universitäten bildeten die Humanisten so etwas wie ein subversives,
protestierendes Element. Allerdings paktierten sie auch mit
Adels- und Fürstenhäusern, die ihre eigenen Regeln aufstellen
konnten und nur zu oft bestrebt waren, sich alles Neue in der
Kultur anzueignen. Einer der befähigtsten Humanisten, Angelo
Poliziano (1454–1494), der unter dem Pseudonym Politian
schrieb, wurde Hauslehrer der Medici-Kinder und unterrichtete
zugleich als Professor am »Studio« in Florenz.

Politian gehörte einer Generation an, die es selbstverständlich fand, dass ein humanistischer Gelehrter über einigermaßen
gute Kenntnisse des Griechischen verfügte. Dante und Boccaccio
waren des Griechischen völlig unkundig. Petrarca konnte ein wenig Griechisch; es reichte gerade, um zu erkennen, dass die antike
griechische Literatur eine wahre Fundgrube barg, die alles auf
Latein Geschriebene an Bedeutung übertraf. Im Spätmittelalter
unterschied sich die griechische Sprache in einer bedeutsamen
Hinsicht vom Lateinischen: Sie war eine lebende Sprache, die –
wenn auch in »heruntergekommener« Form – im Byzantinischen Reich gesprochen wurde. Auch dieses war ausgezehrt und
geschrumpft. Die Italiener oder Lateiner, wie die Byzantiner sie
nannten, betrachteten dessen Hauptstadt Konstantinopel als
Schatzgrube antiker Wunder und nicht als aktives kulturelles
Zentrum. Die byzantinische Kunst jener Zeit war statisch, dem

Untergang geweiht, eine Tradition, aus der sich die italienischen Künstler des Mittelalters erst befreien mussten. Die Venezianer nutzten den 4. Kreuzzug am Anfang des 13. Jahrhunderts für ihre Zwecke: Sie besetzten Konstantinopel, das sie traditionell als Rivalen betrachtet hatten, plünderten die Stadt und stahlen vier große hellenistische Bronzepferde, die sie triumphierend über dem Mittelportal der Markuskirche aufstellten.

Konstantinopel war im Abendland auch dafür bekannt, dass es dort einen reichen Fundus antiker griechischer Texte gab und etliche Gelehrte, die mit ihnen vertraut waren. So wurde 1397 der griechische Gelehrte Manuel Chrysoloras eingeladen, in Florenz Vorlesungen zu halten. Von diesem Zeitpunkt an wurde das klassische Griechisch schließlich von weiten Kreisen im Abendland studiert. Sogar der italienische Gelehrte Guarino da Verona begab sich nach Konstantinopel und verbrachte dort einige Jahre im Kreis um Chrysoloras. 1408 kehrte er nach Italien zurück. Er beherrschte nun nicht nur das Griechische, sondern brachte auch eine bedeutende Bibliothek, bestehend aus 54 griechischen Handschriften, mit, darunter etliche Werke Platons, die im Westen bislang unbekannt waren. Die übrigen Schriften Platons holte in den zwanziger Jahren des 15. Jahrhunderts Giovanni Aurispa aus Konstantinopel. Dies war der erste bedeutende Transfer der Literatur der griechischen Antike nach Italien. Der zweite ereignete sich während des ökumenischen Konzils von Florenz ab 1430, auf dem man den Versuch unternahm, das Schisma zwischen der römischen und der griechischen Kirche zu überwinden. Zwar schlugen die Bemühungen fehl, doch die griechische Delegation, der auch einige renommierte Gelehrte angehörten, brachte zahlreiche bedeutende Handschriften mit, die in Florenz blieben. Eine dritte Partie von Manuskripten traf im Gepäck von Vertriebenen ein, die nach der Eroberung von

Konstantinopel im Jahr 1453 vor der türkischen Herrschaft in den Westen geflohen waren. Unterdessen setzte sich die Wiederentdeckung der lateinischen Klassiker fort, unter anderem im Werk Poggio Bracciolinis (1380–1459), der die Klosterbibliotheken in Europa unermüdlich durchstöberte und weitere Schriften Ciceros, Quintilians und anderer Autoren zu Tage förderte.

Obwohl es den humanistischen Gelehrten nicht gelang, die alten Universitäten zu beherrschen, gewannen sie an Einfluss auf die Gesellschaft, weil sie Zutritt zu höfischen Kreisen bekamen. Im Grunde waren sie scholastische Freimaurer, die sich gegenseitig akademische Anstellungen, Empfehlungsschreiben und Fördergelder durch die Reichen und Mächtigen verschafften. So wie Petrarca stand auch Bracciolini in Diensten des Papstes; in den Jahren 1414 bis 1418 nahm er am Konstanzer Konzil teil, auf dem ein reger Handel mit Handschriften betrieben wurde. Darüber hinaus war er eine Zeit lang für den englischen Kardinal Beaufort tätig. Die Humanisten griffen schnell zur Feder und verfassten – auf Lateinisch oder in der Volkssprache – Schriften, die zu politischen Zwecken eingesetzt werden konnten. Coluccio Salutati (1311–1406) wurde zum Kanzler der Stadt Florenz ernannt, deren Interessen er mit seinen literarischen Fähigkeiten energisch verteidigte. Die Visconti von Mailand behaupteten, Salutatis Feder habe mehr Schaden angerichtet als »dreißig Schwadrone florentinischer Kavallerie«, worauf der Kanzler erwiderte: »Ich weigere mich, meine Wortwahl bei Anlässen zu mildern, bei denen ich sonst mein Schwert gebraucht hätte.« Die Humanisten spielten in der Regierung von Florenz eine bedeutende Rolle, vier von ihnen bekleideten das Amt des Kanzlers. 1427 wurde Leonardo Bruni, der in der päpstlichen Kurie administrative und diplomatische Erfahrungen gesammelt hatte und auch eine preisende, sich an klassische Vorbilder anlehnende Geschichte der Stadt Florenz verfasste, zum Kanzler gewählt. Als er 1444 starb, ignorierten die Stadtoberen seinen letzten Willen, in dem er um eine bescheidene Beisetzung und einen einfachen Grabstein ersucht hatte; stattdessen spendeten sie ihm ein Staatsbegräbnis nach römischem Vorbild und gaben beim Bildhauer Bernardo Rossellino ein aufwendiges, nach antikem Muster gestaltetes Renaissancedenkmal in Auftrag, das über seinem Grabgewölbe in der Franziskanerkirche Santa Croce errichtet wurde.

Hinter diesem Interesse der Großen und Mächtigen an der humanistischen Gelehrsamkeit verbarg sich allerdings nicht nur der drängende Wunsch, Fürsprecher für ihre Sache anzuwerben, sondern auch das Verlangen, das Äußere des imperialen Roms – die lateinischen Wahlsprüche, Formen und Insignien – wieder zu erschaffen, in der Erwartung, dass dadurch auch die Macht Roms zurückkehren werde. Die Nachahmung der Antike kam in Mode. Die Studenten der privaten Akademie, die Pomponio Leto (1428–1498) in Rom gründete, befassten sich nicht nur mit antiker Geschichte, sondern trugen gelegentlich auch römische Kleidung, veranstalteten römische Feste, sammelten Inschriften und veranstalteten Diskussionen *alla romagna*. Sie legten sogar ihre Gärten nach antiken Grundsätzen an, die sie aus den Werken Vergils und Horaz' bezogen. In Florenz gingen die Medici noch weiter und erklärten die Wiederentdeckung der klassischen Antike fast zu einer Art Regierungsprogramm. Es ist in der Tat wichtig zu verstehen, dass die Macht der Medici – eine Familie von Ärzten, die später Bankiers wurden – im Florenz des 15. Jahrhunderts zwar auf ihrem Reichtum beruhte, dass sie jedoch auch durch ihre kulturelle Führerschaft zum Ausdruck kam. Denn bis zum Jahr 1537, als Cosimo de' Medici (1519–1574)

Herzog von Florenz und Großherzog der Toskana wurde, besaßen die Medici weder offizielle Rechte noch rechtmäßige Titel.
Durch ihren kulturellen Enthusiasmus für das Neue, Vollkommene und Prächtige identifizierten sie sich – bewusst und
gefühlsmäßig – mit den Geschicken der Stadt, die um 1400 zu
einer Zitadelle der Künste geworden war.

Das Grundmuster prägte Cosimo de' Medici (1389–1464),
der das öffentliche Leben in Florenz eine ganze Generation lang
dominierte. Natürlich war er reich: Mit dem Privatvermögen
seines Vaters – 1427 betrug es über 80 000 Taler – hätte man 2 000
Arbeitern der Wollindustrie ihren Jahreslohn bezahlen können.
Aber er war auch ein begeisterter Amateurgelehrter. 1427 hielt er
sich in Rom auf und half Poggio Bracciolini beim Aufspüren antiker Inschriften. Er gab die Übersetzung der Schriften Platons
durch Marsilio Ficino in Auftrag, zahlte dafür ein fürstliches Honorar und präsentierte der Öffentlichkeit schließlich eine der
schönsten Handschriften der ganzen Renaissance. Er beschäftigte nicht weniger als 35 Schreiber gleichzeitig, die die Klassiker
in seiner Bibliothek abschrieben. Bezeichnenderweise verfasste
sein Buchhändler, Vespasiano da Bisticci, Cosimos Biografie, in
der es über ihn hieß: »Er besaß gute Lateinkenntnisse, was erstaunlich war bei einem Mann, der ganz von öffentlichen Angelegenheiten in Anspruch genommen wurde.« Zudem verwandte
Cosimo sein Geld, um der Franziskanerkirche Santa Croce eine
Kapelle hinzuzufügen, Wohnquartiere für die Novizen zu errichten sowie eine Bibliothek für die gotische Kirche San Lorenzo außerhalb von Fiesole zu bauen und die Kirche selbst zu
restaurieren. Daneben ließ er den Familienpalast in Florenz, entworfen von Michelozzo, erbauen und förderte Großmeister wie
Donatello und andere. Zusätzlich unterstützte er noch die florentinischen Heere und die florentinische Diplomatie bis zu

dem Zeitpunkt, als im Frieden von Lodi im Jahr 1454 Florenz neben Venedig, dem Papsttum, Mailand und Neapel offiziell als eine der fünf wichtigsten Mächte Italiens anerkannt wurde.

Cosimos Enkel, Lorenzo »der Prächtige« (1449–1492), der Florenz faktisch, wenn auch nicht in eigenem Namen regierte, übertraf Cosimo noch. Er herrschte jedoch mit einer Rute, die weniger aus Eisen, sondern mehr aus Gold und Elfenbein bestand. Lorenzo war nicht nur ein Gelehrter und Förderer von Gelehrten, der – wie sein Großvater – die Arbeiten von Ficino und Pico della Mirandola sowie Angelo Poliziano zur Übersetzung und Herausgabe lateinischer und griechischer Texte finanzierte, sondern selbst ein anerkannter Dichter. Sein Vorbild war Petrarca und seine Gedichte sind voller origineller Ideen, gewählter Vergleiche und in erlesenen Versformen verfasst. Sie feiern die Jagd, den Wald, die Natur, die Liebe der Frauen, verabscheuen die Vergänglichkeit des Lebens und verströmen Freude und derben Humor wie auch Traurigkeit. Schon damals fanden sie eine große Leserschaft, und einige werden noch heute gelesen. Lorenzo gab bei fast allen bedeutenden Dichtern und Bildhauern seiner Zeit – Verrocchio, Ghirlandaio, den Brüdern Pollaiuolo und Botticelli – Arbeiten in Auftrag und baute in monumentalem Umfang. Sein Sohn Giovanni wurde Papst Leo X., sein Neffe, Giulio, Klemens VII. Seine Urenkelin Katharina heiratete einen König von Frankreich und war die Mutter dreier Könige. Lorenzo war, so wird vielfach behauptet, die Schlüsselfigur der gesamten Renaissance und kam dem Ideal des *uomo universale* am nächsten – und dies hauptsächlich, weil er selbst Schriftsteller war.

Die Medici von Florenz waren aber nicht die einzige regierende Familie, die sich mit der neuen Kultur identifizierte. Gerade die Rivalität zwischen den unabhängigen Städten und den

Regierungen und Herrschern verlieh der Renaissance ihre Stoß-
kraft. Denn jede Macht wollte sich mit den hervorragendsten
Produkten von Wissenschaft und Kunst schmücken. Die Renaissance zählt zu den wenigen Epochen der Geschichte, in denen
der weltliche Erfolg – der Kampf um militärische Vorherrschaft
und politische Herrschaft – zumindest teilweise nach den Leistungen auf kulturellem Gebiet beurteilt wurde. Dabei huldigte
die Tugend des Mäzenatentums mitunter dem Laster der Heu-
chelei. Die Herrscher der italienischen Städte kannten wenig
Skrupel. Bernabò Visconti, der im 14. Jahrhundert die Machtstellung seiner Familie in Mailand konsolidierte, war von barba-
rischer Grausamkeit; sein Sohn Gian Galeazzo (1351–1402), ein
gerissener Machtmensch, weitete die Herrschaft Mailands über
die ganze Lombardei, Teile des Piemont und sogar Gebiete der
Toskana aus. Aber er war auch ein großzügiger und urteilsfähi-
ger Kunstsammler, ein Freund der Gelehrten und Förderer der
neuen Gelehrsamkeit. Die Familie der Sforzas, die Nachfolger
der Mailänder Visconti, unterstützte Leonardo da Vinci und
Bramante. Eine weitere humanistisch geprägte Stadt war Ferrara, die von der Este-Familie regiert wurde. Es zeichnete den
neuen Humanismus aus, dass man der Erziehung und Bildung
der feinen Damen und Herren eine beinahe gleich große Aufmerksamkeit schenkte. Ercole, Herzog von Ferrara von 1471 bis
1505, hatte zwei schöne und begabte Töchter, Isabella und Beatrice, die eine profunde klassische Bildung genossen. Isabella
(1474–1539) heiratete Francesco Gonzaga, den Marquis von
Mantua, wo sie fast ein halbes Jahrhundert lebte. Während eines
großen Teils dieser Zeit vertrat sie als Regentin ihren Ehemann,
einen *condottiere,* und avancierte zugleich zur bedeutendsten
Sammlerin und Mäzenin der Renaissance. Ihr *studiolo* – eine
Mischung aus Studierzimmer und Kuriositätenkabinett – war

eines der schönsten in ganz Italien und enthielt Werke von Andrea Mantegna, Pietro Perugino, Correggio und anderen bedeutenden Malern. Nach einiger Zeit war es so sehr mit Büchern und anderen Kunstgegenständen – Schmuck, Medaillons, kleinen Statuen aus Bronze und Marmor, dem »Horn eines Einhorns« und anderen Kuriositäten – voll gestellt, dass sie ein »grotto« hinzufügte; eines der ersten Beispiele für das, was während der folgenden drei Jahrhunderte eine zwar todgeweihte, aber oft auch reizvolle Kunstform der Begüterten blieb. Sie besaß einen Michelangelo und einen Jan van Eyck. Das nach ihrem Tod zusammengestellte Inventar listete mehr als 1600 Kunstgegenstände auf.

Ein noch berühmteres *studiolo* wurde für Federigo de Montefeltro (1422–1482) erbaut, einen machtvollen und gebildeten Söldnerführer, dessen unverkennbares Profil mit dem von einem Schwertstreich eingedrückten Nasenrücken auf vielen Meisterwerken der Zeit abgebildet ist. Seine Familie beherrschte Urbino seit dem 13. Jahrhundert, er selbst regierte die Stadt fast vierzig Jahre, die letzten acht davon als Herzog. Dieser auf vielen Gebieten gebildete Millionär und *condottiere* hatte gute Kenntnisse im Lateinischen und anderen Gebieten erworben, hinzu kam ein exzellenter Kunstverstand. Nach seinem Rückzug aus der aktiven Politik büßte er für seine Sünden durch eine kenntnisreiche Förderung der Künste und sogar durch ein wenig religiöse Frömmigkeit. Er wandelte das mittelalterliche Zuhause seiner Vorfahren in Urbino zu einem der schönsten Paläste Italiens um, der nach außen hin zwar altertümlich und militärisch anmutete, im Inneren jedoch nach dem neuesten Geschmack gestaltet war. Im Herzen des Palasts befand sich sein *studiolo*, ein Meisterwerk aus Intarsienholzarbeiten, die als Reihe von *trompe l'œil*-Tafeln angeordnet waren. Dort konnte der alte Krieger

mit Gelehrten Konversation treiben und den *uomo universale*
spielen.

Der Hof Herzog Federigos war ein Abbild und Vorbild seiner
Zeit. So ist nicht verwunderlich, dass Baldassare Castiglione
(1478–1529) Urbino zum Ort der Handlung machte, als er beschloss, ein Buch über das richtige Benehmen bei Hofe zu schreiben. Mit seiner Schrift strebte er eine Darstellung der guten Um-
gangsformen auf höchstem Niveau wie auch die Popularisierung
der Ideale der Renaissance an. *Il Cortegiano (Der Höfling)* versammelt eine Reihe fiktiver Gespräche zwischen erfahrenen Angehörigen des Hofes, in denen der ideale Edelmann und die
ideale Edelfrau beschrieben sind, wie auch die Art, wie sie auf die
feinste höfische Gesellschaft vorbereitet werden können. Der aus
Mantua stammende Autor war in den klassischen Wissenschaften versiert. Er hatte nicht nur in Urbino, sondern auch in seiner
Heimatstadt unter den Gonzagas höfische Dienste geleistet und
wusste deshalb, worüber er schrieb. Als das Buch 1528 herauskam, erteilte die Obrigkeit ihre Zustimmung, wichtiger war aber,
dass es die jungen Leute begeisterte. Obwohl es heute kaum noch
gelesen wird, ist es doch ein Klassiker der Renaissance. In seiner
Zeit war es ein durchschlagender Erfolg, und kein Buch hatte
mehr Anteil daran, die Vorstellungen der Führungsschichten der
Renaissance in Europa zu verbreiten. Und um sein Glück komplett zu machen, saß Castiglione auch noch Modell für das
schönste erhaltene Porträt Raffaels.

Während Castiglione die heiteren Aspekte des höfischen
Lebens beschrieb, vervollständigte sein Zeitgenosse Niccolò
Machiavelli (1469–1527) das Bild durch die Schilderung der
dunkleren und – wie gesagt werden muss – realistischeren Sei-
ten. *Il Principe (Der Fürst)* wurde 1513 geschrieben, nachdem
Machiavelli anlässlich der erneuten Machtergreifung der Medici

1512 aus seinem Amt entlassen worden war. Er war Historiker und ein Mann von Welt, Verfasser von Büchern über die Geschichte der Stadt Florenz und die Kunst des Krieges. Ihm ging es weniger um Ideale, so wie Castiglione das von sich behauptete, sondern um die realen Geschehnisse in einer rauen und schonungslosen Gesellschaft. Seinen Lesern sagte er: Mein Buch handelt nicht von dem, was Herrscher tun sollten, sondern davon, was sie – wie ich aus Erfahrung weiß – tatsächlich tun oder zu tun versuchen, um ihre inneren und äußeren Feinde zu überlisten. *Der Fürst* ist nicht, wie die Kritiker zur damaligen Zeit und seither behaupten, ein diabolisches Buch, dazu geeignet, die Tugendhaften zu entmutigen und die Ehrgeizigen zu verderben. Es ist vielmehr ein originäres, aus Realpolitik entstandenes Werk, das eine gewisse resignierte Weisheit erkennen lässt, und zugleich ein patriotisches Buch, aus der Sicht eines stolzen Florentiner Bürgers geschrieben, der erlebt hatte, wie Invasionsheere die republikanischen Ideale und lokalen Freiheiten zerstörten. Betrübt erkannte Machiavelli, dass die großen italienischen Städte, wenn sie als unabhängige Staaten überleben wollten, von gerissenen, illusionslosen Männern regiert werden mussten, die aus der jüngeren Vergangenheit Lehren gezogen hatten.

Castiglione beruhigte seine Leserschaft, Machiavelli schockierte sie. Doch beide Werke lieferten Europa wertvolle Informationen über ein Italien, das zur Zeit der Veröffentlichung eine kulturelle Umwälzung und eine Serie von Invasionen erlebt hatte, die die bürgerlichen Freiheiten und die italienische Seele bedrohten. Es waren Schlüsselerzeugnisse im Außenhandel der Renaissance. Und so wie sich die italienischen Städte beeilten, dem Wandel im Druckgewerbe Rechnung zu tragen, verlangte natürlich das restliche Europa, fast zwei Jahrhunderte lang, nach italienischen Ideen und Techniken.

Doch die Geschwindigkeit, mit der sich italienische Vorstellungen in Europa ausbreiteten, wurde in ebenso hohem Maße durch historischen Zufall wie durch die Verfügbarkeit herausragender Talente bestimmt. Zunächst reagierte Frankreich nur langsam – zumindest hatte es den Anschein. Das war überraschend. Denn im 13. Jahrhundert schien dort, eher als in Italien, das kulturelle Herz Europas zu schlagen. In Paris befand sich die bei weitem lebhafteste Universität, deren Einfluss im Laufe des Jahrhunderts noch weiter zunahm. Es gab drei bedeutende Französisch sprechende Höfe, wobei Burgund in mancher Hinsicht reicher war als das Königreich Frankreich und auch Navarra ein frankophones kulturelles Zentrum von einiger Bedeutung besaß. Als Sprache reifte das Französisch schnell, so dass sich die Dichter um 1250 und auch noch um 1300 bevorzugt französischer statt italienischer Versformen bedienten. Zudem wurde die Provence zum Schauplatz einer neuen literarischen Bewegung. Von 1309 bis 1378 zog eine ihrer Städte, Avignon, Sitz des päpstlichen Hofes während seines »babylonischen Exils«, Gelehrte, Literaten und frühe Humanisten aus dem gesamten latinischen Westen an, darunter Petrarca, der gelegentlich auf Französisch schrieb.

Doch brachte Frankreich keinen Dante hervor, das war in der Auseinandersetzung um die Vorherrschaft der Sprachen vermutlich von ausschlaggebender Bedeutung. Der Süden Frankreichs wurde zudem immer wieder von Ausbrüchen militanter Ketzerbewegungen sowie den zunehmend gewalttätigen Anstrengungen, diese zu unterdrücken, verwüstet. Beginnend mit den dreißiger Jahren des 14. Jahrhunderts, fiel das Gebiet in regelmäßigen Abständen verheerenden Invasionen der Engländer zum Opfer, an denen oft auch Burgund teilnahm. Ab den zwanziger Jahren des 15. Jahrhunderts unternahm die französische Krone lang anhaltende und kostspielige Bemühungen, seine verlorenen Provinzen von den englischen Besatzern zurückzuerobern. In der zweiten Hälfte des 15. Jahrhunderts legte Frankreich den Grundstein für seine heutige territoriale Zusammensetzung: 1453 verleibte es sich die Gascogne ein, 1473 Armagnac, 1477 Burgund, 1481 die Provence, 1489 Anjou und 1491 die Bretagne. Langfristig betrachtet, machte diese gewaltige Konsolidierung (gefolgt von der Annektierung des bourbonischen Gebiets im Jahr 1527) Frankreich zum bei weitem reichsten Staat Europas. Doch zur damaligen Zeit wurden die Wirkungen durch die Folgen der Entscheidung Karls VIII. aus dem Jahr 1494 absorbiert, seinen Anspruch auf das Königreich Neapel geltend zu machen, indem er in Italien einmarschierte. Die Invasion hatte für Italien katastrophale Folgen und schwächte Frankreich, da sie von Karls Nachfolgern Ludwig XII. und Franz I. unter großen Opfern und mit geringer Wirkung wiederholt wurde. Diese Entwicklung endete mit Franz' I. entscheidender Niederlage und Gefangennahme während der Schlacht bei Pavia (1525).

Während der langen Jahrzehnte der politischen und militärischen Besitznahmen war Frankreich nicht gegen den neuen Geist der Renaissance immun. Im Gegenteil: Man benutzte ihn, um dem französischen Expansionismus einen Anstrich von Klassizität zu geben. Der französische Hof war ein Tummelplatz von klugen Italienern: Exilanten aus Florenz, aus dem Umkreis des Papstes und vor den Kämpfen zwischen den Parteien in Genua und Mailand Geflohenen, die die Könige des Hauses Valois in der Hoffnung anstachelten, eine französische Eroberung Italiens werde sie erneut in Amt und Würden bringen. Die Propagandisten Frankreichs beschworen die heroischen Schatten der Antike. Karl und Ludwig verglich man mit Hannibal, der die Al-

pen überquert hatte. Franz wurde im Gespräch mit Julius Caesar
präsentiert (einem Italiener, der durch den Einmarsch in Gallien
die Eroberungsbewegung umgekehrt hatte). Dazu enthielt das
Buch Caesars *Kommentare,* die Albert Pigghe und Godefroy le
Batave vorzüglich illustrierten. Das Werk zählt zu den schönsten
Handschriften der Renaissance und ist heute eines der Glanzstücke der Bibliothèque Nationale in Paris. Die Invasionen wurden auch auf Medaillen, Gemmen, Statuen, Triumphbögen und
Kupferstichen gefeiert, die alle in klassischem Stil und oft mit
Hilfe italienischer Handwerker hergestellt waren. Doch es dauerte lange, bis der erste große französische Renaissance-Autor
erschien. François Villon (1431–1465), der einzige herausragende französische Dichter des 15. Jahrhunderts, blieb seltsa-
merweise unberührt von der Renaissance: In seinen nur dreitau-
send Gedichtzeilen, die überdauert haben, findet man kaum
Spuren des neuen Geistes. Villon gehörte eher dem Mittelalter
mit all seiner gewalttätigen Pracht an.

Langfristig betrachtet, setzte sich die Renaissance aber auch
in Frankreich durch. Karl VIII. kehrte mit einer großen Anzahl
gut ausgebildeter Arbeitskräfte nach Italien zurück, doch es war
Franz I., der die neue Kultur im Namen seines Landes begeistert
aufnahm. Bereits 1516 gab er bei Leonardo da Vinci Werke in
Auftrag und holte so hervorragende Künstler wie Primaticcio
und Rosso Fiorentino an seinen Hof. Diese Männer arbeiteten
neben französischen Künstlern wie Jean Goujon und Jean Cousin
und bildeten die École de Fontainebleau: das erste bedeutende
künstlerische Zentrum der Renaissance außerhalb Italiens. Mit
italienischer Hilfe und Inspiration führte Franz I. – hauptsächlich im Loire-Tal – das wohl größte Programm zum Bau von
Schlössern und Palästen der Geschichte durch.

Ebenso bedeutend war die in Frankreich vorherrschende

Liebe zur Literatur der Renaissance. Zwar entwickelte sich auch diese Leidenschaft erst spät, doch sobald die Sorbonne 1470 einen eigenen Verlag gegründet hatte, erschienen allmählich in großer Zahl französische Ausgaben und Übersetzungen der griechischen und römischen Klassiker. Robert Gaguin (um 1433–1501) schlug einen volkstümlichen gallischen Ton an und verband seine Renaissancestudien mit dem aufkeimenden, die zweite Hälfte des 15. Jahrhunderts prägenden französischen Nationalismus. Er veröffentlichte ein *Compendium supra Francorum gestis* (1495), eine auf Latein verfasste Geschichte Frankreichs bis zur Gegenwart, lehrte in Paris Rhetorik und verfasste ein Traktat über die Art, wie man lateinische Gedichte schreiben und genießen könne. Ihm schlossen sich Guillaume Fichet und Jacques Lefèvre d'Étaples an, die Italien bereisten, um die neuesten Forschungen kennen zu lernen, sowie griechische Lehrer wie Hieronymus und Lascaris. Noch einflussreicher war der Humanist Guillaume Budé (1467–1540), dessen Werk *Die richtigen und angemessenen Einrichtungen des gelehrten Studiums* 1532 herauskam. Seine These lautete, dass das in seinem ursprünglichen Zustand vollkommene Christentum unter »Jahrhunderten der Barbarei« begraben worden sei und die Aufgabe des gegenwärtigen Zeitalters darin bestehe, die »Chöre der antiken Musen zu reformieren«. Die Kirche war von solchen Überlegungen nicht gerade begeistert. Doch in den Augen der Humanisten standen viele ihrer Einrichtungen mit den barbarischen Jahrzehnten in enger Verbindung. Nachdem Budé also Franz I. überzeugt hatte, durch die Einrichtung von Lehrstühlen für Latein, Griechisch, Hebräisch und Arabisch die neue humanistische Kultur zu subventionieren, wurden sie zum so genannten Collège Royal (später Collège de France) zusammengefasst, das nicht der Kontrolle der Pariser Universität unterstand. Ab diesem Zeitpunkt reifte die literarische Renaissance in Frankreich und entwickelte sich geradezu explosionsartig.

Einige Schriftsteller, beispielsweise François Rabelais (1494 bis 1553), waren noch auf die scholastische Weise ausgebildet worden. Rabelais, ein ordinierter Priester, soll das ultrastrenge Collège de Montaigue der Universität von Paris besucht haben. Die »Hohe Schule« war berüchtigt wegen des Gestanks, der Prügelstrafen und des schlechten Essens und wurde als »die Ritze zwischen den Hinterbacken der Mutter Kirche« bezeichnet. Wie Erasmus, der ebenfalls an dem Collège studierte, war auch Rabelais unglücklich dort. Man sollte jedoch nicht verschweigen, dass andere Schüler, zum Beispiel Jean Calvin, der große Häresiarch, sowie Ignatius von Loyola, Gründer des Jesuitenordens, die dortigen Lehren in höchsten Tönen lobten, auch wenn diese Urteile ebenso viel über das Naturell der vier Männer wie über die Institution selbst aussagen. Rabelais promovierte zum Arzt. Die Studien auf dem Gebiet der Medizin waren in Frankreich durch die Kontakte und Erfahrungen während der Feldzüge nach Italien revolutioniert worden. Ambroise Paré (1510–1590), der an einem der Feldzüge teilnahm, wurde später zu einem der größten Physiologen seiner Zeit und ließ sich in Lyon nieder. Die Stadt war von italienischen Bankiers kolonisiert worden, die die Insignien der italienischen Renaissance mitbrachten. Als Franz I. starb, soll die Krone das Doppelte ihres Einkommens den Lyoneser Bankiers geschuldet haben. Rabelais verfasste auf Latein und Französisch umfangreiche Werke zu einer Vielzahl von Gebieten, darunter auch der Medizin. Sein ernsthaft-komisches Meisterwerk, das im Laufe von zwanzig Jahren in fünf Teilen veröffentlicht wurde und unter dem Titel *Gargantua und Pantagruel* bekannt ist, stellt ein Kompendium des Humanismus, des derben Humors und der Satire dar. Zahlreiche

Schilderungen darin haben ihren Weg in die Herzen der Franzosen gefunden. Rabelais behandelte nahezu alle Schichten der französischen Bevölkerung, Bauern und Akademiker, Kaufleute, Anwälte und Höflinge, schrieb ein lebendiges, knappes, ausdrucksstarkes und kraftvolles Französisch und verfügte über einen riesigen Wortschatz, wobei er auch Dialekte, Argot und Wortneuschöpfungen verwendete. Es würde sicher zu weit gehen, wenn man behauptete, er habe das Französische als Literatursprache »erfunden«, wie man es Dante mit Recht für das Italienische nachsagt. Vielmehr erschloss er die enormen Ausdrucksmöglichkeiten des Französischen und machte die Franzosen stolz auf ihr sprachliches Erbe. Die Kirche verdammte Rabelais, und der Staat ordnete an, das Werk zu verbieten und zu verbrennen. Der Hof und die Gebildeten dagegen liebten die Komik und die grimmige Kritik an der Gesellschaft. Und so diente dieses riesige, unordentliche Buch so unterschiedlichen Autoren wie Molière und Voltaire als Inspirationsquelle, wohingegen es in den angelsächsischen und nordeuropäischen Gesellschaften mit Lasterhaftigkeit gleichgesetzt wurde.

Die jüngeren Autoren zogen Nutzen aus den Ausbildungsreformen, die Budé mit dem Segen Franz' I. durchgeführt hatte. So zählte Jean Dorat, erster Professor für Griechisch an der neu gegründeten Fakultät, Joachim du Bellay (1422–1560) zu seinen Schülern. Dieser suchte das Wissen der Klassiker mit der neu gereiften Nationalsprache zu verbinden und veröffentlichte 1549 das erste bedeutende sprachwissenschaftliche Werk: *Die Verteidigung und Veranschaulichung der französischen Sprache*. Es ist ein Plädoyer an die französischen Dichter, in Anlehnung an die klassischen Autoren, Oden und Elegien zu schreiben und sich der neuen Versform des Petrarkischen Sonetts zu bedienen. Im Folgejahr erschienen die ersten Oden seines Studienfreundes

Pierre de Ronsard (1524–1585). Gemeinsam bildeten die beiden
Männer mit ihrem in Venedig geborenen Schriftstellerkollegen
Jean-Antoine de Baif (1532–1589), Sohn des französischen Bot-
schafters und aufgewachsen in der Tradition des Humanismus,
ein Gestirn der »neuen« Dichter, das unter dem Namen *Pléiade*
Berühmtheit erlangte. Für beinahe drei Jahrhunderte legten sie
die Regeln der französischen Dichtung fest. Doch sie beeinflussten auch die Dramatik, denn ein weiteres Mitglied der *Pléiade*,
Étienne Jodelle (1532–1588), schrieb ein Epoche machendes
Bühnenstück *Didon se sacrifiant (Didon opfert sich)*, das zum
Musterbeispiel des klassischen französischen Theaters wurde
und so den glanzvollen literarischen Werken des 17. Jahrhunderts den Weg bereitete.

Diese kreativen Geister schufen eine Sprache, mit der die
Schriftsteller auf unendliche Weise und im Rahmen einer Vielzahl literarischer Formen experimentieren konnten. Zu den
dauerhaftesten zählte der Aufsatz oder Essay, der bis heute im
kritischen Artikel und in Zeitungs- und Zeitschriftenbeiträgen
fortbesteht. Die Werke Michel de Montaignes (1533–1592), des
herausragenden Vertreters des französischen Humanismus, werden noch heute auf der ganzen Welt gelesen. Montaigne stammte aus begütertem Hause, war ungeheuer belesen und kannte
sich in Fragen der öffentlichen Verwaltung gut aus. Trotzdem
wandte er sich vorrangig dem Schreiben zu, er verfasste Betrach-
tungen über Menschen, Ereignisse, Gebräuche und Glaubensüberzeugungen und die üblichen Meilensteine des Lebens:
Geburt, Jugend, Mann-Sein, Ehe, Krankheit und Tod. Er war
katholisch, aber ein Skeptiker; ein Mann mit praktischem Verstand, aber auch mit großem Feingefühl; einer, der die Vergangenheit liebte, aber in der Gegenwart zu Hause war und auch die
Zukunft nicht fürchtete. Zum ersten Mal in der europäischen

Literatur erkennen wir einen modernen Tonfall, leicht und plaudernd, sowie die Bereitschaft, vor dem Leser über die eigene Person zu sprechen. Die Veröffentlichung der *Essais* im Jahr 1580 kennzeichnete, wie weit sich die europäischen Gesellschaften vom Mittelalter entfernt hatten, seit sich die Kräfte des reformatorischen Humanismus allmählich durchgesetzt hatten.

Die Distanz, die in England zurückgelegt wurde, war ebenso groß, doch der Weg war ein anderer. Der Beginn der Entdeckung der englischen Sprache datiert fast auf die gleiche Zeit wie die der italienischen. Es ist das frühe 14. Jahrhundert, als das Französische bei Hofe, in der Rechtsprechung und in der Verwaltung schließlich durch die Volkssprache, das Englische, ersetzt wurde. Rechtskraft erlangte diese Entwicklung durch ein Gesetz, das unter anderem vorschrieb, beide Prozessparteien anzuhören, die »Statue of Pleadings«. Der Hundertjährige Krieg zwischen Frankreich und England führte zur endgültigen Aufspaltung der Entwicklungslinien beider Länder. Bedeutsam an diesem Prozess ist, dass die erste Phase mit der Entstehung des ersten unabhängigen Stils gotischer Architektur in England, dem Perpendikularstil, zusammenfiel. Dessen erstes Meisterwerk ist die Abtei von Gloucester, deren gesamter Ostteil in dem neuen Stil wieder aufgebaut wurde. Gekrönt wurde die Abtei zur Feier des großen englischen Sieges über Frankreich bei Crécy (1346) mit einem gigantischen Ostfenster, dem größten in England.

Ungefähr zur selben Zeit kam Geoffrey Chaucer zur Welt, der, nach Dante, zum bedeutendsten Dichter des Mittelalters wurde und die Hauptattribute der Literatur der Renaissance verkörperte. Chaucer entstammte einer Familie von Weinhändlern aus Ipswich, die mit Spanien, Frankreich und Portugal Handel trieben. Wie so viele Söhne von Weinhändlern (der englische Schriftsteller und Philosoph John Ruskin wäre ein weiteres Beispiel) hatte auch Chaucer bereits früh einen internationalen Horizont, vor allem in Fragen der Kultur. Eine kurze Tätigkeit als Page bei Lionel, einem der Söhne Edwards III., machte ihn mit dem Leben bei Hofe bekannt. Er diente in einer der Invasionsarmeen des Königs in Frankreich und schloss sich schließlich Edwards Hofstaat an, wobei ihn der König mehr als einmal mit diplomatischen Aufgaben betraute. Beispielsweise begab sich Chaucer nach Verona und nach Flandern; 1348 weilte er in der Lombardei, wo er als Angehöriger einer Delegation, die mit Bernabò Visconti und dem großen *condottiere* Sir John Hawkwood »wegen bestimmter Angelegenheiten im Zusammenhang mit dem Krieg des Königs« verhandelte. Chaucer hatte bereits eine Fassung des französischen *Roman de la rose* verfasst und Gedichte geschrieben. Indem er Italienisch lernte, erschloss er sich die Welt Dantes, Boccaccios und Petrarcas, denen er – insbesondere letzterem – viel zu verdanken hat. Auch wenn er sich nicht im Ausland aufhielt, blieb er dank seiner Stellung als Zollinspektor für Wolle und Tierhäute im Londoner Hafen mit dem europäischen Kontinent in Verbindung. Eine Reihe größerer Gedichte folgte, wobei ihm Boccaccio als Vorbild und Ideenlieferant diente. Doch Chaucer war ein unabhängiger Kopf und durch und durch Engländer. Mehr noch – er war ein wichtiger Mann im Staate, denn er wurde nicht nur Bauleiter des Königs und beaufsichtigte in dieser Funktion den Tower von London, Westminster Palace sowie acht weitere königliche Häuser, sondern er war auch Friedensrichter und Mitglied des Parlaments für die Grafschaft Kent. Insofern entsprach er dem sich in der Renaissance herausbildenden Muster eines weltgewandten Höflings, der zugleich Dichter war.

Auch er ergab sich der Faszination, mit der man während der Renaissance dem Individuum, im Gegensatz zum Typus, begegnete. Der Einzelne steht im Mittelpunkt seines Meisterwerks, *Die Canterbury-Erzählungen*, an dem er von 1386, als er sich in der Grafschaft Kent weitgehend in den Ruhestand zurückzog, bis zu seinem Todesjahr 1400 schrieb. Das Werk hat kein wirkliches Vorbild, denn Chaucer hatte das *Decamerone* nicht gelesen; die Rahmenerzählung, eine Pilgerfahrt nach Canterbury zum Schrein des heiligen Thomas Becket, während der jeder der ganz individuell gezeichneten Teilnehmer eine Erzählung zum Besten gibt, ist seine Erfindung. Wichtiger aber ist, mit welch großer Unmittelbarkeit er die Charaktere zum Leben erweckt, und zwar sowohl was die Beschreibung der Pilger als auch deren Erzählungen betrifft. Die *Canterbury-Erzählungen* sind die literarische Entsprechung zur Formulierung der Gesetze der Zentralperspektive und zur zeichnerischen Verkürzung durch die Florentiner Maler. Die Chaucerschen Männer und Frauen springen uns aus den Buchseiten förmlich entgegen und bleiben in unserer Erinnerung lebendig, wie es selbst Dantes Figuren nicht vermögen. Chaucer zeichnete ein unerklärliches Genie aus: Er gehört zu den vier englischen Autoren – die anderen drei sind Shakespeare, Dickens und Kipling –, deren außerordentliche Fähigkeit, sich in unterschiedliche Menschen hineinzuversetzen, jeder rationalen Erklärung widersteht und wohl nur einem geheimnisvollen Dämon zugeschrieben werden kann. Es ist schon merkwürdig, dass am Beginn der englischen Literatur plötzlich ein solcher »Zauberer« stand.

Doch dies ist das Wesen kultureller Erscheinungen: Zwar lassen sich die verschiedensten befriedigenden Erklärungen über das Wann und Warum der Entstehung der Renaissance und ihrer Ausbreitung anführen. Doch Dante oder Chaucer kann man nicht »erklären«. Das Genie erwacht plötzlich zum Leben und spricht aus einer Leere. Und dann schweigt es, auf ebenso

geheimnisvolle Weise. Die Entwicklungen setzen sich fort und
verstärken sich, doch nunmehr fehlt es an Genie. Chaucer hatte
keinen Nachfolger von auch nur annähernd vergleichbarer Größe. In der englischen Literatur des 15. Jahrhunderts gibt es keinen bedeutenden Dichter. Aber die Seiten sind nicht leer. Ganz
im Gegenteil: Es wurden viele solide Fortschritte bei der Schaffung der Infrastruktur von Wissenschaft und Literatur erzielt.
Heinrich V., der bedeutendste der Plantagenet-Monarchen und
Eroberer Frankreichs, starb jung, im Jahr 1422. Da sein Sohn,
Heinrich VI., erst ein Jahr alt war, fiel die Regentschaft an seinen
Onkel Humphrey, Herzog von Gloucester. Herzog Humphrey
war ein miserabler Herrscher, so kam es zur Schwächung der
Monarchie und zu Fehleinschätzungen, die zum Verlust Frankreichs und zum Rosenkrieg führten. Dennoch war er der erste
englische Förderer der Renaissance-Gelehrsamkeit. Er sammelte
die Werke der griechischen und lateinischen Klassiker in ausge-
zeichneten Handschriften, einschließlich der meisten Schriften
Platons und Aristoteles', sowie schön illustrierte Ausgaben zeit-
genössischer Meister, darunter Dante, Petrarca und Boccaccio.
Alle diese Werke hinterließ er der Universität Oxford, wo sie den
Kernbestand der Bodleian Library bildeten. Bis heute machen
sie das Herz der gesamten Bibliothek aus. Bereits zu Lebzeiten
Chaucers hatte William von Wykeham, Bischof von Winchester,
damit begonnen, Englands neuen Reichtum, der hauptsächlich
auf Wolle gründete, mit den Zwillingsgründungen des Winchester College und des New College, Oxford, für Forschung
und Lehre einzusetzen. Heinrich VI., als König ein hoffnungs-
loser Fall, aber ein frommer und großzügiger Mann, setzte diese
Entwicklung mit dem Bau von Eton College und King's College,
Cambridge, fort. In regelmäßigen Abständen folgten weitere
Colleges, darunter das All Souls in Oxford, aus dem später das

englische Pendant zum Collège de France hervorging, sowie das St. John's, Cambridge, das sich von Anfang an auf Studien spezialisierte, die den Menschen der Renaissance am Herzen lagen.

Der erste herausragende englische Humanist, Robert Fleming, besuchte Italien, knüpfte am Hofe des gelehrten Papstes Sixtus IV. Kontakte und gewann die Freundschaft seines berühmten Bibliothekars Platina. Reisen nach Italien gehörten damals zum guten Ton. Thomas Linacre (1460–1524) reiste dorthin. Er saß neben Giovanni de' Medici, dem späteren Papst Leo X., zu Füßen Polizianos, schloss in Padua ein Medizinstudium ab, gründete nach seiner Rückkehr das *College of Physicians*, schrieb eine Grammatik der lateinischen Sprache und wurde Hauslehrer der Kinder des Königs. Auch sein Freund William Grocyn (um 1446–1519) studierte bei Poliziano und dem noch gebildeteren griechischen Gelehrten Chalcondyles. Als Grocyn nach England zurückkehrte, hielt er in Oxford (1491) die erste öffentliche Vorlesung über die griechische Sprache. Erasmus von Rotterdam (um 1466–1536), Thomas Morus (1478–1535) und John Colet (um 1467–1519) studierten bei Grocyn; Erasmus kam 1498 nach Oxford, weil es, wie er sagte, nicht mehr notwendig sei, bis nach Italien zu reisen, um sich mit den neuesten Forschungen über das Griechische vertraut zu machen – in Oxford würde man genauso viel lernen, wenn nicht mehr.

Ein Kennzeichen des englischen Humanismus, und zwar sowohl in Oxford als auch in Cambridge, war sein Geist der Kritik. Dies ist ein immens wichtiger Punkt, auf den einzugehen sich lohnt. Natürlich wurde der kritische Geist – das heißt, die Neigung, Texte nicht nur einfach für bare Münze zu nehmen, sondern ihre Herkunft und Identität, ihre Echtheit und ihren Inhalt sorgfältig zu untersuchen – nicht in Oxford erfunden. Diese kritische Grundeinstellung war ein Kennzeichen der Renaissance, das sich für die Einheit der Kirche als verhängnisvoll erweisen sollte, sobald man die Kritik auf heilige Texte und kirchliche Zeugnisse anwendete. Selbstverständlich ging sie der Epoche zeitlich lange voraus, vor allem auf Marcion, der im 2. Jahrhundert n. Chr. lebte. Marcion unterzog als Erster die kanonischen Texte des Neuen Testaments einer sorgfältigen Exegese und verwarf dabei auch so manche akzeptierte. Doch im Mittelalter war diese Methode selten; es ist bemerkenswert, dass Kirchengelehrte wie Augustinus oder Thomas von Aquin der Vollständigkeit und dem Hintergrund der überlieferten Texte, die sie so ausführlich kommentierten, so wenig Aufmerksamkeit schenkten. Aber so war es eben. Und deshalb zählte die Wiederbelebung der kritischen Methode Marcions zu den erstaunlichsten Aspekten der Wiederentdeckung der Antike – und zu den revolutionärsten.

Bahnbrechende Arbeit leistete in diesem Zusammenhang Lorenzo Valla (um 1407–1457), ein hochintelligenter, schwieriger, streitlustiger, aber auch penibler Gelehrter, der sich auf das Fach Rhetorik spezialisiert hatte und in Padua, Rom und Neapel lehrte. Er wirkte auch als Staatsmann, sowohl am päpstlichen Hof als auch auch unter Alfonso von Aragon, dem König von Neapel. In den periodisch wiederkehrenden Auseinandersetzungen zwischen den weltlichen und kirchlichen Kräften galt seine Sympathie eher den Fürsten als den Päpsten. Dies führte unter anderem dazu, dass er die Konstantinische Schenkung kritisch unter die Lupe nahm. In dieser angeblich irgendwann zwischen 750 und 850 n. Chr. verfassten Urkunde sollen die Bekehrung Kaiser Konstantins I. und die diversen Fürstentümer dokumentiert sein, die Konstantin Papst Silvester I. (314–335) und allen seinen Nachfolgern übertrug. Silvester wird darin zum Oberhaupt über alle christlichen Kirchen erklärt, die Urkunde übertrug ihm die weltliche Herrschaft über Rom »und alle Provinzen, Orte und *civitates* Italiens und der westlichen Gebiete, und [machte ihn] allerorts zum höchsten Richter ihres Klerus«. In dem Dokument ist sogar festgehalten, dass Silvester die Westhälfte des Römischen Reichs angeboten wurde, die er jedoch zurückwies. Die Konstantinische Schenkung war der Urtext des siegesbewussten Papsttums, das Hauptzeugnis der Hildebrandschen Revolution des 11. Jahrhunderts und der noch extremeren Besitzansprüche von Bonifaz VIII. im 14. Jahrhundert sowie die Eigentumsurkunde für die Ländereien des Kirchenstaats in Italien. Die Urkunde war schon zuvor in Zweifel gezogen worden, doch eher im Sinne eines politischen Widerstands seitens verärgerter Monarchen als im Geiste humanistischer Gelehrsamkeit. Erst Valla unterzog den Text einer genauen Exegese und wies zweifelsfrei nach, dass es sich um eine bewusste Fälschung handelte. In *De falso credita et ementita Constantini Donatione declamatio* (1440) legte er seine Forschungsergebnisse der Öffentlichkeit vor. Valla war mit den kirchlichen Behörden bereits wegen seiner Kritik an den dialektischen Lehrmethoden der Kirchengelehrten, insbesondere der Mönche, an den Universitäten aneinander geraten. Da seine Aufdeckung der Fälschung darüber hinaus einen Frontalangriff gegen die weltliche Macht des Papsttums bedeutete, das nach seiner Argumentation einzig eine geistige und geistliche Institution sein sollte, wurde er vor die Inquisition (1444) zitiert, vor deren Verurteilung ihn nur die Intervention König Alfonsos retten konnte.

Es ist nicht überraschend, dass Valla bei der Kirche in Ungnade fiel, denn sein Umgang mit den antiken Dokumenten gründete darauf, dass nichts heilig sei und jeder Text im Lichte der Kritik untersucht werden müsse. So verglich er beispielsweise die lateinische Vulgata (Bibelübersetzung) des heiligen

Hieronymus mit dem griechischen Neuen Testament. Diese Methode war nicht nur für sich genommen wichtig und gewann später einen bedeutenden Einfluss auf Erasmus' Textkritik, sondern ermutigte auch andere Gelehrte, mit einer ganzen Reihe von Texten ebenso zu verfahren. So gab 1497 John Colet, der in den vier vorhergehenden Jahren Informationen über die Untersuchung antiker Texte gesammelt hatte, in Oxford eine Aufsehen erregende und historisch bedeutsame Reihe von Vorlesungen über den Paulusbrief an die Römer heraus. Der Paulusbrief gehört zu den zentralen Dokumenten der Christenheit, da er die Theologie der Rechtfertigung durch den Glauben enthält. Colet verzichtete ganz und gar auf die scholastische Methode und ordnete den Brief stattdessen in den historischen Kontext der Römerzeit ein und zog auch nichtchristliche Autoritäten wie Sueton heran. Für intelligente junge Gelehrte war diese neue historische Methode geradezu elektrisierend. Sie war unverbraucht, eingängig, respektlos, ikonoklastisch und ungeheuer faszinierend. Und schließlich führte sie zu einer jener fundamentalen Umwälzungen im Verstehen (ebenso wie später Marx' Klassenanalyse oder Freuds Theorie des Unbewussten), die sich auf alle möglichen Themen und Problemstellungen anwenden ließ und verblüffende Ergebnisse erzielte.

Was sich nun entwickelte, war, kurz gesagt, der erste große Kulturkampf der europäischen Geschichte. Man erhält einen Einblick in die späteren Ereignisse, als Erasmus und John Colet – irgendwann zwischen 1511 und 1513 – gemeinsam den berühmten Schrein des heiligen Thomas in Canterbury aufsuchten. Dieser kam hinsichtlich Ruhm und reicher Ausstattung dem Schrein des heiligen Jakobus in Compostela gleich und war umgeben von Schwindelgeschäften und falschen Wundern aller Art. Die beiden Gelehrten waren abgestoßen von dem, was sie sahen, zumal von den Reichtümern, die nach der zornigen Aussage Colets den Armen gegeben werden sollten. Colet weigerte sich, einer wertvollen Reliquie, dem »Arm des heiligen Georg«, einen Kuss aufzudrücken, wedelte verächtlich einen »Lumpen« weg, der angeblich in das Blut des heiligen Thomas getaucht worden war, und fuhr gänzlich aus der Haut, als ein lizenzierter Bettler ihn mit Weihwasser bespritzte und ihm den Schuh des heiligen Thomas zum Kusse hinhielt. Zu Erasmus sagte er: »Erwarten diese Narren, dass wir den Schuh eines jeden guten Mannes küssen sollen, der je gelebt hat? Warum bringen sie uns nicht ihren Auswurf oder Kot, damit man ihn küsse?« Mehr als hundert Jahre waren vergangen, seit Chaucers Pilger nach Canterbury gekommen waren, um »den heiligen, seligen Märtyrer aufzusuchen«, voll bedingungslosen Glaubens in seine Fähigkeit, Wunder zu wirken. In der Zwischenzeit hatte die Renaissance ihr Werk getan. Jetzt wurde die Glaubensgewissheit des Mittelalters – respektive Leichtgläubigkeit, je nach Standpunkt – mit den präzisen Untersuchungen beziehungsweise der Skepsis der Renaissance konfrontiert.

Im Nachhinein betrachtet, ist es merkwürdig, dass die Kirche nicht erkannte, welche Entwicklung da auf sie zukam, und keine Maßnahmen ergriff, sich darauf vorzubereiten oder Widerstand zu leisten. Im Deutsch sprechenden Mitteleuropa war der Kulturkampf in der zweiten Hälfte des 15. Jahrhunderts, als die Druckerpressen immer mehr Bücher in immer größeren Auflagen produzierten, unübersehbar entfacht. Von 1450 bis 1500 wurden in Deutschland fast 25 000 Titel gedruckt; wenn man von einer durchschnittlichen Druckauflage von 250 ausgeht, bedeutet dies, dass allein in Deutschland sechs Millionen gedruckte Bücher in Umlauf waren. Die meisten deutschen Humanisten standen der Kirche mittlerweile kritisch gegenüber. Einer ihrer

ersten, Ulrich von Hutten (1488–1523), den Kaiser Maximilian
zum Dichter kürte (Hutten hatte nicht weniger als 17 Universitäten besucht, darunter Bologna, wo er Griechisch lernte), atta-
ckierte unter anderem die alten Lehrmethoden an der Kölner
Universität, den Ablasshandel, das nutzlose Leben der Mönche,
die Korruption in Rom und den Reliquienhandel und brachte
bezeichnenderweise eine Neuauflage von Vallas Buch über die
Konstantinische Schenkung heraus. Hutten schrieb ein flüssiges,
bis dahin unbekanntes Deutsch: Es war geistreich, prägnant und
voller volkstümlicher Ausdrücke und beeinflusst von einer
neuen Art Nationalismus, der in Nordeuropa in dieser Zeit auf-
kam. Hutten war ein Mann der Renaissance – selbst sein Tod war
das Werk der neuen Renaissanceplage, der Syphilis. Er sprach
Latein auf die neue, gebildete Weise, kritisierte die Kirche wegen
ihrer »barbarischen« Verwendung der lateinischen Sprache und
war stolz auf seine »korrekte« Aussprache des klassischen Griechisch; ein weiterer Punkt, in dem die Kirche zu kritisieren war.
Und tatsächlich war die Aussprache des Lateinischen und Griechischen ein untrüglicher Test, auf welcher Seite man in dem
Kulturkampf stand. Ebenso wie andere Humanisten suchte auch
Hutten Zuflucht bei der weltlichen Macht, als die Kirchenbehör-
den gegen ihn vorgingen, und er bekam sie auch.

Selbst in Spanien, dem Land des letzten großen Kreuzfahrer-
volks, das sich in den neunziger Jahren des 15. Jahrhunderts
schließlich »reinigte«, indem es die Muslime und Juden aus dem
Land vertrieb, war sich die Kirche der Gefahr, die durch die
neuen, fortschrittlichen Kräfte der Renaissancegelehrsamkeit
drohte, offenbar nicht bewusst. Spanien wuchs zu einer bedeutenden mittelmeerischen Macht heran: Noch vor der Thronbesteigung Karls I. von Spanien im Jahr 1516 und seiner Wahl zum
Kaiser Karl V. des Heiligen Römischen Reiches verleibte es sich

Neapel, die Balearen, Sardinien und Sizilien ein und schuf damit die größte Zusammenballung von Macht in Europa und der Welt. Das ganze 15. Jahrhundert hindurch nahmen die spanischen Kontakte mit Italien zu. Dabei wurden nicht nur die Höfe und Kanzleien, sondern auch die erzbischöflichen Paläste (beispielsweise in Saragossa) zu Zentren der humanistischen Bildung ausgebaut. Dort wurden die antiken Klassiker übersetzt und ab den 1470er Jahren auch gedruckt. Es ist bedeutsam, dass der lästige Lorenzo Valla die Biografie seines Vaters, Alfonsos V. (»Der Großmütige«), König von Aragon, schrieb, der während eines großen Teils seiner Regentschaft zwischen 1416 und 1458 die neue Kultur in seine italienischen Gebiete integrierte. Als Ferdinand von Aragon und Isabella von Kastilien die Herrscherhäuser vereinigten, unterstützten sie gemeinsam die Propagierung der humanistischen Gelehrsamkeit in ganz Spanien. Persönlich ermutigt durch Isabella, verwüstete der kraftvollste der in Italien ausgebildeten spanischen Humanisten, Antonio de Nebrija (1444–1522), mit Feuer und Schwert die alten Lehren an der Salamanca, der ältesten und besten Universität Spaniens. Er bezeichnete sich als *conquistada* und »das Barbarentum« als seinen Feind. Durch sein Buch *Einführung in die lateinische Sprache* (1481), das Isabella gewidmet war und in ganz Europa übersetzt und in Umlauf gebracht wurde, ersetzte er die althergebrachten lateinischen Lehrbücher, die man an der Salamanca und andernorts verwendete.

Die »katholischen Monarchen«, wie man Ferdinand und Isabella nannte, wurden hierbei nicht nur durch den eigenen Geschmack, sondern auch durch den Ratschlag ihres großen Primas, dem Kardinal und Erzbischof von Toledo, Francisco Jiménez de Cisneros (1436–1517) in eine humanistische Richtung gedrängt. Denn er war es, der 1509 in Alcalá de Henares zum Studium des Hebräischen, Griechischen und Lateinischen und zur Ausbildung der Priester in den neuen humanistischen Methoden die Madrider Universität gründete. Dies wiederum führte zur Entstehung der großen *Complutenser Polyglotte* oder Madrider Bibel, Erstdruck 1514 bis 1517. De Cisneros förderte Erasmus und war bestrebt, dass der niederländische Humanist nach Spanien kam, um dort zu lehren. Nach 1516 gestärkt, als die Habsburger Gebiete Karls V. mit der spanischen Krone vereinigt wurden, intensivierten sich die Kontakte mit den Niederlanden. Die spanischen Humanisten ergötzten sich am satirischen Geist des Erasmus. Ihr Lieblingsbuch war sein *Lob der Torheit*, das einen tiefen Einfluss auf Miguel de Cervantes (1548–1616) ausübte, der einer der ersten großen spanischen Schriftsteller von Weltrang war. Sein Roman *Don Quichotte* ist sowohl das letzte Wort über die untergegangene Welt des mittelalterlichen Rittertums als auch das erste, das die Probleme des frühneuzeitlichen Lebens anging.

War Erasmus der Heros der spanischen Humanisten, so war sein eigener, wenn er denn einen hatte, Valla. Er schrieb: »In mir siehst du den, der die Fehler des Valla rächt. Ich habe mir zum Ziel gesetzt, seine gelehrten Forschungen zu verteidigen, die bedeutendsten, die ich kenne. Nie werde ich zulassen, dass Gelehrsamkeit wegen irgendjemandes Dreistigkeit ungestraft angegriffen oder vernichtet wird.« Insbesondere verteidigte Erasmus Vallas *Elegantiarum latinae linguae*, ein lateinisches Lehrbuch für Autoren, das neue Maßstäbe setzte. Von der weiten Verbreitung und der großen Popularität des Werkes zeugt, dass mehr als fünfzig Manuskripte und 150 gedruckte Ausgaben erhalten geblieben sind. 1489, noch während des Studiums, schrieb Erasmus eine gekürzte Fassung, und 1498 stellte er eine Auswahl vor, die mindestens fünfzig Mal aufgelegt wurde. Bemerkenswerterweise bezeichneten sowohl Valla als auch Erasmus ihre Gegner als »Barbaren«; es stimmt durchaus etwas nachdenklich, dass sich der Humanismus im Zuge seiner Ausbreitung, vor allem in Nordeuropa, immer stärker einer schmähenden Sprache befleißigte, was wiederum bei den derart Kritisierten, die in der Kirche leitende Stellungen bekleideten, zu scharfen Gegenreaktionen führte. So wurde der Kulturkampf immer erbitterter und bösartiger geführt.

Wir haben uns bislang mit dem literarischen Ausdruck des Humanismus in Handschriften und gedruckten Büchern befasst. Es ist nun an der Zeit, sich den stummen, aber sichtbaren Zeugnissen in Bronze und Stein, Farbe und Gips, Stein und Mörtel zuzuwenden.

III. DIE ANATOMIE
DER RENAISSANCEPLASTIK

Selten in der Geschichte der Menschheit haben die Künste eine so intensive und lange Blütezeit erlebt wie in der Renaissance-Epoche; ihre Werke sind fast nicht zu zählen. Will man sie dem Leser nahe bringen, so wirft dies besondere Probleme auf. Eine rein chronologische Darstellung ist langweilig und häufig wenig erhellend. Die Behandlung der Arbeiten anhand kunsthistorischer Kategorien – Plastik, Malerei, Baukunst – übersieht, dass einzelne Künstler diese Grenzen oft überschritten. Außerdem kamen die meisten aus Werkstätten, in denen ganz unterschiedliche Künste praktiziert wurden. Wenn man dies berücksichtigt, ist die Darstellung nach Kunstrichtungen vielleicht doch die adäquateste. Deshalb mag es richtig sein, diesen Abschnitt mit der Bildhauerei zu beginnen. Denn in der Renaissance ging es um die Darstellung der Wirklichkeit des Menschen, und die Plastik mit ihrer dreidimensionalen Evozierung des menschlichen Körpers kommt diesem Ziel am nächsten.

Die Geschichte der Renaissanceskulptur setzt mit Nicola Pisano ein, der ungefähr zwischen 1220 und 1284 lebte. Er stammte aus Apulien im »Stiefel« Italiens, doch sein Arbeitsleben verbrachte er überwiegend in Pisa, Bologna, Siena, Perugia und anderen mittelitalienischen Städten. Er war Produkt der glanzvollen, wenn auch gefährdeten höfischen Kultur, die Kaiser Friedrich II., bekannt als *Stupor mundi* (»der die Welt in Staunen versetzte«), schuf. Friedrich baute Pfalzen in Süditalien, förderte Künstler und Kunsthandwerker aller Art, importierte Ideen und Technologien aus dem östlichen Mittelmeerraum und dem Orient und suchte nicht zuletzt die Formenwelt der Antike wieder zu beleben. Mit Pisano, der unzweifelhaft in einer der süditalienischen Werkstätten ausgebildet wurde, kam etwas Neues in die Toskana: die Angst der Antike, den menschlichen Leib präzise wiederzugeben, Gefühle nicht nur symbolhaft zu zeigen, sondern so, wie man sie tatsächlich auf den Gesichtern sieht, die unendlichen Abstufungen zwischen Jugend und Alter zu unterscheiden sowie Männer wie Frauen als lebende, atmende, individuelle Geschöpfe darzustellen.

Nach allen historischen Kriterien war Nicola Pisano ein Künstler des Mittelalters. An seinem ersten überlieferten Werk, der Kanzel im Baptisterium in Pisa (1260), wurde zwei Jahre geschnitzt; zur selben Zeit war die Sainte-Chapelle in Paris vollendet worden, und die Arbeiten am Kölner Dom sowie am Kreuzgang der Westminster-Abtei hatten gerade begonnen. Pisano war jedoch von einer »postmittelalterlichen« Geisteshaltung geprägt. Die Marmorreliefs in der Pisaner Kanzel zeigen Menschen mit Gesichtern voller Angst und Sorge. Er nimmt in seinem Werk die Errungenschaften der gotischen Skulptur Frankreichs auf. Seine Figuren sind frisch und voller Leben, eine ganze Epoche entfernt von den länglichen Heiligen und Engeln an der Westseite der Kathedrale in Chartres, die – so schön sie auch sind – im Vergleich dazu metaphorisch und unbelebt erscheinen. Sein in den späten sechziger Jahren des 13. Jahrhunderts geschaffenes *Jüngstes Gericht* im Marmorrelief der Kanzel im Siener Dom ist der Konzeption nach eine mittelalterliche Szene, in der wilde Teufel die Verdammten peinigen. Doch die Ausführung erinnert an das klassisch-antike Griechenland: Die verkörperten Seelen, die geretteten und die verdammten, sind Individuen, nicht Typen; sie haben Gesichter und Körper, die man sich gehend oder laufend vorstellen kann, es sind echte, arbeitende Wesen. Nicolas Sohn Giovanni Pisano (um 1250–1320) trieb diesen Prozess der »Vermenschlichung« noch weiter voran: Von ihm stammen beispielsweise drei Marmorfiguren in der

Arena-Kapelle in Padua (um 1305), die aussehen, als stammten sie aus der Akropolis in Athen.

Bereits zu dieser Zeit durchforsteten Italiener mit wissenschaftlichen und archäologischen Interessen die Ruinen des antiken Roms und anderer italienischer Städte, die im Mittelalter viel ausgedehnter waren als heute. Sie studierten Inschriften, sammelten Medaillen und Münzen mit Flachreliefköpfen und betasteten Bruchstücke der Skulpturen, die sich unter den Trümmern fanden. Oft waren auch Künstler unter diesen »Suchtrupps«, die nicht nur nach antiken Formen, sondern auch nach den Techniken suchten, mit denen sie hergestellt worden waren. In dieser Zeit wurde auch das Gießen von Bronze zu künstlerischen Zwecken wieder entdeckt. Die Technik war nicht verloren gegangen, sondern im Mittelalter und auch davor von Glockengießereien weiter genutzt worden. Als Andrea Pisano (um 1295–1348), nicht verwandt mit Nicola und dessen Sohn Giovanni Pisano, 1330 für das Südportal der Taufkapelle in Florenz eine Reihe von Bronzereliefs schuf, modellierte er sie lediglich in Wachs. Anschließend sollten sie vom venezianischen Glockengießer Leonardo Avanzi und seinen Mitarbeitern gegossen werden. Später führte der Erfolg der bronzenen Flachreliefs dazu, dass in den Künstlerwerkstätten eigene Gießereien eingerichtet wurden.

Andrea Pisano war zunächst als Goldschmied tätig, so wie die meisten der frühen Bildhauer, die auch Bronze gossen. Am Ende des 14. Jahrhunderts arbeitete ein Kunsthandwerker in einer florierenden Werkstatt – vor allem in Florenz, das sich bereits zur reichsten und kunstverständigsten aller italienischen Städte entwickelt hatte – mit jeder Art Gestein, von Kalkstein über Carrara-Marmor bis zu Edel- und Halbedelsteinen und mit erhitzten Metallen, von Gold bis Kupfer und Kupferlegierungen

wie Bronze, das eine Beimischung von Zinn enthielt. Die Goldschmiede spielten damit eine viel zentralere Rolle in der Kunst
der Renaissance, als im Allgemeinen angenommen wird. Ihre
handwerklichen Fähigkeiten wurden von den Bildhauern, ihre
Entwürfe von den Malern übernommen. Die reichen Bürger in
Florenz und anderen Handelsstädten stellten ihren Reichtum
gern zur Schau. Vermutlich gaben sie mehr Geld für Schmuck
aus als für Kunst, wobei es eine der Aufgaben der Maler war, den
Schmuck, den ihre – männlichen wie weiblichen – Modelle trugen, in minuziösen Einzelheiten zu zeichnen: die Wiedergabe
funkelnden Geschmeides war eine Fertigkeit, über die jeder Por-
trätmaler verfügen musste. Bronzetüren mit exquisiten Tafeln,
Szenen des Alten und Neuen Testaments darstellend, waren beeindruckende Beispiele, wie die Goldschmiedekunst an der Ausschmückung einer neu errichteten Kathedrale beteiligt war. Die
Rahmen dieser illustrativen Gemälde sind im Grunde Schmuck-
einfassungen.

Ebendeshalb maßen die Florentiner – und die Künstler, die
ihnen dienten – den Bronzetüren ihres Doms und ihrer Taufkapelle so großen Wert bei: Diese zunehmend kunstvolleren
Werke waren der Schmuck im Hause Gottes, in das sie für die
Ewigkeit eingesetzt wurden. Ihnen widmete man ungeheure
Sorgfalt und jahrelange Arbeit. Das hatte bedeutende Folgen.
Schon im 13. Jahrhundert hatten Handelsstädte, die Künstler
mit größeren Werken betrauten, auf detaillierten, bindenden
Verträgen bestanden. So musste beispielsweise Nicola Pisano,
um den Auftrag für die Kanzel im Dom in Siena zu erhalten,
einen Kontrakt unterzeichnen, der überdauert hat. Er datiert auf
den 29. September 1265 und legt fest, was Pisano auf sorgfältige
Weise zu tun versprochen hatte, welche Materialien er verwenden und wie viel Zeit er am Arbeitsplatz verbringen musste.

Durch solche Verträge ließ sich ein Künstler auf eine Weise identifizieren, wie es bis dahin sehr selten möglich war. Sie ließen ihn aus der Masse anonymer Handwerker heraustreten und machten ihn berühmt beziehungsweise sich seines Ruhmes bewusst. So begannen Bildhauer und Maler, ihre Werke zu kennzeichnen. Die Reliefs der Portale des Florentiner Baptisteriums sind mit *Andreas Ugolino Nini des Pisis Me Fecit* signiert. Das Bewusstsein des Künstlers von sich als einem Individuum und die Darstellung des Einzelnen in seinen Werken trafen zusammen.

Es gab aber noch eine weitere Folge der kaufmännischen Ausrichtung der italienischen Städte. Denn die Mäzene, denen bewusst war, dass die steigenden Ausgaben für Kunst immer mehr talentierte junge Männer anlockte, ermutigten diese, an größeren öffentlichen Wettbewerben teilzunehmen. Als Florenz am Ende des 14. Jahrhunderts eine Zeit des Friedens, des Wohlstands und des Bürgerstolzes erlebte, beschlossen die Ältesten deshalb, ein zweites Portal für das Baptisterium in Auftrag zu geben. Andrea Pisanos Tür bildete hierbei den Standard, an dem die neue Bildhauergeneration gemessen werden sollte. Der sich daraus ergebende Wettbewerb im Jahr 1401 ist oft als historisches Ereignis angeführt worden, das den wahren Anfang der Florentiner Renaissance markiere. Was man mit Sicherheit sagen kann, ist, dass es von großer Bedeutung war. Denn 34 Juroren waren anwesend, und zwar nicht nur aus dem Kreis der Dombehörden, sondern auch aus den Zünften und umgebenden Städten. Sie machten den Wettbewerb in Italien insgesamt publik, so dass von der ganzen Halbinsel Meister und Möchtegern-Meister zusammenkamen. Die Zahl der Wettbewerber wurde auf sieben eingegrenzt, unter denen sich drei der bedeutendsten Künstler der gesamten Epoche befanden: Filippo Brunelleschi (1377–1446), Jacopo della Quercia (1374–1438) und

Lorenzo Ghiberti (1378–1455). Jeder der in die engere Wahl ge-
zogenen Künstler erhielt vier Bronzeplatten, mit dem Auftrag,
die »Opferung Isaaks« zu illustrieren.

Nur zwei Entwürfe, die von Brunelleschi und Ghiberti, haben überdauert und der Jury fiel es nicht leicht, sich zwischen
den beiden zu entscheiden. Da sich ihre Mitglieder über die
Größe des Projekts und die immensen Kosten im Klaren waren,
dauerte es zwei Jahre, bis sie einen Beschluss gefasst hatten. (Die
Kosten betrugen schließlich 22 000 Goldflorin, eine Summe, die
dem Verteidigungsetat der Stadt Florenz entsprach.) Schließlich
bekam Ghiberti den Zuschlag, vermutlich, weil die Juroren
glaubten, dass er die Arbeiten bis zum Abschluss durchführen
werde. Und damit hatten sie Recht. In seiner Autobiografie brüs-
tet sich Ghiberti damit, der Kunst den Vorrang vor »der Jagd
nach dem Mammon« gegeben zu haben. Er war erstaunlich gewissenhaft und von einem obsessiven Perfektionismus. Für uns
hat es zwar den Anschein, als sei er ein langsamer Arbeiter gewesen. Man darf jedoch nicht vergessen, dass die Maßstäbe der
Handwerkskunst im späten Mittelalter und in der Frührenaissance eine für die heutige Zeit unvorstellbare Qualität erforderten. Und deshalb ging es auch nicht darum, in welchem Tempo
ein künstlerisches Werk ausgeführt wurde. Ghiberti arbeitete
Jahre an einem einzigen Schmuckstück oder Grabstein und verbrachte Monate damit, ein Stück Bronze zu ziselieren. Für eine
große Marmorskulptur benötigte er normalerweise drei Jahre.

Als Ghiberti 1403 mit den Arbeiten an dem Bronzeportal begann, war er ein junger Mann. Den Vertrag erfüllte er zwanzig
Jahre später. Anschließend erhielt er einen weiteren Auftrag: die
Ausschmückung eines dritten Portals, das später durch Michelangelos Ausspruch als *Paradiespforte* Berühmtheit erlangte. 1452,
drei Jahre vor seinem Tod, beendete Ghiberti sein Werk. Er hatte

also fast seine ganze Schaffenszeit, über ein halbes Jahrhundert, mit der Arbeit an den Türen des Florentiner Baptisteriums verbracht. Viele begabte Assistenten standen ihm zur Seite, darunter Donatello (1386–1466), Benozzo Gozzoli (um 1420–1497), Paolo Uccello (1397–1475) und Antonio del Pollaiuolo (1431–1498) und vielleicht Luca della Robbia (um 1399–1482), so dass man seine Werkstatt zu den großen kreativen Zentren der Renaissance zählen darf. Doch der eigentliche Künstler und Schöpfer war Ghiberti. Nach eigener Aussage wurde das zunehmend riesige Werk (allein das erste Portal weist 28 Bilder auf und wiegt samt Einfassung eineinhalb Tonnen) mit »großer Sorgfalt und großem Fleiß, (...) Sachverstand und Kunstfertigkeit« ausgeführt. Einige Gussvorgänge misslangen und mussten wiederholt werden. Selbst die fehlerlosen Gussstücke erforderten eine abschließende Oberflächenbehandlung, die in einigen Fällen Jahre in Anspruch nahm. Ghibertis Portale, die die Heilige Schrift in dramatischen Szenen zu neuem Leben erweckten, zogen Künstler und Sammler aus ganz Italien an, die das Werk bewunderten und daraus lernten. Die Türen zeigten alles, was in der Renaissance bisher erreicht worden war, und wiesen den jüngeren Künstlern den Weg.

Der Bildhauer Donatello war der Künstler, der Ghibertis Lektionen am produktivsten aufnahm und mit dem größten Selbstbewusstsein auf dessen Werk aufbaute. Donatellos Leben und sein Werk erzählen viel über die Renaissance, darüber, was sie im Wesentlichen auszeichnete. Die der Renaissance zu Grunde liegenden Vorstellungen, vor allem das überwältigende Verlangen der Literatur, die Tiefen der Wahrheit zu sehen, und der Kunst, die Wahrheit darzustellen, wie wir sie erkennen, entfalteten eine Kraft, die Schriftsteller und bildende Künstler auf das höchste Schaffensniveau trieben. Aber die Renaissance war nicht präskriptiv. Vor allem die bildenden Künstler mussten den Zielen der Renaissance und ihrem bezwingenden Geist nicht folgen. Vielmehr bescherte sie ihnen die Möglichkeit – mehr als im Mittelalter –, sie selbst zu sein und ihre Fähigkeiten ganz auszuschöpfen. Gerade deshalb brachte sie so viele geniale Begabungen hervor. Und niemand besaß dieses Genie so offenkundig und dauerhaft wie der 1386 in Florenz geborene und 80 Jahre später verstorbene Donato di Niccolò Betto di Bardi. Donatello ist einer der größten Künstler, die je gelebt haben, in mancher Hinsicht war er sogar die zentrale Gestalt der Renaissance. Vor ihm waren sich die Künstler der unüberwindbaren Grenzen dessen, was in der Kunst erreicht werden kann, bewusst gewesen. Donatello hingegen war von einer solch durchgängigen und fast erschreckenden Originalität, dass fortan alle Grenzen aufgehoben zu sein schienen und Künstler offenbar nur noch durch die Grenzen der eigenen Schöpferkraft eingeschränkt waren.

Donatello wurde als Sohn eines Holzschnitzers geboren und blieb zeit seines Lebens ein Mann, der mit den Händen arbeitete. Anders als andere erfolgreiche Renaissancekünstler wie beispielsweise Ghiberti, bei dem er zwischen 1404 und 1407 in die Lehre ging, kannte er keine gesellschaftlichen Ambitionen, keinen ästhetischen Stolz, keine Großtuerei. Er redete und lebte auf eine raue Weise, wie ein Handwerker, der er auch war. Er verdiente nicht viel Geld, und im hohen Alter lebte er von einer Pension, die ihm sein Verehrer Cosimo de' Medici zahlte. Offenbar interessierte es Donatello nicht, dass Künstler inzwischen in den besten Kreisen der Gesellschaft verkehren durften und zu hoch geschätzten und berühmten Männern wurden. Das Erscheinen der berühmten Künstlerpersönlichkeit, etwas sehr Typisches für die Renaissance, ließ ihn unbeeindruckt.

Hingegen zeichnete ihn eine ungewöhnlich große künstlerische Integrität aus. Er war nicht käuflich. Sein Ehrgefühl als Künstler und Kunsthandwerker war überwältigend. Er tat, was er für richtig hielt, in einem Tempo, das er selbst bestimmte. Fürsten und Kardinäle imponierten ihm nicht. Er war ein Mann des Volkes, doch über Themen der Kunst unterhielt er sich mit den gesellschaftlich hoch Angesehenen als Gleichberechtigter, ja als Meister. Wie Ghiberti war auch Donatello ein Perfektionist, so dass es manchmal Jahre dauerte, bis er mit einem Werk vollkommen zufrieden war. Er ließ sich nicht drängen, und wenn man dies doch einmal versuchte, legte er die Arbeit nieder. Sein Name taucht in Hunderten Dokumenten auf, und es kursieren zahlreiche Geschichten über seine groben Aussprüche, seinen derben Humor, seine Hartnäckigkeit und die fehlende Bereitschaft, sich unterzuordnen. Seine Auftraggeber hatten Achtung vor ihm. Die Renaissance brachte auch deshalb so viele großartige Kunstwerke hervor, weil ein hoher Prozentsatz bedeutender und wohlhabender Männer den Künstlern, die wussten, was sie wollten und wert waren, bereitwillig Respekt zollten. Hierfür bereitete Donatello den Weg: Er erzog die Angehörigen der Führungsschichten zu echter Zusammenarbeit mit den Künstlern, so dass paradoxerweise *er*, der widersetzliche Mann aus dem Volk, bei der Anhebung des sozialen Status der Schöpfer von Schönheit von Handwerkern zu Künstlern eine historische Rolle spielte. Nach Donatello gab es kein Zurück mehr: Zunächst in Florenz und bald in ganz Italien galt der Künstler als jemand, der nicht nur Anerkennung, sondern auch Aufmerksamkeit, Ehrerbietigkeit, Bewunderung und Achtung verdiente.

Donatellos Leistungen auf dem Gebiet der künstlerischen Techniken sind spektakulär. Er konnte mit allen Materialien arbeiten: mit Stuck, Wachs, polierter Bronze (auch wenn er den Formguss nicht selbst besorgte), Ton, Marmor, mit jeder Art von

Gestein, vom weichsten bis zum härtesten, mit Glas und Holz. Wenn er wollte, benutzte er auch Farben und Blattgold. Er hielt er sich nicht an die Regeln irgendwelcher Techniken, sondern improvisierte und verwendete zum Erzielen neuartiger Wirkungen alles, was ihm in die Hände kam. Für die *Madonna dei Cordai* (Florenz, Museo Bardini) schnitzte er aus Holz, gleich einem Puzzle, die Jungfrau mit dem Kind, bedeckte sie mit einem hart werdenden Material und platzierte sie auf einem flachen Hintergrund, über den er ein Mosaik aus vergoldetem Leder legte. Um das Ganze zusammenzuhalten, versah er es mit einer feinen Glasur. Diese künstlerische Technik, Materialien, die besonderen Zwecken dienten, zu verwenden, bezeichneten die Franzosen später – fast ein halbes Jahrtausend später – als *bricolage*. In der ersten Hälfte des 15. Jahrhunderts war eine solche, von Spontaneität bestimmte Technik eine radikale Neuerung. Donatello erweiterte die Grenzen der bestehenden Techniken jedoch auch auf sorgfältig geplante und bewusste Weise: So erfand er beispielsweise eine Form des minuziösen Flachreliefschnitzens, das *rilievo schiacciato* (gedrängtes, gequetschtes, plattes Relief), das Ähnlichkeit mit Zeichnen hat. Wenn erforderlich, arbeitete er langsam und gewissenhaft; nur wenige Künstler bewegten sich müheloser und stilsicherer bei der Verarbeitung ihrer Materialien.

Dies ist der wesentliche Grund für seine durchgehende Originalität. Immer wieder probierte er Dinge aus, die er noch nicht versucht hatte. Schon vor ihm hatten sich Künstler von der typenhaften Darstellung des Menschen entfernt, die so charakteristisch ist für die Kunst des Mittelalters, und ihn im Hochrelief aus Bronze oder Stein als Individuum porträtiert, sogar einzelne Personen ausgewählt und in den Vordergrund gerückt. Doch es war Donatello, der den Menschen ein für alle Mal auf »die Füße stellte«, so wie er in der Antike gestanden hatte: als Einzelstatue. Dies erforderte vielfältige technische Neuerungen, zum Beispiel um zu verhindern, dass die Statuen umfielen, und weiterhin – dies ein typischer Zug der Renaissance – die Anwendung wissenschaftlicher Prinzipien auf die visuelle Darstellung. Es gibt Dutzende künstlerischer Techniken, mit denen Donatello Neues schuf.

Zählen wir einige auf: Sein frühes, 1410 begonnenes Meisterwerk, den *Heiligen Johannes der Evangelist* für das große Westportal des Florentiner Doms (heute im Museo dell'Opera del Duomo), fertigte er mit absichtsvoll verzerrten Proportionen, so dass die Skulptur auf Fotos instabil und übermäßig verlängert wirkt. Doch wenn man sich darunter stellt, dorthin, von wo aus sie nach Donatellos Absicht betrachtet werden sollte, wirkt sie überwältigend solide und kraftvoll. Zweitens verwendete Donatello antike Vorbilder, um seinen Standbildern Gewicht und Autorität zu verleihen; ein frühes Beispiel ist die Marmorstatue des *Heiligen Markus* (gefertigt 1411–1413) in der Nische der Tuchmacher an Or San Michele, Florenz, die im Vergleich mit den eher mittelalterlichen Werken Ghibertis schon eine echte Renaissancefigur ist.

Drittens ließ Donatello seine Statuen lebendig wirken. Der *Heiligen Georg*, in Stein gemeißelt für die Nische der Zunft der Waffenschmiede an Or San Michele (heute im Bargello), scheint aus seiner Rüstung herauszutreten – sein Gesicht und seine Hände sind voll Leben, die Figur scheint auf den Fußballen zu balancieren. Vasari bemerkte später: »Da ist eine wunderbare Andeutung, als wolle das Leben aus dem Stein hervorbrechen.« Viertens zeigte Donatello unter Mithilfe von Michelozzo, einem Spezialisten im Metallguss, mit dem *Heiligen Ludwig von Toulouse* (gefertigt 1418–1422), heute im Museo dell' Opera di Santa Croce, Florenz, welche Möglichkeiten die Bronzeskulptur bietet. Die Bischofsmütze, die Handschuhe und der Bischofsstab wurden separat, der prächtige Chormantel wurde in verschiedenen Abschnitten gegossen. Das erlaubte Donatello, seine Virtuosität bis ins Kleinste zu entfalten. Von dieser fünften Innovation profitieren auch die Skulpturen der Propheten *Jeremia* und *Habakuk*, die für Giottos *Campanile* (1423 ff., Museo dell'Opera del Duomo) angefertigt wurden. Donatello bediente sich experimenteller Techniken, er bezog das architektonische Umfeld ein und schuf auffallend lebensechte Propheten, deren Vorbilder er vielleicht in den Straßen von Florenz beobachtet hatte. Lebendigkeit ist auch das Geheimnis der sechsten Neuerung: Donatello verband die römische Büste mit dem mittelalterlichen Brauch, Häupter auf Gefäße zu stellen, die als Reliquien dienten. Aber seine Köpfe scheinen von Lebenden zu stammen, selbst wenn sie nach Totenmasken gefertigt wurden. Außergewöhnlich schön ist die Terrakottabüste des Niccolò da Uzzano (Bargello). Sie ist eines der ersten echten Porträts in der Geschichte der europäischen Kunst, insofern eine weitere Innovation.

Die achte Innovation war das erste »humanistische« Grabdenkmal des Gegenpapstes Johannes XXII., das irgendwann nach 1419 für das Florentiner Baptisterium gefertigt wurde. Die Plastik wurde gegossen und dann vergoldet und fügt sich als integraler Bestandteil in den architektonischen Rahmen aus Bahre, Sarkophag, trauernder Jungfrau und weiterem Beiwerk (Kokünstler war Michelozzo); dieses Ensemble blieb bis zum Ende des 18. Jahrhunderts Vorbild für viele weitere. Donatello war der Erste, der für erzählende Reliefs in der neuartigen Technik des *rilievo schiacciato* reich verzierte dekorative Rahmen schuf, etwa in der wunderschönen Skulptur *Himmelfahrt Christi und Schlüsselübergabe* (heute im Victoria and Albert Museum, London). Seine zehnte Neuerung war die Verwendung der »Luftperspektive«. Bisweilen stellte Donatello mit geschichtetem

Marmor Wolken dar. Manchmal setzte er den Richtscheit quer in den feuchten Stuck und quetschte anschließend das Material mit einem Spachtel, so dass die Illusion eines großen Tiefenraums entstand. Das für das Taufbecken im Baptisterium des Sieneser Doms angefertigte *Gastmahl des Herodes* ist ein weiteres herausragendes Beispiel für die Weise, in der sich Donatello architektonischer Umgebungen bediente, um seine Flachreliefs hervortreten zu lassen, und umgekehrt. Dies zeigt beispielsweise die Sängerkanzel im Florentiner Dom, die einen ekstatischen Tanz der Seelen der Unschuldigen im Paradies darstellt.

Donatello erfand immer wieder neue Ausdrucksformen, denen er mit besonderen Kunststücken Glanzlichter aufsetzte. So sind die vier Evangelisten in den Lünetten in der Alten Sakristei von San Lorenzo, Florenz, lebensnahe alte Männer anstatt typische Heilige. Ebenso neuartig sind die vier kreisrunden Reliefs mit Szenen aus dem Leben des heiligen Johannes. Viele Figuren darin sind lediglich zum Teil sichtbar, abgeschnitten vom Rahmen der Tondi. So wird die Wirkung von Unmittelbarkeit und Eindrücklichkeit erzielt, als handelte es sich um Fenster, durch die man in eine Szene des Lebens blickt. Niemand war bis dahin auf diesen Kunstgriff gekommen. Realistisch war aber vor allem Donatellos Bildhauerkunst: Die Bronzeskulptur, die er für Cosimo de' Medici über das Martyrium des heiligen Laurentius schuf, stellt die Todesqualen des Heiligen auf so Grauen erregende Weise dar, dass sie, zusammen mit den begleitenden Szenen des Neuen Testaments, für den Zeitgeschmack wahrscheinlich zu ausdrucksstark war und deshalb erst im 16. Jahrhundert in der Kirche San Lorenzo aufgestellt wurde. Auf ihre Weise ebenso schockierend waren die Holzskulptur der heiligen Maria Magdalena im Alter, vielleicht das letzte Werk Donatellos (Museo dell'Opera del Duomo), sowie die große Bronzeplastik Johannes' des Täufers, die immer noch an ihrem Platz im Dom in Siena steht. Nie zuvor hatte es Werke von einer vergleichbaren Dramatik und Tragik gegeben. Die Bronzestatue des *David*, in der viele Donatellos schönste Arbeit sehen – sicherlich ist sie seine beliebteste – und die ursprünglich im Innenhof des neuen Palastes der Medici stand (heute im Bargello), entspringt dagegen eher extravaganter Fantasie als realistischer Einbildungskraft. Der nackte David mit seinem langen Haar und dem breitkrempigen Hut ist schön wie ein Mädchen, doch auch ein verblüffend lebensechter Jüngling: Die kühne Konzeption ist schockierend, aufregend und verführerisch, und man fragt sich, was die Angehörigen der Florentiner Bildungselite bei der Enthüllung wohl von der Skulptur hielten. Doch Donatello hätte sich nicht darum geschert: Er diente seiner Kunst und seinem Gott auf die Art, die ihm sein Genie – nicht die Gesellschaft oder irgendeine andere Autorität – diktierte.

Im Zeitalter Donatellos fristeten hoch begabte, aber weniger bedeutende Künstler in der Regel ein Schattendasein. Doch sie konnten ihren Lebensunterhalt verdienen, denn im frühen 15. Jahrhundert entstand in Italien ein riesiger Kunstmarkt, und die Klügeren schauten sorgfältig auf Donatellos Werke, um herauszufinden, worauf sie aufbauen konnten, um selbst Neues zu schaffen. Luca della Robbia (um 1399–1482), ein jüngerer Florentiner Zeitgenosse Donatellos, der schließlich den Auftrag für die große Sängerkanzel im Florentiner Dom erhielt, war ein Künstler, der die Antike ebenso genau studierte wie Donatello, der aber auch die Bilder und Effekte des Mittelalters neu entdeckte, wenn es ihm richtig erschien. Seine Bearbeitung des Marmors ist auf ihre Weise exzellent, auch wenn er nicht zögerte, sich Donatellos Wiederentdeckung der Terrakotta als eines Materials mit großen kommerziellen und künstlerischen Möglichkeiten anzueignen. In den dreißiger Jahren des 15. Jahrhunderts erfand er die gebrannte, farbige Glasur für Tonbildwerke, eine der großen künstlerischen Entdeckungen der damaligen Zeit. Die widerstandsfähigen Glasuren schützen und intensivieren die Farben; sie verleihen den darunter liegenden Figuren Tiefe und Leuchtkraft und bringen die Schönheit der Formen heraus, machen sie anrührend. Das erste dieser Werke, das eindeutig dokumentiert ist, datiert auf das Jahr 1441. Die farbig glasierten Terrakottafiguren kamen bald in Mode – weil sie attraktiv waren, aber auch, weil sie verhältnismäßig preiswert waren.

Luca della Robbia betrieb mit seinem Neffen Andrea eine geschäftige und florierende Werkstatt. Schon bald exportierte er die dort hergestellten Kunstwerke nach ganz Europa. Da man sie in Teile zerlegen und wieder zusammensetzen konnte, ließen sie sich leicht transportieren. Sie dienten nicht nur als Kunstwerke im eigentlichen Sinne, die ein *studiolo,* ein Schlafzimmer oder einen Speisesaal schmückten, sondern auch als elegante, aber nützliche Gegenstände in Kirchen – Tabernakel, Weihwasserbecken, Reliquienschreine und Kreuzwegstationen. Man konnte sie auch für bedeutendere Zwecke verwenden, etwa größere Tafelbilder, Rundgemälde und Deckenverzierungen. Luca della Robbia war kein bedeutender Künstler, doch er durchdrang den europäischen Kunstmarkt seiner Zeit und hatte deshalb großen Einfluss: Sowohl in Nord- als auch in Südeuropa brachte er die Renaissance in viele bürgerliche Haushalte und fand hier zahlreiche Nachahmer.

Dennoch übernahmen, jedenfalls in Italien, zunehmend Bildhauer die Führung, die auf sehr viel Größeres abzielten, und unter ihnen vor allem diejenigen, die eine freistehende Skulptur herzustellen vermochten. Zwischen Donatello und Michelangelo, den Giganten der Plastik, steht Andrea del Verrocchio (1435–1488), auch er ein Florentiner. Sein Vater war Ziegelbrenner. Del Verrocchio unterhielt seit seiner Jugend Beziehungen zu jenen Goldschmieden, die – vor allem in Florenz – das fachkundige und experimentelle Umfeld boten, aus dem so viele große Künstler hervorgingen. Man sollte sich daran erinnern, dass die meisten kreativen Köpfe während der Renaissance Künstler in weitestem Sinne waren: Sie konnten – und taten dies auch oft – auf dem Gebiet der Architektur wie auch der Malerei und der Plastik arbeiten, Entwürfe für nahezu alle Formen von Kunstwerken anfertigen, was außergewöhnliches Können erforderte. Verrocchio begann zwar als Goldschmied, wandte sich aber schnell der Plastik zu. Er bewarb sich für größere Aufträge und arbeitete an mehreren unterschiedlichen Projekten für Metallskulpturen mit, beispielsweise an der Anfertigung der riesigen Kupferkugel für das Kerngerüst des Florentiner Doms. Als er alt und erfahren genug war, eine eigene Werkstatt zu leiten – sie war zugleich eine Art Einzelhandelsgeschäft, in dem die Kunden einkaufen, Kopien bestellen oder Werke in Auftrag geben konnten –, arbeiteten er und seine Gehilfen in so gut wie allen Formen und Materialien, von Schmuck bis hin zu massiven Bronzefiguren und Marmorstatuen, und schufen auch Monumentalgemälde. Die große Bandbreite seines Werks, seine Vielseitigkeit und sein Geschäftssinn waren die Gründe, weshalb so viele talentierte junge Männer wie Leonardo da Vinci, Perugino und Lorenzo di Credi, um nur die Bekanntesten zu nennen, bei ihm in die Lehre gingen. Schließlich war seine Werkstatt so erfolgreich, dass er einen zweiten Betrieb in Venedig eröffnete.

Die Florentiner Künstler, vor allem die Bildhauer und Maler, waren außerordentlich konkurrenzorientiert, wozu sie durch ihre öffentlichen und privaten Auftraggeber noch ermuntert wurden. Verrocchio war besonders auf Wettbewerb eingestellt, sowohl gegenüber anderen Werkstätten, etwa dem Atelier der

Brüder Pollaiuolo, als auch gegenüber anderen, lebenden und toten, Künstlern. Sein bronzener *Putto mit Delphin* (Palazzo Vecchio, Florenz) ist der Versuch, ein populäres und erfolgreiches Thema der Antike zu übernehmen und zu übertreffen. Sein *David* (Bargello) wirkt viel viriler als Donatellos wundervolle Skulptur mit ihrem jugendlichen Reiz; die Details sind erstklassig ausgeführt. Auch mit seinem Meisterwerk, an dem er einen großen Teil seines letzten Lebensjahrzehnts arbeitete, versuchte er Donatello zu übertreffen. In Bronze gegossene lebensgroße oder noch größere Reiterstandbilder galten damals als eine der höchsten Errungenschaften des klassischen Altertums. Die vier aus Konstantinopel gestohlenen antiken Pferde auf dem Markusplatz in Venedig erinnerten daran, wie schwierig es war, reiterlose Pferdestatuen zu formen und zu gießen. Zu Donatellos bedeutendsten Leistungen zwischen 1445 und 1455 gehört die Ausführung des Reiterstandbilds des *Gattamelata* vor der großen Kirche San Antonio in Padua. Nun übertrumpfte Verrocchio die Statue mit seinem prachtvollen Reiterdenkmal des *condottiere* Bartolomeo Colleoni, das auf einem der markantesten Plätze in Venedig, direkt vor der Kirche Santi Giovanni e Paolo, aufgestellt wurde. In technischer Hinsicht ist es ein Meisterwerk, und auch ästhetisch betrachtet ist es äußerst beeindruckend, weil es die Furcht einflößende Gewalttätigkeit jener Männer demonstriert, die während der Renaissance Krieg führten. Vielleicht ist es das erfolgreichste und bekannteste Reiterstandbild überhaupt. Und es hilft uns auch zu verstehen, wie es Verrocchio gelang, bei seinen Auftraggebern so immens hohe Honorare (bis zu 350 Florin) zu erzielen.

Vermutlich kann man über die Kunst der Renaissance mehr durch eine detaillierte Untersuchung der Werkstätten Verrocchios erfahren als durch die irgendeiner anderen Institution.

Den eigentlichen Werken lagen die vorbereitenden Zeichnungen zu Grunde, die Modelle oder *bozzetti* in Wachs und Lehm, die man den Kunden vorlegte, um zu zeigen, was sie für ihr Geld erwarten durften, sowie die ausgefeilteren *modelli* in Ton. Die Werkstatt, ihre Nebengebäude und Schuppen waren voll von Arbeitswerkzeugen aller Art, darunter Gipsabdrücke von echten Häuptern, Armen, Händen, Füßen und Knien, die Verrocchio durch einen nur ihm bekannten Arbeitsvorgang hergestellt hatte. Sie wurden von ihm und seinen Gehilfen sowohl für Skulpturen als auch für Gemälde verwendet. Er besaß Zeichnungen männlicher und weiblicher Köpfe und fertigte Lehmmodelle der Skulpturen an, drapiert mit in Gips getauchten Tüchern, die er für die bildhauerische oder malerische Gewandgestaltung verwendete – eine künstlerische Praktik, die Leonardo und andere, die bei ihm arbeiteten, übernahmen. Ein Blick in Verrocchios Atelier zeigt uns, dass der hohe Standard der Renaissancekunst auf großer Disziplin, sorgfältigen Vorbereitungen sowie dem unbedenklichen Einsatz jeder mechanischen Hilfe beruhte, die menschlicher Erfindungsreichtum zu ersinnen imstande war. Das Motiv hierfür war das leidenschaftliche Verlangen, Kunstwerke von höchstem Rang zu schaffen.

Es ist in diesem Zusammenhang von Bedeutung, dass die Bildhauer der Renaissance nicht auf in Werkstätten hergestellte Gipsabdrücke angewiesen waren, wenn sie antike Werke kopieren wollten. Denn in gewissem Sinne waren die Künstler vom klassischen Altertum umgeben, und zwar in Gestalt der Arme, Beine und Köpfe zerbrochener römischer Statuen, die im ausgehenden Mittelalter noch in großer Zahl in Italien gefunden wurden. Ab dem 14. Jahrhundert wurden die Fragmente dann von Sammlern und Künstlern geschätzt. Kunstliebhaber bezahlten gut für die Köpfe und Torsi, die sie in den Innenhöfen ihrer Stadtpaläste oder auf den Gartenterrassen ihrer Landvillen aufstellten. Die Künstler studierten und kopierten die Kunstwerke der Antike. Einige Werke dienten den Mäzenen auch dazu, zerbrochene antike Werke restaurieren oder neue Teile meißeln zu lassen, um die Skulptur zu vollenden. Die bekannten Bildhauer waren allerdings zu stolz, solche Arbeiten auszuführen. Doch ebenso wie die Schriftsteller und Gelehrten die Klosterbibliotheken nach frühen Handschriften der klassischen Werke durchsuchten, so durchstreiften die bildenden Künstler die Ruinen der Römerzeit auf der Suche nach Kunstschätzen. Komplette Stein- oder Marmorstatuen waren eine Seltenheit, Bronzefiguren äußerst rar. Ohnehin handelte es sich bei den am besten erhaltenen meist um römische Kopien griechischer Originale. Eine Bronzeskulptur, die unversehrt erhalten geblieben ist, ist der so genannte *Spinario* aus dem 1. Jahrhundert n. Chr. – ein nackter Knabe, der sich einen Dorn aus dem Fuß zieht. Diese Skulptur, die auf einer Säule vor dem San Johannes Lateran in Rom, nahe dem bronzenen Reiterstandbild des Mark Aurel stand, wurde weithin bewundert, vor allem von den Künstlern. Möglicherweise hat sie Donatello zu seinem *David* inspiriert, ebenso wie die Mark-Aurel-Statue zweifellos ihn und Verrocchio ansportnte, bronzene Reiterstandbilder zu schaffen. Am Ende des 15. Jahrhunderts waren ehrgeizige Sammler bereit, viel Geld für Ausgrabungen antiker Stätten auszugeben, die vermutlich Statuen enthielten. Dadurch wurde auch der *Apollo Belvedere*, eine genuine griechische Statue, in den neunziger Jahren des 15. Jahrhunderts in Rom zu Tage gefördert, gefolgt im Jahr 1506 von der *Laokoon*-Gruppe, einem der größten Meisterwerke der Antike. Die beiden Glanzstücke erwarb Papst Julius II. (Amtszeit 1503–1513) für seine Skulpturensammlung, die später den Kernbestand des heutigen Vatikanischen Museums bildete.

Vasari zufolge war das Studium des antiken Formenreper-
toires, vor allem im Palast von Julius II., für die Werke der Meister der Hochrenaissance – insbesondere von Leonardo, Raffael
und Michelangelo – von entscheidender Bedeutung. Vor allem
Michelangelo lernte vielerlei von den Alten: schöpferischer Ein-
fall beziehungsweise *disegno;* Wahl des Gegenstandes und der
Werkstoffe; die eigentliche bildhauerische Meißelarbeit; die
abschließende Oberflächenbehandlung; das Gleichgewicht zwischen Teil und Ganzem und vor allem die Entwicklung eines Ge-
spürs für Monumentalität und Größe, das, was die Italiener als
terribilità bezeichneten, die Fähigkeit der Kunst, reine Ehrfurcht
zu erwecken. Michelangelo wurde 1475 in Florenz geboren und
starb 89 Jahre später in Rom. Seine Schaffenszeit umfasste über
70 Jahre. Er arbeitete als Bildhauer, Maler und Architekt und
schrieb zudem Gedichte. Über Michelangelo ist mehr Unsinn
geschrieben worden als über irgendeinen anderen bedeutenden
Künstler; er sei ein Neurotiker, ein Homosexueller, ein neopla-
tonischer Mystiker gewesen und so weiter. Tatsächlich war er
nichts anderes als ein enorm geschickter und ausdrucksstarker
Künstler, wenngleich häufig ein geplagter, der sich in Vertrags-
schwierigkeiten verstrickte, die jedoch nicht immer er selbst zu
verantworten hatte.

Michelangelo war in erster Linie Bildhauer. Doch ebenso
richtig ist wohl, dass er sich mehr für den menschlichen Leib als
solchen interessierte und weniger für die besonderen künstlerischen Möglichkeiten, ihn darzustellen. Offenbar empfand er
das Meißeln als das beste künstlerische Verfahren, denn seine
Gemälde sind in der Regel eher zweidimensionale Skulpturen.
Seine Amme war die Ehefrau eines Steinmetzen aus Settignano.
Gegenüber Vasari äußerte Michelangelo, er »habe Meißel und
Hammer« mit ihrer Milch eingesogen. Sein Vater, ein ehrgeizi-

ger, aufstrebender Florentiner Bürger, behielt den Sohn bis zum Alter von dreizehn Jahren auf der Schule und ließ ihn nur widerstrebend den Lebensunterhalt mit der Bildhauerei verdienen, da es sich seiner Meinung nach um eine körperliche und deshalb erniedrigende Arbeit handelte. Dies mag erklären, warum der Vater den jungen Michelangelo zuerst zu einem Maler in die Lehre gab, zu Domenico Ghirlandaio im Jahr 1488. Erst im darauf folgenden Jahr gelang es Michelangelo, in die Werkstatt im Mediceischen Garten von San Marco (mit Antikensammlung) aufgenommen zu werden. Er brachte sich die Bildhauerei zunächst selbst bei, indem er den Kopf eines antiken Fauns kopierte, der die Aufmerksamkeit des Pracht liebenden Lorenzo auf sich zog.

Michelangelo hatte sich als Künstler durchgesetzt, als er im Alter von siebzehn Jahren sein erstes Meisterwerk schuf, das Marmorrelief *Der Kentaurenkampf.* Die emotional aufwühlende Arbeit ist mit großer Leichtigkeit und auffallend sparsamen Mitteln ausgeführt. Die männlichen Aktfiguren sind von außergewöhnlicher Kraft und bringen dem Betrachter eindringlich und überzeugend das Erzählte nahe. Doch es blieb, aus Gründen, die wir nicht kennen, unvollendet, was schließlich geradezu zum Markenzeichen der Werke Michelangelos wurde. Seine erste wichtige Auftragsarbeit, eine *Pietà* (Darstellung der trauernden Muttergottes, die den Leichnam Christi in ihren Armen hält), die für das Grabmal eines französischen Kardinals in Rom vorgesehen war, wurde jedoch abgeschlossen. Michelangelo begann das Werk im Alter von 22 Jahren, drei Jahre verlieh er ihm den letzten »Schliff«. Es ist ein reifes und majestätisches Werk. Es verbindet Kraft (der Muttergottes) und Leiden (Christi), Würde, Vornehmheit und Zartheit, ein Bewusstsein für die Zerbrechlichkeit des Menschen und dessen Leidensfähigkeit und weckt

bei allen, die es studieren, heftige und manchmal auch widerstreitende Emotionen. Es ist das ideale religiöse Werk, bewirkt es
doch Ehrerbietung, Dankbarkeit, Trauer und Andacht. Die Qualität der Meißelarbeit, des Körpers wie des Behangs, ist in der
Geschichte ohne Vorbild, weshalb man sich leicht das Erstaunen
und den Respekt vorstellen kann, die sie bei Kennern und unter
der Bevölkerung hervorrief. Weil er noch so jung war, als er das
Werk schuf, galt Michelangelo als eine Art Wunder. Die Anerkennung, die man dem Werk schenkte, markiert den Beginn seines Rufs, ein Genie zu sein, ausgestattet mit göttlichen Eigenschaften.

Ob einem Künstler eine solche Reputation nützt, ist fraglich.
Zu Beginn des 16. Jahrhunderts schuf Michelangelo aus einem
gigantischen Marmorblock, an dem sich bereits frühere Künstler versucht hatten, eine überlebensgroße Statue des David, die
im Freien stehen sollte (heute in der Accademia del Disegno,
Florenz) und die die Florentiner tief beeindruckte. Michelangelo
ließ das Haupt Goliaths und das Schwert des Knaben fort, und so
wandelte er die riesige, mit geradezu unheimlichem Können
und Furcht erregender Energie gemeißelte Skulptur in einen
Ehrfurcht gebietenden männlichen Akt. Sie ließ Donatellos und
Verrocchios Darstellungen als unbedeutend erscheinen und förderte die entstehende Legende über die übernatürlichen Kräfte
Michelangelos, auch wenn die Auftraggeber wie auch die Öffentlichkeit den Gigantismus des Werkes mit seinem Schöpfer
verwechselten. Ein Jahr nach der Fertigstellung holte Julius II.
Michelangelo nach Rom. Dort sollte er, um Julius' Eitelkeit zu
schmeicheln und der Bewunderung der Nachwelt zuliebe, ein
großes Marmorgrabmal mitsamt einer Vielzahl von Figuren und
einem prächtigen architektonischen Umfeld schaffen. Michelangelo ergriff mit Freuden die Gelegenheit, für seinen freigebi-

gen Mäzen ein solch ambitioniertes Werk auszuführen. Und tatsächlich vollendete er einen Teil des Grabmals, einen überragenden Moses, das gottähnliche Bild des Gesetzgebers und Richters und der zentralen Gestalt des Alten Testaments. Nicht wenige halten es für das beste Werk Michelangelos. Aber das gesamte Projekt nahm vierzig Jahre in Anspruch und wurde nie beendet. Es verstrickte Michelangelo in Streitigkeiten mit den Großen der Welt, in Gerichtsprozesse und in eine nicht enden wollende Angst, zu scheitern oder bereits gescheitert zu sein. Das Vorhaben destabilisierte ihn, als Mann wie als Künstler, und beeinträchtigte auch seine Einstellung zu anderen Werken, die mit dem Projekt in keinem Zusammenhang standen.

In der Accademia del Disegno in Florenz steht eine für das Grabmal geschaffene Halbfigur des *Atlas-Sklaven*. Im Grunde sind nur Torso und Beine ausgeführt, der restliche Marmor ist nur ansatzweise bearbeitet. Warum hat Michelangelo die Arbeit an der Skulptur nicht fortgesetzt? Wir wissen es nicht. Beim *Sterbenden Sklaven* (Louvre), der gleichfalls für das Grabmal vorgesehen war, ist zwar die Figur fertig gestellt, aber die stützende Rückseite und die Basis sind nur roh bearbeitet. Zwei Marmor-Rundbilder der Jungfrau mit dem Kind – das eine im Bargello, Florenz, das andere das Glanzstück der Royal Academy, London – blieben ebenfalls unvollendet, aber die wundervoll gearbeiteten Gesichter und Gliedmaßen tauchen wie zögernd aus dem roh behauenen Material auf. Hin und wieder schuf Michelangelo einen großartigen roh gearbeiteten Entwurf, arbeitete daran, beendete Teile davon und ließ den Rest dann liegen. Allerdings wird nur selten deutlich, ob dies auf Grund von Zeitmangel, Belastungen durch andere Aufträge, Unzufriedenheit mit dem Werk oder aus purer Erschöpfung geschah. Natürlich ziehen es große Künstler manchmal vor, ein Werk unvollendet zu lassen, weil so der Eindruck von Spontaneität und Inspiration entsteht, den eine sorgfältige Oberflächenbehandlung verdecken würde. Doch mancherorts, etwa beim großen Grabmal der Medici mit der Ehrfurcht gebietenden Skulptur des sitzenden, nachdenklichen Lorenzo, die vollendet ist – wie auch die beiden stützenden Aktfiguren darunter –, sind einige Nischen leer, und über dem Ganzen schwebt eine Atmosphäre des Unvollendeten.

Litt Michelangelo an einer seelischen Krankheit? Er war streitsüchtig und oft zornig, auf sich selbst und andere. Er erscheint uns als isolierte Gestalt, einsam in seiner Größe, in seinem Mangel an Privatleben, in seinem leeren Herzen, ohne erfüllte Liebe; Gott scheint sein einziger Maßstab gewesen zu sein. Man sollte aber auch erwähnen, dass er sich strenge Grenzen auferlegte. Offenbar arbeitete er nicht gern in Bronze – und tat es auch nur selten. Das einzige große Werk in Bronze, eine riesige Statue Julius' II., wurde später eingeschmolzen und zu einer Kanone verarbeitet. Er fertigte ein Kruzifix aus Holz an und bemalte es. Doch eigentlich liebte er nur das Meißeln mit feiner Marmorbearbeitung, hierfür war er auf ein entsprechendes architektonisches Umfeld angewiesen, damit seine Werke von vorn statt von allen Seiten betrachtet wurden. Alle diese selbst auferlegten Einschränkungen verstärkten Michelangelos Schwierigkeiten nur noch. Er war jedoch kein Künstler, der sich in belastenden Zeiten damit trösten konnte, kleine, schöne Kunstgegenstände zu schaffen. Der Mann und sein Werk strebten nach dem Höchsten, und so sind nicht nur seine Triumphe, sondern auch seine Tragödien von heroischem Ausmaß.

Die so genannten Genies neigen dazu, das Terrain um sich herum zu vernichten und unfruchtbar zu machen. Neben Michelangelo wirkten seine zeitgenössischen Bildhauerkollegen klein, auch in der nachfolgenden Generation konnte es keiner mit ihm aufnehmen. Es vergingen mehrere Jahrzehnte, bis ein anderer Italiener, Bernini, an ihn heranreichte. Zu diesem Zeitpunkt war die Renaissance jedoch schon vorüber, und in der europäischen Kunst hatte eine ganz neue Epoche begonnen: das Barock. Auch der italienische Bildhauer flämischer Herkunft Fleming Giambologna, der nach eigenen Worten Michelangelos Erbe antrat und gewiss Großes in Marmor und Bronze anstrebte, sprengte den Rahmen des Geistes der Renaissance. Deshalb mag es angemessen sein, diesen Abschnitt mit dem Hinweis auf einen Zeitgenossen der mittleren und späten Jahre Michelangelos zu beenden: Benvenuto Cellini (1500–1571). Als Künstler war er in vielerlei Hinsicht der Gegentypus zu Michelangelo. Doch in seiner Liebe und seiner Kenntnis der Antike, in seinem technischen und künstlerischen Wagemut, in der verblüffenden Vielseitigkeit und in der ebenso komplizierten wie einfachen Liebe zur Schönheit des Menschlichen war auch er eine typische Gestalt der Renaissance.

Wie so viele Renaissancekünstler kam Cellini aus dem Florentiner Kunsthandwerkertum. Sein Großvater war ein begabter Steinmetz, der Vater Schreiner, der unter anderem die Gerüste für Leonardo da Vincis groß angelegte Projekte anfertigte und aufstellte sowie reich verzierte Musikinstrumente schnitzte. Cellini begab sich sozusagen in die Schatzhöhle Aladins und in das Gemach des Zauberers der Renaissance: in die Werkstatt des Goldschmieds. Das handwerkliche Können, das er dort erwarb, wurde zur Grundlage seiner immensen Kenntnisse in der Bearbeitung der verschiedensten Materialien, von Gold und Silber über die meisten Edelsteine bis hin zu Hartsteinen jeder Art und unedlen Metallen. Cellini gehörte zu den wenigen Renaissancekünstlern, die eine Ausbildung zum Goldschmied erhalten hatten und auf Grund einer überlieferten Goldschmiedearbeit ge-

feiert werden, der so genannten *Saliera*. Fast alle seine frühen
Werke gingen während der tragischen Plünderung Roms im Jahr
1527 verloren. Wie Bronze war auch Gold ein riskantes Material,
wenn man nach ewigem Ruhm strebte, da die Besitzer es in
schweren Zeiten häufig einschmolzen. Allerdings arbeitete Cellini zwischen 1540 und 1545 für den freigebigen Franz I. von
Frankreich. Das vorzüglich gearbeitete Salzfass aus Gold und
Emaille, das er für Franz I. anfertigte, ist erhalten geblieben und
zählt heute zu den größten Schätzen des Kunsthistorischen Museums in Wien. Cellini arbeitete zwei Jahre lang an dem bezaubernden Kunstwerk – was zur damaligen Zeit als erstaunlich
schnell galt. Heute wäre weder eine Einzelperson noch eine
Gruppe in der Lage, so etwas in hundert Jahren fertig zu bringen.
Wenn irgendein Kunstwerk, mit seinen klassischen Themen, seiner Produktivität und seiner Brillanz, der kühnen Technik und
der puren Liebe zur Kunst und zum Menschlichen, die Renaissance repräsentiert, dann dieses glanzvolle, extravagante Werk.

Cellini schuf so viele unterschiedliche Kunstgegenstände,
dass man sie kaum alle aufzählen kann: zeremonielle Medaillen
mit schön gearbeiteten Köpfen und einfallsreichen Rückseiten,
Vorder- und Rückseiten von Münzen, Gemmen, Prägestöcke für
Siegel – alle von virtuoser Kunstfertigkeit –, reich verzierte Ker-
zenhalter und Wasserkrüge, Altarmöbel sowie Geschirr und Be-
steck, kleine Bronzefiguren und dekorative Stücke aller Art.
Doch er zielte auf das Heroische ab, und ein-, zweimal gelang
ihm dies auch, vor allem mit dem prächtigen *Perseus mit dem
Haupt der Medusa*, einer großen Bronzeskulptur auf einem
kunstvollen Marmorsockel mit einem umlaufenden Reliefbild
und vier Bronzestatuetten in den Figurennischen. Die von Cosimo I. de' Medici in Auftrag gegebene Statue stand auf der Piazza della Signoria in Florenz neben und in Konkurrenz zu Michel-

angelos *David* und Donatellos *Judith und Holofernes*. Die Skulptur wurde 1560 vollendet und von Cellini selbst als Höhepunkt seines Schaffens angesehen. Der Großherzog der Toskana betrachtete sie als die Verkörperung der »etruskischen Wiedergeburt«, die sein Herzogtum symbolisierte, weil die Pose ihn an die bewunderten etruskischen Bronzeskulpturen aus dem 4. Jahrhundert n. Chr. erinnerte. Auch dieses Werk ist wegen seiner absichtsvollen Anknüpfung an die glanzvolle Vergangenheit und seiner herausragenden Zurschaustellung dessen, was die Künstler im Europa des 16. Jahrhunderts, insbesondere in Florenz, inzwischen zu leisten vermochten, die Verkörperung der Kunst der Renaissance.

Diese große Bronzefigur ist das wohl am besten dokumentierte Kunstwerk der Renaissance, da Cellini seine Konzeption und Herstellung detailliert beschrieben hat. Er war ein heißblütiger, unbesonnener, schwieriger und kühner Mann, mit allen Lastern künstlerischer Extravaganz, die wir mit den Aufsehen erregenden Renaissancekünstlern assoziieren, und einigen weiteren Untugenden. Die überlieferten Prozessakten zeigen, dass er zeit seines Lebens immer wieder in Schwierigkeiten geriet und häufig fliehen musste, um nicht vor Gericht gestellt zu werden. Mindestens in zwei Fällen wurde er wegen Totschlags verurteilt, seiner künstlerischen Verdienste wegen aber begnadigt. Zweimal wurde er wegen Unzucht angeklagt, das zweite Mal nach Entstehung des *Perseus*. Deshalb floh er nach Venedig. Dort lernte er den Architekten Sansovino und den Maler Tizian kennen, wurde aber zu vier Jahren Gefängnis verurteilt und stand lange unter Hausarrest. Den nutzte er zur Abfassung seiner Autobiografie. Es ist ein unterhaltsames und hochinformatives Buch, in dem Cellini uns Einblick in die Kunstwelt jener Zeit gewährt und alles über den *Perseus* und viele andere seiner Arbeiten erzählt. Doch es ist auch ein Werk der Literatur, das auf seine Art bestätigt, auf welch beschwerliche Weise sich die oft anonymen Kunsthandwerker des Mittelalters den Rang von Renaissance-Helden erkämpften, auch wenn es sich bei dem gewalttätigen und prahlerischen Cellini eher um einen Antihelden handelte. Aus seinen Lebenserinnerungen geht hervor, dass er Kunstwerke sammelte. Laut Vasari häufte er Kartons von Michelangelos Deckengemälden für die Sixtinische Kapelle an. Offenbar kopierte er auch eine Abhandlung von Leonardo über die drei Künste – der Plastik, Malerei und Architektur – und daneben eine Studie zur Perspektive. Diese Künste standen während der Renaissance, und hier vor allem in Florenz, in engem Zusammenhang.

IV. DIE BAUWERKE DER RENAISSANCE

Für die Bevölkerung von Florenz oder jeder anderen Stadt Italiens im ausgehenden Mittelalter hatte die Architektur eine viel größere Bedeutung als jede andere Kunstgattung. Auch wenn die Bürger vielleicht nicht zu den in den Palästen untergebrachten Meisterwerken vordrangen, so konnten sie die Gebäude doch von außen sehen, sie kannten die Kirchen und Dome, und gelegentlich ließ man sie sogar in die Sakristeien ein, in denen man die wertvollsten Kunstgegenstände aufbewahrte. Die Baukunst bot, stärker noch als die öffentliche Plastik, Anlass für Bürgerstolz. Zudem waren die Einwohner der italienischen Städte mit der Architektur der Antike vertraut, weil die Ruinen in vielen Fällen noch vorhanden und nicht völlig ausgeplündert, leer geräumt oder niedergerissen worden waren. In gewisser Weise war das mittelalterliche Italien in weiten Teilen eine riesige Architekturruine, eine ständige Erinnerung an den Gigantismus und den Glanz des Römischen Reiches. Es war natürlich das antike Rom, auf das die Künstler blickten, deren Leistungen die Öffentlichkeit dann mit denen des Altertums vergleichen konnte.

In der Baukunst gibt es einen ausgeprägten Gegensatz zwischen Südeuropa, vor allem Italien, und dem Norden. Zwar war im 12. Jahrhundert die Gotik aus der Romanik hervorgegangen, die selbst wiederum eine unentwickelte Form der Architektur der Spätzeit des Römischen Reiches darstellte. Sie hatte sich jedoch zu einem eigenständigen Stil entwickelt, einer originären Schöpfung, die schließlich für Majestätisches und Subtilität, immense Ingenieursleistungen und überwältigende dekorative Effekte stand. Die bedeutenden gotischen Kathedralen Frankreichs, Englands, Deutschlands und Spaniens gehören mit ihren wertvollen Kunstschätzen, von denen nur ein Bruchteil erhalten ist, zu den größten und schönsten Bauwerken überhaupt. Doch selbst die Italiener, die diese »Weltwunder« mit eigenen Augen gesehen hatten, waren nur wenig beeindruckt. Die Gotik entstand gewissermaßen naturwüchsig, sie folgte einem inneren Impuls. Es gibt keine »gotische Theorie«, keine »gotische Literatur«. Sehr wenige Kathedralen wurden nach einem Generalplan ersonnen und erbaut (eine seltene Ausnahme ist die Kathedrale in Salisbury, und selbst in diesem Fall wurde der Turm erst 200 Jahre später hinzugefügt). Einige Bischofskirchen, wie beispielsweise der Kölner Dom, blieben bis in die Neuzeit unvollendet. Die Italiener, vor allem in den nördlichen Ebenen, bauten zwar gotische Kathedralen, etwa den Mailänder Dom, doch ohne rechte Begeisterung. Anders als ihre Formensprache breitete sich der Geist der Gotik dort niemals aus. Der Gotik war etwas Organisches zu Eigen, das die Italiener als irrational empfanden. Dies ist auch daran erkennbar, dass sie die Gotik nur in abweichender Form übernahmen und sich, vielleicht unbewusst, danach sehnten, sie durch etwas zu ersetzen, das aus den Wurzeln ihrer Kultur erwuchs.

In Florenz gingen diese Ursprünge bis in die Römerzeit zurück. Der Dom, ursprünglich ein Gebäude aus dem 5. oder sogar 4. Jahrhundert, war im Frühmittelalter zweimal umgebaut worden. Er war also ein römisch-romanischer Bau. Die zu dem Komplex gehörende Taufkirche wurde im 6. oder 7. Jahrhundert dem Pantheon in Rom, einem Rundbau, nachgebildet, allerdings 1059 baulich verändert und neu geweiht. Deshalb kann man sie ebenfalls als romanisches Bauwerk bezeichnen. Das dritte Gebäude in dem Komplex, den Campanile oder Glockenturm, entwarf Giotto di Bondone (um 1266–1337), ein gefeierter Maler, der im Jahr 1334 zum Dombauleiter ernannt wurde. Seine Baupläne haben überdauert, er selbst starb drei Jahre später. Der eigentliche Dom, abwechselnd von Andrea Pisano und

Francesco Talenti erbaut, ist ganz anders. Er wirkt überhaupt nicht gotisch, allerdings auch nicht römisch oder romanisch. Er ist ein Werk *sui generis*.

Eine Generation zuvor, im Jahr 1294, hatten die Florentiner den Entschluss gefasst, den alten Dom abzureißen und einen neuen und größeren errichten zu lassen; zwei Jahre später waren die Baupläne gezeichnet. Die Fassade wurde aus Backsteinen errichtet und mit weißem, grünem und roséfarbenem Marmor verblendet. Da man die Arbeiten jedoch unterbrach, um den Campanile auf ähnliche Weise zu errichten, wurde der alte Dom erst 1375 abgerissen. Schließlich aber stand der endgültige Entwurf fest: eine große, rechteckige Kirche mit vier riesigen Öffnungen zwischen der Fassade und dem Sanktuarium, einem achteckigen Raum, der von einem breiten Tambour mit einer Kuppel bekrönt wurde. Wie geplant, wurde der Dom von Andrea da Firenze, einem Mitglied der Planungskommission, in einem Fresko bildlich dargestellt. Aber wer und vor allem wie sollte man dieses Ungetüm errichten, das hinsichtlich Größe und immer komplizierter werdender bautechnischer Probleme, die man noch nie angegangen hatte, ohne Vergleich war?

Die Vierungspfeiler wurden zwischen 1384 und 1410 errichtet, anschließend begann die Arbeit am Tambour, 1418 wurde für die Kuppel ein Wettbewerb ausgeschrieben. Gewonnen wurde er von Filippo Brunelleschi und Ghiberti, der ja bereits an den Türen des Baptisteriums arbeitete. Brunelleschi garantierte, dass für den Bau der Kuppel kein Zentralskelett – ein kompliziertes Gerüst, wie man es beim Bau gotischer Kathedralen verwendet hatte – erforderlich sein würde, um jene gemauerten Gewölbe zu errichten, mit denen die Steinmetzen die großen Innenräume überdachten. Einen ähnlich großen Innenraum in der Kathedrale in Ely in England, der im 14. Jahrhundert durch den Einsturz des Mittelturms entstanden war, hatte man mit einem riesigen gezimmerten Gerüst in Form einer achteckigen Laterne gefüllt. Doch in Italien war man zu qualitätsvollen Zimmermannsarbeiten dieses Ausmaßes nicht in der Lage, und vermutlich hatte man dort von der Ely-Kathedrale ohnehin keine Kenntnis. Man wollte eine Domkuppel, und so ließ sich Brunelleschi vom Pantheon inspirieren, dem Rundbau mit der größten erhaltenen Kuppel aus römischer Zeit.

Streng genommen war Brunelleschi gar nicht der Architekt, denn Größe und Form, sogar die Krümmung der Domkuppel waren bereits zehn Jahre vor seiner Geburt, im Jahr 1367, festgelegt worden. Er war eher der Ingenieur oder, wie es im Vertrag heißt, der »Erfinder und Leiter« des Bauvorhabens. Brunelleschi, hoch gebildet, Sohn eines Rechtsanwalts, ergriff einen akademischen Beruf, bis ihn seine glänzende zeichnerische Begabung zur Goldschmiedekunst führte. In der Ausschreibung für das Baptisteriumportal hatte er im Wettbewerb mit Ghiberti gestanden. Nach der Ablehnung seines Entwurfs war er mit Donatello nach Rom gereist, um das Altertum aus erster Hand kennen zu lernen. Er wurde zu einem Meister der Details und der Formen, und seine Erfahrungen in Rom führten dazu, dass die Architektur zu seiner Hauptleidenschaft wurde. Er war ein Intellektueller, aber auch ein Wissenschaftler; für den Bau der Domkuppel brachte er seine beträchtlichen Kenntnisse auf dem Gebiet der Tektonik ein. Die von ihm entworfene und 1436 vollendete Domkuppel ruht auf acht großen Rippen, die die Stützarbeit der Vierungspfeiler fortsetzen. Diese wurden von 15 kleineren Pfeilern unterstützt, die durch horizontale Strebebögen und durch metallene Ketten verstärkt wurden. Die Anstiegskurve der Kuppel wurde so steil angelegt, wie es die Form erlaubte, so dass die Konstruktion tragend war und auf ein Standgerüst verzichtet werden konnte. Um das Tragegewicht zu reduzieren, kam Brunelleschi auf die Idee, eine – von ihm selbst erfundene – Konstruktion aus einer inneren und äußeren Schale zu verwenden. Dabei ließ er sich zwar vom Pantheon inspirieren, doch in bautechnischer Hinsicht hatte es keine Vorbildfunktion, da es nach der üblichen römischen Methode erbaut worden war, statische Probleme mittels schierer Wucht und Stärke anzugehen. Brunelleschis Kuppel ist entwickelter, moderner. Die wahre Probe für das neuartige Bauverfahren war jedoch nicht die Stabilität der Kuppel, sondern ihre äußere Erscheinung. Die Florentiner erklärten sie zu einem Wunderwerk; und tatsächlich beherrscht der Dom das Stadtbild noch immer auf eine Weise, wie es heutzutage nur wenige Kirchen vermögen.

Brunelleschi war am Ende seiner Arbeiten an der Domkuppel zu einer bislang unbekannten Art von Künstler geworden – zum Meisterarchitekten, der sich deutlich von den Handwerkern oder Steinmetzen unterschied, die die mittelalterliche Baukunst beherrscht hatten. Der Architekt erhielt den Auftrag von einem Mäzen und wurde von diesem bezahlt, und dann leitete er die Handwerker an, die er in der Regel auch einstellte. Außerdem trug er die Verantwortung für den Entwurf und führte nicht nur einen von einer Baukommission im Voraus festgelegten Plan aus. Brunelleschi war insofern eine typische Renaissancegestalt, als er die römischen und vor allem die etruskischen Vorbilder sorgfältig studierte und sicherlich auch antike Formelemente verwendete. Wenn man das von ihm Geschaffene jedoch eingehend betrachtet, dann hat es weder viele römische noch griechische Anteile.

Beginnend im Jahr 1419, schuf Brunelleschi das schöne Findelhaus Ospedale degli Innocenti, dessen Fassade unübersehbar dekorative Stilelemente der klassisch-römischen Architektur

aufweist. Allerdings ist die geräumige Loggia hinter schmalen
korinthischen Säulen, die halbkreisförmige Bögen tragen, mit
Rundgemälden in den Gewölbezwickeln, überwölbt durch ein
tiefes Gebälk, auf Grund seiner schlanken Anmut und den zarten Proportionen so ganz anders als alles, was die Römer je erbaut hatten. Man hat das Gebäude mitunter als das erste echte
Renaissancebauwerk bezeichnet. Denn die von Brunelleschi ein-
geführte Bauweise, die man in den Folgejahrhunderten zu zahllosen unterschiedlichen Zwecken einsetzte, hat nichts mit dem
antiken Rom zu tun. Es handelte sich um einen völlig neuen Stil,
eine neue Form von Schönheit.

In der Sakristei, die der Kirche San Lorenzo in Florenz ange-
fügt wurde, sowie in der Pazzi-Kapelle, die er für eine andere
große Florentiner Kirche, Sante Croce, entwarf, verwendete Brunelleschi das gleiche Vokabular, jedoch mit eigenen Hinzufü-
gungen. Außerdem übertraf er hier noch seine ursprünglichen
Konzepte. Diese luftigen, harmonischen und wundervoll pro-
portionierten Schöpfungen faszinierten den Betrachter nicht
nur wegen der (im Falle der Pazzi-Kapelle) Rundreliefs des erfin-
dungsreichen della Robbia, der zarten Farbkompositionen aus
Grau und Weiß und der natürlichen Farben von Marmor und
Messing, Stein, Eisen und Holz, sondern vor allem, weil sie im
Gegensatz zum ungeordneten Stil der Gotik eine fürstliche Einfachheit ausstrahlten. Für jene Künstler, die den Bau zum ersten Mal sahen, war er etwas ganz Neues, eine Art ästhetischer
Schock. Er war keine Wiederbelebung des klassischen Altertums,
sondern eine verwirklichte Schönheit, die noch nie ersonnen
worden war, und animierte sie, zum Zeichenstift zu greifen und
sich an die Arbeit zu machen.

In Brunelleschis Bauwerken zeigen sich die Elemente seiner
Architekturtheorie: Vereinfachung der einzelnen Bestandteile,

damit eine wohlgeordnete Wiederholung zur Norm wird statt einer endlosen Vielfalt von Erfindungen; ein einziges System der Beleuchtung, wo es möglich ist; und ein Gleichgewicht zwischen den Elementen, damit kein beherrschendes Merkmal entsteht, sondern ein durchgehender Stil, der das Ganze zusammenführt.

Indem Brunelleschi die Gotik zurückwies und auf der Antike aufbaute, erfand er zudem ein neues architektonisches Vokabular: gewölbtes Säulengebälk, wie beispielsweise Bögen über Säulen, Wechsel von Säulen und Pilastern, Strebepfeiler mit Schneckenverzierung, Wechsel von abgeflachten Wölbungen und abgeflachten Dreiecken sowie Voluten und Hängebögen als »Ausrufezeichen«. Diese Elemente machten einen Großteil der neuartigen Architektursprache aus, die von den Baumeistern zunächst in Italien und dann in vielen anderen Ländern begierig aufgegriffen wurden.

Die theoretischen Grundlagen hierfür zu schaffen blieb einem Gelehrten florentinischer Herkunft (obwohl in Genua geboren) vorbehalten: Leon Battista Alberti (1404–1472). Alberti, 27 Jahre jünger als Brunelleschi, erhielt eine Universitätsausbildung in Bologna und schloss ein humanistisches Studium in Padua ab. Er stand den humanistischen Autoren näher als den Kunsthandwerkern, die in der Goldschmiedekunst ausgebildet worden waren, und blieb zeit seines Lebens ein produktiver Autor: Er verfasste unter anderem Komödien, philosophische, religiöse, moralische Schriften, Werke zu Kunst, Wissenschaft und Technik, sogar über die Pflege von Pferden und die Reitkunst. In den dreißiger Jahren des 15. Jahrhunderts erlernte Alberti, zunächst als Sekretär eines Kardinals, dann des Papstes Eugen IV., die Kunst der Kommunikation, die er auch praktizierte. Eugenius nahm Alberti mit nach Rom. Dort beschäftigte sich Alberti mit Archäologie, verfasste eine detaillierte Studie über römische Altertümer und schrieb, durch das Gesehene ermutigt, eine monumentale Reihe kunsttheoretischer Abhandlungen über Plastik, Malerei und vor allem Architektur, die erste von Bedeutung seit der Römerzeit.

De re aedificatoria – Alberti schrieb seine Bücher meistens auf Latein, aus dem sie dann ins Italienische übersetzt wurden, wenn Nachfrage danach bestand – ist eine erhellende, kritische Würdigung und Neuformulierung des einzigen aus dem Altertum überlieferten architekturtheoretischen Werks: Vitruvs bedeutender Schrift *Über die Baukunst.* (Albertis Abhandlung erschien 1485 im Druck, ein Jahr bevor Vitruvs Buch in den Handel kam.) Sie ist in jeder Hinsicht eine Verbesserung gegenüber Vitruvs Darstellung: klar, strukturiert, gut geschrieben und ebenso informativ in theoretischen wie praktischen Fragen. Alberti legt dem Leser zunächst seine Definitionen vor, befasst sich sodann mit architektonischen Konzepten und Materialien und erörtert schließlich verschiedene Bauverfahren, Themen der Stadtplanung sowie die Pläne für unterschiedliche Gebäudetypen. Des Weiteren untersucht er das Wesen der Schönheit in der Architektur und was diese Frage für sakrale, profane und öffentliche Bauten bedeutet. Alberti war ein neugieriger und in mancher Hinsicht enzyklopädischer Autor, und so behandelt sein Buch zahlreiche Themen, darunter Wasserversorgung, Archäologie, Restauration und Baukosten. Ein solches Buch wollte natürlich jeder angehende Baumeister und Architekt gern in Händen halten. Und seine Werke haben überdauert: Wie wir an Fragen der Architektur herangehen, beispielsweise dass man zwischen dem grundlegenden, funktionalen Entwurf und bloßen Ornamenten eines Bauwerks unterscheidet, geht auf Alberti zurück.

Daneben arbeitete Alberti auch als Baumeister, jedoch in der Regel nicht im üblichen Sinne. Er entwarf Pläne und schuf Entwürfe, die andere Architekten ausführten, die den Bau leiteten. So wurde der Palazzo Rucellai in Florenz zwar nach seinen Anweisungen gebaut, doch der eigentliche Bauleiter war Bernardo Rossellino (um 1450); der Tempio Malatestiano in Rimini, ebenfalls von Alberti (ca. 1447), wurde von Matteo de' Pasti erbaut. Unmittelbar beteiligt war Alberti an einer Reihe bedeutender Bauvorhaben in und um den Vatikan und die Alte Peterskirche, aber meistens entsandte man seine Pläne und Anweisungen per Kurier zu so unterschiedlichen Orten wie Ferrara und Mantua. In manchen Fällen hat Alberti seine Schöpfungen, für die er verantwortlich zeichnete, nicht einmal gesehen. Sein Einfluss war dennoch groß und weit reichend, vielleicht noch größer als der Brunelleschis. Nicht dass er die älteren Meister unterschätzt hätte. Im Gegenteil, er hegte große Bewunderung für sie. Der erste Blick auf den Florentiner Dom war die ästhetische Schlüsselerfahrung seines Lebens; er schrieb: »Wer könnte so kaltherzig oder neidisch sein, dass er das Genie eines Architekten nicht erkennte, der ein solch großartiges Bauwerk geschaffen hat, das sich in den Himmel emporhebt, groß genug, alle Menschen der Toskana mit seinem Schatten zu bedecken?« Alberti führte die Domkuppel als Beispiel dafür an, dass die zeitgenössischen Florentiner Künstler – und andere – in der Lage waren, die Alten Meister nicht nur nachzuahmen, sondern auch zu übertreffen. Gerade aber dies sei das Ziel: aufbauend auf der Vergangenheit noch schönere und kühnere Bauwerke zu schaffen. Am wichtigsten blieb jedoch das Studium der Vergangenheit. In Brunelleschis Bauten sah er eine in mancher Hinsicht nur oberflächliche Abkehr vom mittelalterlichen »Barbarentum«, weil dieser in der Regel nichtklassische Grundrisse entwarf.

Das alles änderte Alberti grundlegend. Seine Entwürfe waren vollkommen vom römischen Klassizismus inspiriert. Nachdem man seine Anweisungen befolgt hatte und seine Pläne und sein Buch in ganz Italien in Umlauf gekommen waren, verwendeten Architekten, die eine Kirche *ab initio* errichteten, nur noch höchst selten einfache Ost-West-Achsen. Die frühere Westfront wandelte er zu einer klassischen Fassade mit einem Portal, das in einen normalerweise runden oder achteckigen Raum führte; der Chor an der Ostseite verschwand, und sämtliche Tätigkeiten in dem Bau drehten sich um einen zentralen Punkt. Alberti war jedoch kein Mann, der rigide Uniformität predigte: Er nutzte auch das griechische Kreuz als Grundriss, und bisweilen verband er auch einen Rundbau über kreisförmigem Grundriss mit einem kurzen Mittelschiff. Die von ihm entworfenen Fassaden lassen sich in drei Haupttypen unterteilen. Er variierte die verschiedenen klassischen architektonischen Ordnungen und formulierte alternative Pläne für die Befensterung. Durch diese Maßnahmen vollendete er allerdings nur die Architektursprache des neuen Stils. Eingeführt hatte sie Brunelleschi; Alberti schuf daraus ein komplettes System, das die Studenten erlernen konnten, bis es ihnen zur zweiten Natur wurde. Alberti schuf Grundmuster der äußeren Erscheinung von Bauten, insbesondere der Hauptfassaden, Grundmuster, die in wesentlichen Teilen über Jahrhunderte kopiert wurden und immer noch existieren.

Man sollte jedoch nicht glauben, dass das jetzt entstehende architektonische Antlitz Italiens das Werk einiger genialer Talente gewesen sei. Es gab vielmehr Hunderte Baumeister und einige »Zugpferde«, die wirklich monumentale Beiträge lieferten. Herausragender Vertreter dieser Gruppe war Michelozzo di Bartolommeo (1396–1472). Er wurde der persönliche Baumeister Cosimos de' Medici und der bevorzugte Architekt reicher Auftraggeber, weil er bereit war, seine Entwürfe ihren Auffassungen anzupassen (Michelozzo war Sohn eines Florentiner Schneiders).

Michelozzo besaß großes Talent und umfassende Erfahrungen. Er arbeitete erst in der Prägeanstalt an Münzentwürfen, dann in Ghibertis Werkstatt und danach in einem gemeinschaftlichen Atelier mit Donatello. Sein Leben lang entwarf und schuf er Bronzebeschläge, Marmor-und-Edelmetall-Tabernakel sowie anderes Kirchenmobiliar und kunstvoll gearbeitete Grabdenkmäler. Nach Brunelleschis Tod wurde er zum Dombaumeister ernannt – im Grunde war er damit Leiter der Architektenkammer von Florenz – und ließ die prunkvolle Laterne errichten, mit der Brunelleschi seinen Dom bekrönt hatte.

Michelozzo war kein Architekturtheoretiker. Er liebte die Antike und hatte auch nichts gegen mittelalterliche Stilformen einzuwenden. Da seine Arbeit oftmals darin bestand, bestehende Gebäude zu restaurieren, zu erweitern oder wieder aufzubauen, hatte er vor der Vergangenheit kaum Respekt. Er verschmolz Stilelemente der Gotik mit dem neuen Formenrepertoire der Renaissance. Das Kloster, das er in Borco ai Frati baute, ist im Kern mittelalterlich geprägt, die von ihm entworfene Fassade für das Rathaus in Montepulciano fast eine Kopie des Palazzo Vecchio in Florenz. Bei der Umgestaltung der wunderschönen Villa der Medici in Trebbio verwendete er zwar Formen der Renaissance, doch gleicht das Gebäude eher einer mit Zinnen bewehrten mittelalterlichen Festung. Bei einer weiteren Villa, die er in Cafaggiolo baute, finden sich mittelalterliche Anklänge und Unregelmäßigkeiten. Bemerkenswert ist jedoch, dass das Gebäude und der Garten auf höchst gelungene Weise miteinander verbunden sind, und das auf eine Weise, wie es bei einem befestigten, von einem Wallgraben umgebenen mittelalterlichen Landsitz nicht möglich gewesen wäre. Ab 1440 etwa wurde dieser Stil für Italien (und bald im ganzen »zivilisierten« Europa) charakteristisch.

Aber Michelozzo war auch ein Neuerer. Im Kloster von San
Marco, Florenz, baute er die erste Bibliothek der Renaissance –
einen langen, eleganten Raum, der ausschließlich zur Aufnahme
und Benutzung von Büchern diente. Auch hier bezog er die Idee
zu dem Grundriss, der zahlreiche Gänge und Nischen vorsah,
aus einer mittelalterlichen Quelle: Die Bibliothek ähnelt einem
Klosterschlafsaal aus dem 14. Jahrhundert. In der Kirche Santa
Croce baute er für die Medici eine Kapelle, die schlicht, über-
sichtlich, elegant und im Renaissancestil erbaut ist, so dass viele
andere Architekten sie kopierten, auch wenn sie nach wie vor
Gewölbe im mittelalterlichen Stil aufweist. Der Stadtpalast, den
er für die Medici in Florenz baute, wurde wegen des Innenhofs
mit seinen klassischen Bögen, den riesigen, düster zur Straßen-
seite hin ragenden Gesimsen und dem hübschen Garten samt
Loggia zu einem der populärsten Bauten der ganzen Renaissance –
jedenfalls wenn man als Maßstab nimmt, wie oft er kopiert wurde. Ergänzt wurde der Palast durch ein weiteres Landhaus der
Medici. Es handelt sich um den ersten Versuch, die Gestalt der
römischen Villa neu zu beleben, allerdings ohne Befestigungen
vorzutäuschen, und der Garten ist ebenso integraler Bestandteil
des Entwurfs wie die Mauer. Dieser Bau wurde ebenfalls immer
wieder imitiert. Michelozzo bewies zudem Mut, als er Stilelemente des Minerva-Tempels in Rom übernahm und diese für
den halbrunden Abschluss in der Kirche Santissima Annunziata
in Florenz verwendete, die wie ein Kreis mit neun Kapellen gebaut ist, die von dem Gebäude wegführen.

Kurzum: Michelozzo verband Altes und Neues, wie es ein
guter Architekt tun sollte, wenn er seine Kunden zufrieden stellen will. Aber er hatte kein echtes Genie, und seine Umgänglich-
keit und der Wunsch zu gefallen verwandelten sich im Laufe
seines erfolgreichen Arbeitslebens in Reizbarkeit und Launen-

haftigkeit. Dieses Muster ist im Leben vieler Architekten erkennbar, die zwischen den anspruchsvollen und wankelmütigen Kunden und den säumigen und oft unfähigen Arbeitskräften stehen, während gleichzeitig die Kosten in die Höhe schnellen und die Rechnungen nicht bezahlt werden.

Michelozzo besaß großes Geschick im Umgang mit Wasser, so dass ihm alles, was mit dem Anlegen von Gräben und Dämmen und Fragen der Hydraulik zu tun hatte, große Freude bereitete. Darauf musste er nach 1460 zurückgreifen, als er seine wichtige Stellung in Florenz verlor und schließlich im abgelegenen Ragusa den Bau der direkt am Meer gelegenen Stadtbefestigung leitete – ein traurig stimmender beruflicher Niedergang. Aber die meisten Baumeister der Renaissance mussten erleben, dass ihre Popularität mit zunehmendem Alter schwand und ihnen die jungen Architekten mit neuen Ideen den Erfolg streitig machten.

Eine Ausnahme bildete Donato Bramante (1444–1514), der seine bedeutendsten und innovativsten Bauten zum Ende seines Lebens schuf. Bramante stammte aus der Stadt Urbino, die zum Kirchenstaat gehörte. Sein Erfolg spiegelt die Verschiebung des architektonischen Zentrums Italiens im letzten Viertel des 15. Jahrhunderts von Florenz nach Rom wider. Sobald er lesen und schreiben konnte, hieß man ihn malen und perspektivische Zeichnungen anfertigen, möglicherweise unterrichtete ihn Mantegna. Er stand dem dynamischen, kunstsinnigen Hof des großen Federigo da Montefeltro nahe, an dem Alberti oft weilte, und war Zeuge der Errichtung des wuchtigen herzoglichen Palasts durch Luciano Laurana, an dem Piero della Francesca mitarbeitete. Bramante kam zur Architektur, weil ihn perspektivische Zeichnungen faszinierten, eine davon ist als Stich erhalten. Bereits seine ersten Entwürfe von Gebäuden, zunächst für die Sforza-

Herzöge in Mailand und dann in anderen Orten in der Lombardei, zeigen seine Vorliebe für das Monumentale. Dieser Stil war etwas völlig Neues; er kam der gewaltigen Größe des antiken Roms näher als die eleganten Schöpfungen der Florentiner, die mehr Wert auf schlanke Säulen und anmutige Bögen legten. Bramantes erster wichtiger Bau, die Wallfahrtskirche Santa Maria Presso Santo Satiro in Mailand, ist zwar ein wenig klein, dennoch von einem neuartigen, auf wuchtigen Säulen und Pilastern ruhendem Ausmaß. Im Jahr 1492 schuf er eine neue Ostseite oder Tribuna für die Mailänder Kirche Santa Maria delle Grazie; eine monumentale Mischung aus Apsiden, ruhend auf riesigen Säulen, die seine Vorstellung von einem Ehrfurcht gebietenden Gebäude noch viel weiter führte. Zusätzliche Erfahrungen im Monumentalbau machte er während seiner Mitarbeit am Umbau des Doms in Pavia. Dieser wurde so umgestaltet, dass ein griechisches Kreuz die Mitte eines großen Oktagons bildete. Die Idee stammte offenkundig von Bramante, auch wenn andere Architekten daran mit beteiligt waren. Der Herzog von Mailand bot Bramante zudem die Gelegenheit, für die Abtei Sant'Ambrogio einen fantasievollen Innenhof zu entwerfen. Dafür verwendete Bramante höchst einfallsreich eine Vielzahl von Säulen und Pilastern im römischen Stil und den Grundriss eines neu angelegten Platzes in der nahen Stadt Vigevano; der Platz erforderte den Abriss eines ganzen Viertels, und an dessen Stelle trat ein weiter, offener Renaissanceraum als architektonisches Umfeld für den Dom. Bald darauf entstanden in vielen Hauptstädten Europas monumentale quadratische und rechteckige Plätze.

Zu diesem Zeitpunkt seiner Karriere war offensichtlich, dass Bramantes Werk nicht so sehr die Errichtung der eigentlichen Bauten war, sondern die Erschließung riesiger Innenräume – und dies auf eine Weise, die dem Betrachter den Atem verschlug.

Durch einen glücklichen Umstand vertrieb der Zusammenbruch der Herrschaft der Sforza-Familie in Mailand Bramante
nach Rom, wo sich ihm, zunächst unter dem Borgia-Papst Alexander VI., dann unter Julius II. (Papst von 1503–1513), bessere
Möglichkeiten boten, seine grandiosen Vorstellungen in die Tat
umzusetzen. Julius II. war machtbesessen. Er baute den Kirchenstaat als bedeutende – militärische wie finanzielle – Kraft auf
und wollte durch ein riesiges Bauprogramm die Größe und den
Glanz Roms als imperialer Stadt wieder erstehen lassen. Schon
bevor Julius zum Papst gekrönt wurde, hatte Bramante der Stadt
seinen Stempel aufgedrückt, indem er beeindruckende Innen-
höfe und Paläste baute und sorgfältige Studien bedeutender antiker Bauwerke anfertigte. Und das nicht nur in Rom, sondern
auch in Tivoli, Caserta und Neapel. Die Früchte seiner Bemühungen, das Altertum zu verstehen und ihm Ausdruck zu verleihen, lassen sich am so genannten Tempietto di Sant'Andrea
ablesen, dem einzigen fast perfekt gelungenen Gebäude der Renaissance. Die runde Kapelle aus Naturstein, versehen mit Säulen und einer Kuppel, wurde exakt an jener Stelle errichtet, an
der – wie man glaubte – der heilige Petrus in Rom den Märtyrer-
tod starb. Sie vereint Stilmerkmale, die auf mehreren prototypi-
schen römischen Tempeln gründen, und hält sich strikt an die
Proportionsregeln des Vitruv. Die Ausmaße der Aufrisse und
Maßeinheiten entsprechen dem Mehrfachen des Durchmessers
der Säulen genau. Die Kapelle verwendet die Dorische Säulen-
ordnung und ist zudem das erste Bauwerk der Renaissance, das
Tempelgebälk und Triglyphen (Dreischlitzplatten) in einem re-
gelrechten dorischen Fries schmücken. Zugleich ist sie ein völlig
originäres Gebäude, da die äußeren Säulen den Pilastern entsprechen, die den inneren Kuppeltambour stützen. So etwas hätten die Römer nie gebaut. Zudem wirkt die Kapelle in ihrem

äußeren Erscheinungsbild überhaupt nicht römisch: Sie ist unverkennbar ein Renaissancebau. Und schließlich zeichnet sie
sich dadurch aus, dass sie, obzwar klein, die ganze Würde eines
großen Gebäudes ausstrahlt. Kurz: Sie ist der Architektentraum
von einer mit geringsten Mitteln erreichten Monumentalität.

Nun, da Julius II. das Pontifikat innehatte, konnte Bramante
seine ehrgeizigen Pläne bald verwirklichen. Er begann mit den
Arbeiten an der umfänglichen Erweiterung des Vatikanpalasts,
des Cortile del Belvedere. Dieser verfügte über groß angelegte
Terrassen und bot atemberaubende Blicke nach draußen und ins
Innere, zur Freude des Papstes, wenn er morgens aufwachte und
aus seinem Schlafzimmerfenster schaute. In einem Teil des Ge-
bäudekomplexes gibt es eine große spiralförmige Treppe beziehungsweise Rampe, die den Besucher von oben nach unten
durch die verschiedenen Geschosse führt. Unten entsprechen die
Säulen der toskanischen Ordnung; danach sind sie dorisch und,
in aufsteigender Ordnung, ionisch und römisch-korinthisch,
und diese Abstufungen wiederholen sich in den verschiedenen
Stockwerken. So hatte Bramante einen neuen Weg gefunden, die
Vielfalt der dekorativen Formen der Antike zu betonen: Jede
architektonische Ordnung dominierte ein Geschoss. Desselben
Mittels bediente er sich bei der Fassade, die er für den vorzüglichen Palazzo Caprini (1510) entwarf. Hier ist das Erdgeschoss,
wie bei einer Festung, mit wuchtigem Rustikamauerwerk und
mit gewölbten Bogenfenstern versehen. Das *piano nobile* darüber tragen schlanke dorische Zwillingssäulen, die elegante,
palastartige Fenster einrahmen. Dieser Kunstgriff, nämlich zwei
Gebäudeentwürfe zu einem zusammenzufügen, wurde später in
Tausenden offiziellen Bauten in ganz Italien und Europa kopiert,
mehr noch: zu einem der verbreitetsten architektonischen Kli-
schees überhaupt. Es war ein Zeichen der Zeit und auch des

neuen Ruhmes, der neuen Vornehmheit und des neuen Reichtums einzelner Künstler der italienischen Hochrenaissance, dass Raffael diese wundervolle Schöpfung 1517 kaufte und zu seinem Stadthaus machte.

Bramante arbeitete an vielen Kirchen in Rom mit, insbesondere an Santa Maria del Populo und an anderen Orten im selben Stadtviertel, beispielsweise an der Kirche Santi Celso e Giuliano. Seine wichtigsten Bemühungen konzentrierten sich jedoch auf die Pläne Julius' II. für die neue Peterskirche. Julius' und Bramantes Vorstellungen deckten sich: Es sei an der Zeit, die Tafel leer zu wischen und an die Stelle der – von beiden als »barbarisch« empfundenen – Basilika eine Kirche zu setzen, die die Prinzipien der neuen, auf der Antike fußenden Architektur verkörperte; das Vorhaben sollte in größtmöglichem Maßstab vollendet werden, um zu zeigen, dass das nun im Entstehen begriffene neue Rom seiner imperialen, heidnischen Vergangenheit überlegen war; schließlich sollte der Bau so viel umbauten Raum aufweisen, wie es die Ingenieurskunst inzwischen ermöglichte, und bewusst darauf angelegt sein, den riesigen Versammlungen der Gläubigen während der päpstlichen Gottesdienste zu imponieren. Inspiration suchte Bramante bei den größten überdachten Gebäuden im alten Rom, den riesigen öffentlichen Bädern, vor allem den Caracalla-Thermen, deren Pfeiler und Rundöffnungen Runddächer stützten, die wiederum Innenräume überwölbten, die selbst die Menschen der Renaissance als unvorstellbar groß empfanden.

Doch die meisten Ideen des ehrgeizigen Bramante für die neue Peterskirche hatten sich bereits durch seine Bauten in der Lombardei, vor allem in Santa Maria delle Grazie und im Dom zu Pavia, angekündigt. Der Hauptunterschied lag in der Größe. In der Regel ist sie nicht die wichtigste Komponente in der Ar-

chitektur, doch bei Gebäuden, die darauf abzielen, Ehrfurcht zu
erwecken, ist dies der Fall. Viele Menschen arbeiteten Änderungen in Bramantes ursprünglichen Plan ein. Aber er war es, der
der Kirche – innen wie außen – ihr entscheidendes Merkmal verlieh: schiere Größe. Ob man die mitten in der Silhouette Roms
gelegene Kirche aus 15 Kilometer Entfernung, von der anderen
Seite der Stadt oder aus der Nähe betrachtet, ob man sie vom
Platz zwischen den umfassenden Flügeln der riesigen Kolonnade
oder von innen bestaunt: Der Petersdom ist das gekrönte Oberhaupt der Kirchenarchitektur. Nirgendwo auf der Welt gibt es
Vergleichbares. Und die Größe ist der Schlüssel zu ihrer Einzig-
artigkeit.

Zugegebenermaßen ist die Baugeschichte der neuen Peterskirche äußerst kompliziert. Eine wirklich bedeutende Kirche
führt ein kraftvolles Eigenleben, so dass die Architekten, die nacheinander mit ihr verbunden waren, mitunter fast unwichtig erscheinen. Die Arbeiten am vorgeschlagenen Standort für die
neue Kirche waren bereits 1452 unter Bernardo Rossellino begonnen worden. Die damals gelegten Fundamente hatten blei-
bende Auswirkungen auf die später darauf gesetzten Gebäude,
vergleichbar einem Palimpsest, durch den die getilgte Schrift
noch hindurchschimmert. Ehe Bramante die Arbeit übernahm,
gab es verschiedene Unterbrechungen und Neuanfänge. Sein
erster Plan auf Papier (1506), eine schöne Arbeit in orangefarbe-
ner Wasserfarbe und brauner Tinte, ist erhalten geblieben. Er sah
einen quadratischen Zentralbau mit vier zusätzlichen Kuppeln
neben der Hauptkuppel vor. Einer seiner Gehilfen, Giuliano da
Sangallo, kritisierte Bramantes Konzept, der es daraufhin zu
Gunsten einer eher länglichen Form fallen ließ. Als Julius II.
starb, wurden unter dem neuen Medici-Papst, Leo X., der eigene
Vorstellungen hatte, weitere Änderungen vorgenommen. Als

Bramante 1514 starb, waren die zentralen Pfeiler, wenngleich in verringerter Größe, fertig gestellt. Sangallo und sein anderer Gehilfe Fra Giocondo übernahmen zwar die Arbeiten, aber Leo X. übertrug die Gesamtleitung über den Bau dem jungen Raffael aus Urbino (1483–1520). Raffael gab einige der Ideen Bramantes auf, kehrte aber in gewisser Hinsicht zu dessen ursprünglichem Plan zurück und fügte einige eigene Vorstellungen hinzu. Doch auch er verstarb 1520, und so wurden seine Vorhaben entweder nie ausgeführt oder abgerissen. Sangallo fand eine Alternative, die im Holzmodell erhalten ist. Die Plünderung Roms und der daraus resultierende Geldmangel in der Stadt verhinderte jedoch, dass viel getan wurde. Sangallo seinerseits starb im Jahr 1546, woraufhin man den alternden Michelangelo (er war siebzig) aufforderte, die Arbeiten zu übernehmen. Er fertigte einen weiteren Plan an, der vorsah, die fertig gestellten Teile von Raffael und Sangallo mehr oder minder ganz zu beseitigen und zu Bramantes Entwurf zurückzukehren. Vieles von der gegenwärtigen Innenausstattung ist daher im Wesentlichen das Werk Michelangelos, das jedoch der Grundidee Bramantes folgt.

Michelangelo war geradezu besessen von der Kuppel und fertigte mehrere Entwürfe an, die sich stark auf die von Brunelleschi gebaute Domkuppel in Florenz stützten. Was er schließlich schuf, ist sehr viel komplizierter und monumentaler, versehen mit stark gewölbten Strebepfeilern, die außerhalb des Tambours zu Zwillingssäulen hinabführen. Er baute den Bereich zwischen Unterbau und Kuppel, doch als er 1564 starb, hatte man mit den Arbeiten an der Kuppel noch immer nicht begonnen. Nun hieß der Papst Pius IV., und er beauftragte die beiden neuen Architekten, Pirro Ligorio und Giacomo da Vignola, Michelangelos Pläne ohne Widerrede auszuführen. Pirro ignorierte diese Ermahnung, begann seine eigenen Arbeiten am Attikageschoss der

Kuppel und wurde entlassen. Vignola führte die Idee der Neben-
kuppeln wieder ein, die Bramante mehr als vierzig Jahre zuvor
fallen gelassen hatte. Schließlich baute sein Nachfolger, Giacomo
della Porta, die beiden flankierenden Kuppeln, so wie wir sie
heute kennen. Er ließ das abreißen, was von Bramantes Kuppel
noch stand, und überwölbte Michelangelos Kuppel, vergrößerte
aber ihren Neigungswinkel. Dadurch wurde die äußere Schale
sehr viel steiler, als dies Michelangelos' Kuppel vorsah, und auch
zehn Meter höher. 1593 wurde die Kuppel fertig gestellt, aber
della Porta musste einen Ingenieur einstellen, Domenico Fon-
tana, der die statischen Berechnungen vornahm. Keiner der Vorgänger hätte das getan, und es zeugt auch von der zunehmenden
Spezialisierung im Baugewerbe, das mittlerweile mit kolossalen
Baumassen operierte. In der Architektur kommt es darauf an,
was tatsächlich errichtet wird und bleibt. Della Portas Kuppel
unterschied sich deutlich von der Michelangelos, doch sie wurde
gebaut, und nach einigen Jahren wirkte sie nicht nur gelungen,
sondern so, als hätte sie schon immer an ihrem Platz gestanden.
Die riesige Kuppel, die in ganz Rom und schließlich überall in
Europa kopiert wurde, stammte also von della Porta. Und so
übte er, der eigentlich kein großer Architekt war, bedeutenden
Einfluss aus.

　　Schließlich musste die Fassade gebaut werden, die ebenfalls
von Michelangelo entworfen worden war, allerdings in einer
Größe und Breite, die wohl selbst Bramante als etwas zu gran-
dios empfunden hätte. Mit ihren riesigen Pilastern und Säulen
und den nicht enden wollenden Zwischenräumen glich sie eher
einem Kaiserpalast als der Vorderseite einer Kirche. Den Geist
des Entwurfs setzten schließlich fünf Architekten um, zuletzt der
große Gianlorenzo Bernini (1598–1680). Er beendete die Arbeiten und begann anschließend damit, die Piazza vor der Kirche

mit flankierenden Kolonnaden zu gestalten, die 1667 fertig gestellt wurden. Somit hatte man über zwei Jahrhunderte am Petersdom gebaut. Geschaffen wurde er von über einem Dutzend
Baumeistern unter 32 Päpsten, von denen einige sich direkt ein-
schalteten und eigene Vorstellungen beziehungsweise Einsprü-
che durchsetzten. Die Bauzeit umspannte die Renaissance seit
der Mitte des 15. Jahrhunderts, die Hochrenaissance und das Barock. Betrachtet man das Gebäude eingehend, so erkennt man
alle Merkmale seiner langen Entstehungszeit und seiner vielen
Vorläufer. Doch so wie die Kuppel, so wirkt der gesamte Bau
»richtig«, und wir haben uns an ihn gewöhnt, als hätte es die
nicht enden wollenden Streitereien, die Änderungen der Pläne
und die Abrisse nie gegeben. Der Petersdom veranschaulicht das
Problem, Architekturgeschichte zu schreiben, ja als Architekt zu
arbeiten, der über sein Werk nie die gleiche Kontrolle ausüben
kann wie ein Maler oder Bildhauer. Wer hat die Peterskirche also
erbaut? Die Antwort lautet: Gott und die Zeit, doch wenn ein
Sterblicher sie geschaffen hat, dann war es Bramante.

Michelangelos Vorschlag für die Fassade, die das dahinter
sich verbergende Innere eher dekoriert als spiegelt und die
enorm breit ist, bricht mit allen Regeln der Architektur, wie sie
Vitruv, Alberti und andere niedergelegt hatten. Der Grund liegt
darin, dass Michelangelo nicht als wissensdurstiger Neuling in
die Architektur beziehungsweise ins Baugewerbe eintrat, sondern als weltberühmter Bildhauer, dem eher daran gelegen war,
seine Lehren zu verbreiten. Seine großartigen bildhauerischen
Projekte erforderten entsprechende architektonische Umgebungen, Kirchen oder andere Gebäude. Das Fortschreiten von der
Plastik zur Architektur war also nur natürlich. Der erste Bau,
für den Michelangelo verantwortlich zeichnete, war die große
päpstliche Festung Sant' Angelo in Rom (1515–1516). Sie ist

durchsetzt von skulpturalen Einfällen, so als sei der Drang, Gestein zu meißeln, immer noch stärker gewesen als die Notwendigkeit, den Arbeitern zu sagen, was sie tun sollten. Überdies
wollte Papst Leo X., ein Medici, dass Michelangelo die Familien-
kirche San Lorenzo in Florenz mit einer skulpturierten Marmor-
fassade abschloss; die Zeichnungen und ein Holzmodell hierfür
sind erhalten geblieben. Doch es kam zu Zerwürfnissen und
Streitigkeiten über die Kosten des Unternehmens, das schließlich nicht verwirklicht wurde.

In San Lorenzo führte Michelangelo jedoch zwei Bauten für
einen anderen Medici-Papst, Klemens VII., aus – eine Sakristei
und eine Bibliothek. Beide gründeten auf Vorstellungen, die
Michelangelo aus der Antike übernommen hatte, beide ignorie-
ren die Regeln Vitruvs und alle anderen Regeln und beide zeugen
von der produktiven Fantasie des Bildhauers. Im Zuge seiner
Arbeiten improvisierte und entwickelte Michelangelo ein neues
Vokabular der Architektursprache, so dass nichts, was er tat,
irgendetwas glich, was andere vor ihm geschaffen hatten. Seine
Zeitgenossen und Nachfolger empfanden dies als beunruhigend;
Vasari kritisierte ihn sogar als jemanden, der gegen die Regeln
verstieß. Tatsächlich ist die Sakristei ein Mausoleum für die
großen Medici. Doch Michelangelo – ein Erbauer von Grab-
mälern, der zum Architekten wurde – hatte nichts dagegen, und
die Details bezeugen seinen außergewöhnlichen Erfindungsreichtum. Gleichwohl erdrücken sie das Ensemble, und es fehlt
ihm an Einheitlichkeit. Man sollte die Sakristei als Vorarbeit zu
der später entstandenen Biblioteca Medicea Laurenziana ansehen (1524, vollendet 1562). Für die Bibliothek sowie den atembe-
raubenden Zugang über eine Treppe »krempelte« Michelangelo
gleichsam die Architektur »um«: Er verwandelte Merkmale, die
man gewöhnlich an den Außenseiten von Gebäuden vorfindet,

zu dekorativen Bestandteilen der Innenräume; Fenster, ob recht-
eckig oder quadratisch, wurden zu blinden Nischen oder Taber-
nakeln; Türen zu bloßen Unterbrechungen auf leeren Wänden;
Säulen oder Pilaster rahmen, anstatt das Dach zu tragen, die
Nichtfenster, während die Decke die funktionslosen Wände eher
widerspiegelt als zeigt, welch architektonische Maschinerie sie
verbirgt. Wohin man auch blickt, die verschiedensten Einfälle erfreuen das Auge. Der Stil des Ganzen ist bewusst klassisch oder
besser gesagt, von einer Klassik geprägt, wie Michelangelo sie
neu erfand. Gleichwohl kann man sich nicht des Eindrucks
erwehren, dass er unbewusst den gleichen überschwänglichen
Weg einschlug wie die Steinmetz-Architekten der Spätgotik, die
funktionale Architekturformen in überaus extravagante Orna-
mente umwandelten.

Dieses Sichentfernen von der reinen Funktionalität hin zu
einer spielerischen Fantasie setzt sich in der Treppe im Vestibül
fort, auf der der Besucher vom Kreuzgang der Kirche in die Bibliothek emporsteigt. Die eleganten Zwillingsfenster lassen kein
Licht ein. Sie dienen ausschließlich als Dekoration, die wunderschönen Marmorsäulen stützen nichts, und die komplizierte,
dreiarmige Treppe soll einzig und allein das Auge erfreuen. Michelangelo verteidigte sie mit den Worten, dass die Diener auf
den äußeren Armen an jeder Seite stehen würden, während ihre
Herren die mittlere Treppe hinauf- oder hinunterschritten. Aber
das ist eine Ausrede, kein Argument. Andererseits ist das Ensemble bezaubernd, in der Farb- nicht weniger als in der Form-
gebung, und die Details sind überaus erfindungsreich. Der
Marmor ist präzise und kantig gearbeitet, wie es sich für einen
erfahrenen Bildhauer geziemt. Und über allem liegt eine innere
Einfachheit, so dass man das architektonische Konzept in seiner
Gesamtheit auf sich wirken und sich anschließend den äußerst

fantasievollen Einzelelementen zuwenden kann. Keine Arbeit dokumentiert deutlicher, was bedeutende Architektur von bloßen Routinebauten unterscheidet. Michelangelos manierierter Stil zeigt sich überall: Er führte die Menschheit auf den langen Marsch von der Hochrenaissance über den Manierismus bis zum Barock und zum Rokoko. Die von ihm geschaffene Vorhalle der Laurenziana ist der direkte, wenn auch ferne Vorfahr des riesigen Treppenhauses in der bischöflichen Residenz zu Würzburg, das Tiepolo durch seine Fresken zum größten Kunstwerk der Welt wandelte.

Nach der Arbeit an dieser wundervollen Konzeption in Florenz kehrte Michelangelo nach Rom zurück, um ein großes architektonisches Vorhaben im Freien zu entwerfen und (größtenteils) abzuschließen: die Piazza del Campidoglio auf dem Kapitolshügel. Ausgangspunkt war, dass Paul III. das berühmte antike Reiterdenkmal des Mark Aurel, das Donatellos und Verrocchios Arbeiten in diesem Genre inspiriert hatte, vom Lateranpalast entfernen ließ und Michelangelo bat, einen neuen Sockel zu entwerfen. In typischer Manier begann Michelangelo damit, für das riesige Bauwerk eine elegante, aber imposante Basis zu schaffen, und weitete das Ganze anschließend zu einem immensen architektonischen »Gesamtkunstwerk« aus: mit dekorativer Pflasterung und monumentaler Treppenrampe, einer neuen Fassade für den Palazzo Senatorio, dem Gebäude am oberen Ende sowie neuen Bauten an beiden Seiten. Möglicherweise ist das Konzept für den Gesamtkomplex erst im Zuge der Arbeiten entstanden, eventuell stand sie Michelangelo von Anfang an vor Augen, vielleicht handelt es sich auch um eine Mischung aus beidem. Schließlich wurden weitere ovale Treppen unterhalb der Pflasterung gebaut. Das fertige Ensemble zeichnet eine solche Natürlichkeit und Einfachheit bei dennoch imposanter Größe aus, dass man an seine zufällige Entstehung kaum glauben mag. Jeder, der auch nur ein wenig Gespür für Ästhetik hat, dürfte fasziniert sein, wenn er in der Anlage umhergeht, sie als Ganzes auf sich wirken lässt und die glücklich gewählten Details genießt.

Die schwierige und oft frustrierende Arbeit an der Peterskirche beherrschte Michelangelos letzten Lebensabschnitt. Dennoch arbeitete er auch an anderen Projekten, unter anderem am Farnese-Palast und an den Kirchen Santa Maria degli Angeli und San Giovanni dei Fiorentini in Rom. Außerdem entwarf er ein monumentales Stadttor in Rom, die Porta Pia, die eine neu angelegte Straße mit prächtigen Häusern und Gärten abschloss, die Papst Pius IV. dem Quirinal, einem der sieben Hügel der Stadt, abgerungen hatte. Alle diese Bauten wie auch andere, von denen manche nur in Entwürfen und Plänen erhalten sind, vervollständigen Michelangelos Architekturstil, sein reiches Repertoire an Ausdrucksmitteln: mittelalterliche Löwenköpfe, Eierstabornamente, Zahnschnittverzierungen und Akanthusblätter, Wappenschilde und Krenelierungen, grinsende Masken und Triglyphen, antike Formen neben erfundenen Komposita, unterbrochene Giebelfelder, Sphinxe, Girlanden, zurückweichende und sich überlagernde Ebenen, Anspielungen an dorische, korinthische und ionische Kapitelle, herausgestellt als dekorative Stilmerkmale, schließlich die für ihn typischen Umkehrungen – Fassaden, die als Seitenansichten eingeführt werden, und umgekehrt. Michelangelos schöpferische Kraft ist Ehrfurcht gebietend und manchmal überwältigend, auch rührend und bewegend, wenn man bedenkt, dass manche dieser »Explosionen« der Fantasie stattfanden, als Michelangelo bereits in den Achtzigern war. Sie wurden für Hunderte von Jahren zu einer Art Fundus mediokrer Architektur, aber sie schufen auch die Grundlage, auf der die wenigen echten Talente des 17. und 18. Jahrhunderts wahre Wun-

der vollbrachten. Wahrscheinlich empfand Michelangelo seine
Arbeit als Architekt als ebenso frustrierend wie sein Schaffen als
Bildhauer. Die Folgen beider, die sich oft überlappten, sind noch
nach Jahrhunderten spürbar.

Viele seiner genialen dekorativen Einfälle fanden am Ende
ihre Heimat in Venedig, wo Michelangelos Überschwänglichkeit
nicht als ungewöhnlich angesehen wurde, auch wenn er nie dort
arbeitete. Die Stadt trat erst spät in die Epoche der Renaissance
ein, vielleicht weil sie durch Geschichte und Gefühl zutiefst gotisch geprägt war (und wenn es nach Ruskin gegangen wäre,
auch so geblieben wäre). Nach der Eroberung Konstantinopels
im Jahr 1453 stieg der Wohlstand der Stadt, zumindest anfäng-
lich. So konnten die Stadtväter Geld für die Verschönerung des
städtischen Erscheinungsbildes ausgeben, wodurch Verbindungen zu baugeschichtlichen Entwicklungen der Renaissance entstanden. In den siebziger Jahren des 15. Jahrhunderts kam die
Architektur der Renaissance von außen in die Stadt, hauptsächlich durch Pietro Lombardo und Mauro Codussi. Sie zeichneten
verantwortlich für die Scuola Grande di San Marco, Santa Maria
dei Miracoli (Lombardo), San Michele in Isola (Codussi) sowie
Santa Maria Formosa (Codussi), wie auch für zahlreiche Palä-
te, beispielsweise den Palazzo Corner-Spinelli und den Palazzo
Loredan.

1527 ließ sich der geniale Florentiner Künstler Jacopo Sansovino (1486–1570) in Venedig nieder. Er hatte zunächst als Bildhauer gearbeitet, jedoch auch Verträge mit der weit verzweigten
Sangallo-Familie geschlossen, aus der nicht weniger als fünf
herausragende Renaissancearchitekten hervorgingen. Sansovino
baute die gesamte Gegend um San Marco wieder auf, schuf die
Münze oder Zecca, die Loggetta am Fuße des Campanile, baute
die Piazza zu Ende, räumte die Piazetta und errichtete gegenüber

dem Dogenpalast die wunderschöne Markus-Bibliothek (Libreria Marciana). Außerdem erbaute er einen der prachtvollsten Renaissancepaläste überhaupt, den Palazzo Dolfin (1538), der den Einfluss von Sebastiano Serlio, Venedigs bedeutendstem Architekturtheoretiker, verrät, der ein Jahr zuvor eine entsprechende Abhandlung veröffentlicht hatte. Zu diesem Zeitpunkt blühte das Geschäft der venezianischen Baumeister. Zu ihnen gehörte auch Antonio Scarpagnino, der die Scuola Grande di San Rocco, den Fondaco dei Tedeschi, die Fabriche Vecchie und den Palazzo dei Dieci Savi erbaute sowie Michele Sanmicheli, der für den prunkvollen Palazzo Grimani und den Palazzo Corner in San Polo verantwortlich war. Den Vertrag, die neue Rialto-Brücke zu entwerfen, erhielt Antonio da Ponte (1588), der nicht nur mit Sansovino in Wettbewerb stand, sondern auch mit Andrea Palladio (1518–1580), der bereits einen Entwurf eingereicht hatte.

Palladio (eigentlich Andrea di Pietro della Gondola) gilt als Venedigs größter Architekt, mehr noch: als einer der bedeutendsten Baumeister in der Geschichte Italiens. Er stammte aus Padua, wo er eine Ausbildung zum Steinmetzen erhielt. Im Alter von 16 Jahren brach er seinen Vertrag und ging nach Vincenza, wo er an dekorativen Skulpturen arbeitete und Beziehungen zu den Wohlhabenden und Reichen knüpfte; er war »äußerst gesellig«, wie sein erster Biograf Paolo Gualdo schrieb. Für den Dichter Giangiorgio Trissino, der ihm den Namen »Palladio« verlieh – nach dem Engelsboten in dem Versepos, an dem er gerade schrieb –, baute er eine Villa. Palladio lernte unter anderem auch den aus Padua stammenden Architekturtheoretiker Alvise Cornaro kennen, dessen Palast mit Odeon und Loggia Giovanni Maria Falconetto entworfen hatte; er gehört zu den frühesten Renaissancebauwerken (1524–1530) in dieser Region. Trissino

nahm Palladio mit nach Rom (1541), damit er die Altertümer
studieren konnte und sehen, was dort gebaut wurde. Viermal
kehrte er zu ähnlichen Expeditionen in die Stadt zurück. Er hatte
zu jener Zeit keine theoretische Ausbildung zum Architekten.
Dennoch verkörperte er eher den wissenschaftlichen Typus des
Architekten; er kannte alle verfügbaren Abhandlungen und
wirkte an der Übersetzung der Werke Vitruvs mit, zu denen er
wunderschöne Illustrationen beisteuerte. Die Zeichnungen nehmen in seinem Werk einen zentralen Platz ein.

Palladio legte Wert auf Dramatik und glaubte daran, dass jedes Bauwerk in ein passendes Umfeld eingebettet sein müsse.
Bevor er mit seinen Entwürfen begann, setzte er sie in seiner Vorstellung in eine geeignete Umgebung, einen geographischen und
räumlichen Kontext. Er war ein Architekt, der nicht nur zeichnete, sondern seine Gebäude auch in die Landschaft »hinein-
malte«. Man vermag sich kaum vorzustellen, was er in Rom hätte
schaffen können, einer Stadt, in der alle Bauten Teil einer gigantischen historischen Stadtlandschaft sind. Aber Venedig bot seiner
Fantasie ein ebenso aufregendes Betätigungsfeld. Seine Gebäude
auf der Insel San Giorgio Maggiore, gegenüber der Lagune am
Markusplatz, veränderten die Silhouette Venedigs und besche-
ren der Stadt noch heute vieles von dem Zauber, den alle lieben.
Er errichtete das Refektorium des Klosters San Giorgio und ge-
staltete es sowohl schlicht und streng als auch monumental
(1560). Die Mönche waren so zufrieden, dass sie ihn beauftrag-
ten, ihre Kirche umzubauen. Das Ergebnis ist glanzvoll. Blickt
man von der Piazzetta aus über die Lagune, wirkt die Kirche, je
nach Jahreszeit und Wetterlage, dramatisch, elegant, fast äthe-
risch. Und ebendiesen Anblick sollte sie bieten. Aus der Nähe
betrachtet ist sie weniger imposant, und das Innere enttäuscht,
weil Palladio in Kirchen nicht in erster Linie Orte der Andacht

sah. Die Kirche ist eine Vision, die nicht auf einem klassischen Modell oder der Schöpfung eines Brunelleschi oder Alberti beruht, ein ganz eigener Bau und ein Stück fabelhafter Bühnenlandschaft. Man hat die Kirche oft kritisiert, aber niemand, der sie gesehen hat – von Ruskin abgesehen –, möchte, dass irgendetwas daran geändert wird. Palladios zweite große venezianische Kirche, die Redentore, ist in Bezug auf die Funktionalität zwar sorgfältiger entworfen. Ihr besonderer Status als Votivkirche, in der die Reichen ihre feierlichen Gelübde ablegten und Gott für seine Gnade dankten, häufig in Gestalt großer Prozessionen, verlangte jedoch nach theatralischen Wirkungen. Die zum Wasser hin gelegene Fassade, von der aus man die Kirche betritt, ist eine virtuose Zurschaustellung klassischer Formen und Proportionen, gekrönt von gigantischen Statuen. Fährt man mit der Gondel darauf zu, ducken sich die Domkuppel und die Kirchtürme dahinter und ändern ständig ihre Beziehung zur Vorderfront. Der Innenraum ist im Gegensatz dazu sehr funktional gehalten und wird seit jeher viel genutzt.

Palladio hatte eine Vorliebe und sehr viel Gespür für theatralische Wirkungen und konnte auch recht rücksichtslos sein, wenn es darum ging, diese auf Kosten der Funktionalität zu verwirklichen. Im Grunde aber war er, so merkwürdig das klingen mag, ein praxisorientierter Architekt, der wollte, dass seine Bauten genutzt wurden. Den Großteil seines Lebens entwarf er Villen oder Landhäuser und legte gleichzeitig seine Arbeitsprinzipien dar. 1570 veröffentlichte er die *Quatro libri dell'architecture,* vier Schriften; sie behandeln die allgemeinen architektonischen Grundsätze und Techniken, private Wohnhäuser, säkulare Bauten und antike Tempel. Im zweiten Buch betont er, dass eine Villa das Zentrum eines landwirtschaftlichen Gutes zu sein habe. Sie müsse so platziert sein, dass sie den Blick auf das fruchtbare

Land erlaube, damit ihr Besitzer dieses richtig beaufsichtigen
könne. Und schließlich habe der Bau die agrarischen Aspekte zu
berücksichtigen, das heißt, die Belange des Gutes sollten, gleichgültig, wie edel und imposant das Gebäude sei, einbezogen
werden.

Palladio war insofern ein klassischer Architekt, als er über die
Theorie und Praxis der Antike – soweit die Kenntnisse damals
verfügbar waren – alles wusste. Und er beharrte darauf, dass man
sich nach der Antike richten solle, weil deren Bauten ebenso
schön wie funktionell gewesen seien. Trotzdem zögerte er nicht,
grundlegende Änderungen der Konstruktion vorzunehmen,
wenn sie den Nutzen des Gebäudes steigerten, wobei er stets darauf achtete, dass sie auch für Anmut und Würde sorgten. Dieses
feste Fundament aus Vernunft und Flexibilität mag erklären,
wieso Palladio zu seiner Zeit so großen Erfolg hatte, weshalb
seine Häuser sowohl funktionell als auch ästhetisch befriedigten
und warum man sie in ganz Europa über Generationen kopierte.

Palladio wiederholte sich nie. Jeder Entwurf ist eine kleine
Welt für sich. Die Villa Godi-Malinverni, der Palazzo Chiericati
und der Palazzo della Ragione, alle in oder nahe Vicenza gelegen,
die Villa Cornaro in der Nähe von Treviso sowie die Villa Rotonda bei Vicenza sind höchst unterschiedlich; die nahe Verona
gelegene Villa Serego verblüfft mit ihren rundum mit Rustikamauerwerk versehenen Außenwänden die Besucher, wenn man
ihnen sagt, dass Palladio der Architekt war, so wenig typisch
scheint sie für ihn zu sein. Doch alle diese Bauten »funktionie-
ren«, und bei genauer Betrachtung verkörpern auch alle anderen
Palladios Grundideen: Sie sollen dem Klima und der Umgebung
Beachtung schenken, von weitem beeindrucken und im Inneren
praktisch und komfortabel sein, Ordnung und Sparsamkeit wie
auch Nützlichkeit ausstrahlen und schließlich den intelligentes-

ten Gebrauch von Sonne und Schatten, variierenden Materialen, Winkeln und Ecken, verschiedenen Fassaden und den umgebenden Gärten und Pflanzungen machen. Seine berühmteste Villa, die Rotonda, wirkt mit ihren imposanten ionischen Fassaden beidseits eines überwölbten Platzes wie ein Haus, das eher beeindrucken als bewohnt werden soll. Aber dem ist nicht so. Das Gebäude ist höchst funktionell. Diese Verbindung von Schönheit und Funktionalismus, von Größe und Nutzbarkeit erklärt, warum Palladios Bauten bei so vielen reichen Männern (und deren Frauen) sehr stark gefragt waren: Sie liebten die Zurschaustellung ihres Reichtums, gingen die Verwaltung ihres Guts und die Landwirtschaft jedoch von der praktischen Seite her an. Und das mussten sie auch, um sich leisten zu können, was der Meister ihnen bot.

Palladios Architekturbüro florierte, und nach einiger Zeit wurden seine Bauten und seine Abhandlungen darüber in ganz Europa bekannt, kopiert und den unterschiedlichen klimatischen Verhältnissen angepasst. So entstand der »Palladianismus«, breitete sich aus, überquerte den Atlantik und zog gen Osten nach Indien und darüber hinaus. Palladio war der einzige Architekt der Renaissance, nach dem ein Stil benannt wurde, der überdauert hat. Er war der letzte der wahren Renaissancebaumeister – jener Männer, die eine kenntnisreiche Liebe zur antiken, insbesondere zur römischen Vergangenheit inspirierte, von der sie das Beste in den sonnendurchfluteten Städten und Landschaften Italiens im 15. und 16. Jahrhundert neu erschaffen wollten. Als Palladio 1580 starb, war das Werk der Renaissance, zumindest in Italien, vollendet. Ihre Bauten waren dazu geschaffen, dass man sie liebte, von ihnen lernte und von ihnen gewärmt wurde. Und nun lag ein neuer Geist in der Luft.

V. DIE ENTWICKLUNG
DER RENAISSANCEMALEREI

Die Geschichte der Renaissancemalerei ist äußerst kompliziert und schließt Hunderte guter oder herausragender Maler über einen Zeitraum von dreihundert Jahren ein. Um das zu verstehen, gilt es, einige wichtige Punkte zu begreifen. Der erste betrifft die Visualisierung – das heißt, die Art, in der die Maler die sichtbare Welt mit ihren Augen und ihrem Verstand analysierten und das Gesehene auf eine zweidimensionale Oberfläche übertrugen. Zu Beginn des Altertums war, zumal in Ägypten, jener frühen Kultur mit der größten künstlerischen Entwicklung, diese Visualisierung aperspektivisch: Der Künstler, der in Farbe oder Flachreliefskulpturen arbeitete, übertrug auf die zweidimensionale Oberfläche nicht so sehr, was er sah, sondern das, was seiner Kenntnis nach vorhanden war. Sämtliche Einzelheiten, die für seine Ziele bedeutsam waren, und nicht nur diejenigen, die man von einem einzelnen Blickpunkt aus sehen konnte, hielt er systematisch fest. Das Ergebnis ist wirklich und wahrhaftig in dem Sinne, dass alles Dargestellte existent *ist,* und deshalb ist die übermittelte Information präzise. Aber das Auge sieht nicht alles, und daher wirkt diese in einem anderen Sinne falsch, unbeholfen oder naiv.

Da der Künstler danach strebt, etwas Zweidimensionales zu schaffen, das exakt wie der reale Gegenstand aussieht, ist er mit der aperspektivischen Kunst nie zufrieden – es sei denn, ihm werden (wie im alten Ägypten) durch religiöse Konventionen Beschränkungen auferlegt. Die alten Griechen waren keinen solchen Begrenzungen unterworfen beziehungsweise befreiten sich daraus. So konnten sie vom 7. Jahrhundert v. Chr. an, vor allem während der klassischen Periode der griechischen Kunst im 5. Jahrhundert v. Chr., verschiedene Techniken entwickeln, etwa

die zeichnerische Verkürzung der menschlichen Gestalt und die
Perspektive, um so ein zweidimensionales Bild der Wirklichkeit
zu erzeugen. Dieses Ersetzen der aperspektivischen durch eine
perspektivische Malerei gehört zu den größten Fortschritten in
der Kultur der Menschheit. Es ist nicht immer leicht, diesen Prozess zu verfolgen, da fast kein griechisches Wandgemälde erhalten ist. Und das, was überliefert ist, findet sich meist auf den
gewölbten Oberflächen bemalter Vasen und anderer Gebrauchs-
gegenstände. Die Griechen lernten nicht nur, den menschlichen
Körper so zu porträtieren, wie man ihn sieht, sondern auch, ihn
in realistischen Handlungen und im Zusammenhang mit seiner
Umgebung darzustellen. Indem sie zeichnerische Verkürzungen
und perspektivische Darstellungen einsetzten, gelang es ihnen,
den Bildraum zu erobern, so wie der Mensch im 20. Jahrhundert
den Weltraum eroberte. Die Römer übernahmen ihre Kenntnisse und Fähigkeiten, und einige dieser Malereien auf flacher
Oberfläche, vor allem in Pompeji, sind noch erhalten. An der
Wand des Korinthischen Oekus, an einer Wand der Villa des
Publius Fannius Sinistor sowie in den Friesen im Wohnhaus des
Marcus Lucretius Fronto sehen wir drei Beispiele für die wirkungsvolle Verwendung der linearen und der Luftperspektive,
der zeichnerischen Verkürzung und anderer malerischer Techniken.

In der Spätantike beziehungsweise zu einem frühen Zeitpunkt des »finsteren Zeitalters« verschwand diese Form der hoch
entwickelten Illusionskunst, und die Techniken gingen verloren.
Dies betraf die griechische Welt von Byzanz, in der das Römische
Reich in »verderbter« Form überdauerte, wie auch den latinischen Westen, wo sie völlig verschwand. Die Künstler fielen bei
zweidimensionalen Oberflächen, wie beispielsweise Wandgemälden und illuminierten Handschriften, wie auch im Flachrelief

und in der Plastik auf die Technik der aperspektivischen Kunst zurück. In der byzantinischen Welt und in Italien sind allerdings genügend Beispiele für den Illusionismus erhalten geblieben, so dass Künstler ihn nach geraumer Zeit nachzuahmen begannen. Ab dem 12. und 13. Jahrhundert vollzog sich dann im Byzantinischen Reich eine klassizistische Wiedergeburt, die vor allem in den auf das Jahr 1259 zurückgehenden Wandgemälden der Kirche des heiligen Nikolaus und Panteleimon in Sofia, heute Bulgarien, zum Ausdruck kommt. Ähnliche – und möglicherweise damit gänzlich unverbundene – Entwicklungen vollzogen sich zu einem etwas späteren Zeitpunkt in Mittelitalien. Zunächst Cimabue (um 1240–1302) und danach Duccio di Buoninsegna (um 1255–1318) und Giotto di Bondone (1267–1337) verwendeten in Siena, Florenz und anderswo die Verkürzung und verschiedene Formen der Perspektive. Diese Schlüsselentwicklungen kann man in zahlreichen Kirchen verfolgen, insbesondere in Cimabues Wandgemälde in der Oberkirche San Francesco in Assisi sowie in Giottos Arbeiten in der Arenakapelle in Padua und der Bardi- und der Peruzzi-Kapelle in Santa Croce in Florenz.

Dieser Wandel wurde von Malern wie Masaccio (1401 bis 1428) und von den Bildhauern Ghiberti und Donatello weiter vorangetrieben. Die ersten Maler der Linearperspektive, etwa Giotto, setzten diese meist intuitiv, ohne Hilfsmittel ein, so wie es viele Künstler seither getan haben. In den Werken Vitruvs finden sich jedoch Hinweise, dass die Römer – und vor ihnen möglicherweise die Griechen – über eine »wissenschaftliche« Methode verfügten. Zu Beginn des 15. Jahrhundert schuf Brunelleschi zwei »Demonstrationsbilder« für das Baptisterium und den Palazzo Vecchio in Florenz, die zeigen, wie die korrekte Perspektive bei der Darstellung von Bauwerken mathematisch-präzis bestimmt werden kann. Die Bilder sind inzwischen verschwun-

den; dass es sie gab, wissen wir nur auf Grund seiner Lebenserinnerungen. Von 1435 bis 1436 gab Alberti auf Grundlage der Tafeln Brunelleschis und der Arbeiten Donatellos und Masaccios
in seiner Abhandlung *Della Pittura* allerdings eine detaillierte
Beschreibung der Perspektivtechnik. Ab den dreißiger Jahren
des 15. Jahrhunderts begannen praktisch alle führenden italienischen Maler, sich mit der Perspektive vertraut zu machen. Auf
diese Weise konnten sie den Raum in ihren Gemälden auf natür-
liche Weise gliedern. Infolgedessen konnten sie eine weitaus größere Vielfalt an Themen aufgreifen und – was wichtiger ist – auf
sehr viel kühnere und fantasievollere Weise als zuvor behandeln.
Die Wissenschaft von der Perspektive bildete die Grundlage der
Kunst der Komposition. Die Bedeutung dieser Entwicklung für
die Malerei der Renaissance ist kaum zu überschätzen, denn sie
räumte den Künstlern noch nie gekannte Freiheiten ein.

Doch viele objektive Schwierigkeiten blieben bestehen, vor
allem hinsichtlich der den Malern zur Verfügung stehenden Materialien sowie der Art, in der diese zu verwenden waren. Die
Maler des Spätmittelalters und der Frührenaissance wurden oftmals eingestellt, damit sie Wandflächen in Kirchen und Palästen
ausmalten, wobei sie Techniken nutzten, die in römischer Zeit
und mit an Sicherheit grenzender Wahrscheinlichkeit noch viel
früher angewandt worden waren. Die Römer glätteten die Oberfläche und trugen dann eine vorläufige Schicht aus Kalk und
Sand auf, die spätere (italienische) Maler als *arriccio* bezeichneten. Wenn sie wollten, konnten sie die Umrisse des Werkes hi-
neinskizzieren *(sinopia),* dann wurden mehrere Schichten Kalk
und pulverisierter Marmor aufgetragen, die eine letzte, weiche
Oberfläche oder *intonaco* bildeten. Danach wiederum trug man,
solange der Putz noch feucht war *(a fresco),* die Farbe, eine Mischung aus Erdfarben mit Eigelb, die *tempera,* auf. Schließlich

wurde die Farbe durch die Karbonisierung des Kalkmörtels in dem Putz mit der Wand gebunden, der dann trocknete. Dies war das befriedigendste und dauerhafteste Verfahren. Es erforderte jedoch viel Aufwand und Organisation, da die Maler schnell arbeiten mussten, solange der Putz noch feucht war. Bei großen Wandgemälden bedeutete dies oft, dass man das Werk in Abschnitte unterteilen musste, die der Höhe des Malgerüsts entsprachen. Trug man die Farbe auf den trockenen Putz auf (*secco*), war sie weniger haltbar, und die Oberfläche brach leichter und blätterte schneller ab. Die Römer polierten die Oberfläche der Fresken, um so einen Tüncheffekt zu erzielen, und trugen als Konservierungsmittel gelegentlich Wachs auf. Dies alles wissen wir aus der *Naturgeschichte* des Plinius und anderen Quellen.

Die römischen Methoden der Wandmalerei kamen im Westen nie ganz außer Gebrauch, wenngleich ihre Komplexität und ihr hoher Entwicklungsstand verloren gingen. Ausgehend von einer unbearbeiteten Grundlage wurden die Techniken also schrittweise verbessert statt umgewälzt. Im Zeitalter Giottos war die Prozedur folgende: Erst wurde die Wandfläche geglättet. Dann wurde ein grober *arriccio* aus einem Teil Kalk und zwei Teilen Wasser aufgetragen. Danach zeichnete der Maler die Umrisse mit Holzkohle ein und zeichnete das Ganze mit einem Pinsel nach, um so die *sinopia* herzustellen. Sodann wurde das Gesamtwerk in Abschnitte unterteilt, von denen jeder an einem Tag beendet werden konnte; diesen bezeichnete man als *giornate*. Anschließend, am Beginn jeden Tages, wurde der zugeteilte Abschnitt mit dem *intonaco* bedeckt, die Umrisse wurden nochmals eingezeichnet, und dann wurde weitergemalt. Manche Teile konnten in *secco* neu gemalt werden, allerdings mit allen damit verbundenen Nachteilen. Diese Technik wird in Cennino Cenninis Abhandlung *Il Libro dell'arte* (Das Buch von der Kunst), ver-

öffentlicht um 1390, detailliert beschrieben. Sie hat einen großen
und offensichtlichen Nachteil und einen weniger offenkundi-
gen, aber wichtigen Vorzug: Die Freskenmalerei bedeutete, dass
in einer frühen Phase der Arbeit endgültige Entscheidungen ge-
troffen werden mussten. War die *sinopia* erst einmal vollständig
und ausgemessen, waren keine größeren Korrekturen an der
Komposition mehr möglich, und selbst kleinere Änderungen
warfen Probleme auf. Eine spontane Malweise war damit ausgeschlossen. (Während der Maler sah, wie das Werk allmählich
entstand, muss er sich den Kopf über die Fehler und Fehlurteile
zerbrochen haben, da er sie in der Regel nicht korrigieren konnte, ohne wieder ganz von vorn anzufangen.) So haftet trotz der
zunehmenden Freiheit in Bezug auf die Bearbeitung eines The-
mas, welche die Künstler dank der zeichnerischen Verkürzung
und der Perspektive genossen, selbst den besten Werken der
Frührenaissance eine gewisse Förmlichkeit und Steifheit an.

Andererseits waren die Maler gezwungen, vor allem in Florenz, wo man *fresco* den anderen Maltechniken stets vorzog, ihre
Projekte sorgfältig vorauszuplanen und sich durch detaillierte
Zeichnungen des Ganzen und der Einzelteile darauf vorzubereiten. Darin lag der größte Vorteil. Denn so konnten sich die Florentiner Maler auf das konzentrieren, was sie mit dem Begriff
disegno bezeichneten, der sowohl Entwurf als auch Zeichenkunst bedeutete. Die Florentiner Künstler beziehungsweise jene,
die in Florenz ausgebildet wurden, machten es sich zur Gewohn-
heit, zahllose Zeichnungen anzufertigen, von denen Tausende
erhalten sind und einige – zum Beispiel Raffaels – inzwischen zu
den größten Schätzen der abendländischen Kunst gehören. Die
Zeichnungen wurden immer häufiger nach dem Leben angefertigt und ermöglichten es den Florentiner Malern, die menschliche Gestalt mit äußerster Konzentration zu beobachten und

wunderbar naturgetreu wiederzugeben. Die Glanzstücke der Hochrenaissance und ihre Feier – fast könnte man sagen, Heiligsprechung – des menschlichen Körpers wären ohne diese von Sorgfalt geprägte Tradition der Zeichenkunst nicht möglich gewesen.

Gleichwohl legte die Wandmalerei *a fresco* den begeisterungsfähigen und impulsiven Malern unangenehme Beschränkungen auf. Das Mischen der Pigmente mit Eigelb hat viele Nachteile. Manche Erdfarben bleiben ganz ausgeschlossen. Die Farbe muss dünn aufgetragen werden, wofür man einen feinen Haarpinsel verwendet. Die Farbe darf nicht dick, mit *impasto*, aufgetragen werden; möchte der Künstler einen derartigen Effekt erzielen, muss er mit mehreren Schichten arbeiten. Er kann die Farbe nicht weich aufbringen, so dass seine Pinselführung unsichtbar wird, sondern muss einen Tüpfeleffekt erzeugen, der bei genauer Betrachtung monoton wirkt. Er darf die Farben und Farbtöne auf der Oberfläche nicht mischen, was reizvolle Zufallseffekte ausschließt und was – und dies ist wichtiger – bedeutet, dass er im Voraus entscheiden muss, welche Farben er in jedem kleinen Abschnitt des Gemäldes verwenden will. Das Erzielen von Farbabstufungen erfordert die Anwendung verschiedenster komplizierter Techniken. Auch die Darstellung von Schatten führt zu Problemen. Und Versuche, dunklere Effekte zu erzielen, enden meist in Verzweiflung.

Ein solches Malverfahren nimmt viel Zeit in Anspruch. Man muss lange warten und viel Geduld aufbringen. Natürlich führten diese Erschwernisse zu Vorüberlegungen – für Maler, die oft ein wenig gedankenlos zu Werke gehen, gar keine schlechte Sache. Außerdem entstand so eine helle Farbpalette, und die hellen Farben der Frührenaissance, mit einer Menge Weiß oder Fastweiß, sprechen viele Menschen stark an. Andererseits ist die Aus-

wahl der Farben gering, zumal diese beim Malvorgang nicht gemischt werden und folglich langweilig erscheinen. Die Farbpalette der Frührenaissance war kaum mehr als ein schmales
Rechteck, verglichen mit den großen Paletten, die in der zweiten
Hälfte des 16. Jahrhunderts auftauchten, als die Ölmalerei sich
mehr oder weniger durchgesetzt hatte. Dabei ist die Palette der
Frührenaissance nicht nur klein, sie schließt auch die tieferen,
dunkleren Farbtöne aus. Das *chiaroscuro* ist somit unmöglich,
ebenso das *sfumato*, das Leonardo da Vinci so wirkungsvoll nutzte, als er mit der Ölmalerei begann.

Die Temperamalerei ist also nicht nur ein anderes Medium
als das Malen in Öl, sondern auch ein minderwertiges. Ebendeshalb hatten die Versuche, sie im 19. und 20. Jahrhundert – als sie
nicht mehr allgemein verwendet wurde – neu zu beleben, keinen
anhaltenden Erfolg. Wir kommen damit zu einer weiteren zentralen Paradoxie der Renaissance. So wie auf dem Gebiet der Literatur das bedeutendste Ereignis der Renaissance – das Drucken
mit beweglichen Lettern – eine nichtitalienische, aus Deutschland stammende Erfindung war, so kam auch in der Malerei die
wichtigste technische Veränderung, der Einsatz von Ölfarben,
nicht aus Italien, sondern aus den Niederlanden. (Man könnte
sogar behaupten, dass diese beiden Erfindungen den Begriff
»Renaissance« fraglich machen, weil sie in der Antike unbekannt
waren.) Die erste Erwähnung, dass man Pigmente mit Ölen gemischt habe, finden wir in dem Handbuch Theophils *De diversis
artibus* aus den Jahren 1100 bis 1140. Man verwendete Walnuss-
oder Leinsamenöl, allerdings dauerte es enorm lange, bis es
trocknete, wie Theophil beklagte. Die Norweger benutzten solche Farbmischungen im 13. Jahrhundert für Altargemälde und
bemalten ihre Holzstatuen mit Ölfarbe. Cennini (1390) betrachtete die Ölmalerei als eine Technik der Deutschen.

Es waren jedoch die Maler der Niederlande, die die Ölmalerei auf hochprofessionelle Weise aufnahmen und stetig verbesserten. Im 15. Jahrhundert war sie die übliche Methode für das Malen auf Holz geworden. Außerdem begannen die Künstler, auch Wände damit zu dekorieren. Dabei stellten sie schnell fest, dass man – falls man sorgfältig vorging und Schichten dünner Ölfarbe nacheinander auf eine Unterfarbe auftrug – Wirkungen von großer Transparenz und Tiefe erzielen konnte, so wie bei Buntglas. In der Tat waren die ersten Ölmaler oft zugleich Glaskünstler, die lernten, wie man das scheinbare Leuchten von Kirchenfenstern auch auf dunklen, opaken Holzoberflächen erzielen konnte. So verwendete Dirk Bouts (1415–1475) gewohnheitsmäßig fünf Schichten dünner Farbe, manchmal auch mehr. Sein Zeitgenosse Jan van Eyck (Schaffenszeit 1422–1441) erzielte Ergebnisse, die Betrachtern, die noch nie ein Ölgemälde gesehen hatten, den Atem verschlug: Die Bilder verblüfften durch Details, Brillanz, Feinheit und Ausdruckskraft, große Tiefe in der räumlichen Darstellung und eine völlig neue Art der Lichtführung. Vasari, der hundert Jahre später schrieb, war von van Eycks Beherrschung des neuen malerischen Mediums derart beeindruckt, dass er fälschlicherweise ihm diese Erfindung zuschrieb.

Anders als beim Buchdruck dauerte es im Fall der Ölmalerei jedoch sehr lange, bis das neue Verfahren Italien erreichte – und noch länger, bis es allgemein akzeptiert wurde. Als erster Italiener, der in Öl malte, gilt Antonello da Messina. Fest steht, dass dieser weit gereiste Maler während eines Besuchs in Venedig im Jahr 1475 oder 1476 Ölbilder ausstellte. In Mittelitalien verwendete Perugino in den achtziger Jahren des 15. Jahrhunderts eine Mischung aus Öl und Tempera, in den neunziger Jahren des 15. Jahrhunderts wechselte er ganz zur Ölmalerei über. In Vene-

dig entstand die erste städtische Kunstschule, in der die Ölmalerei begeistert Aufnahme fand – und das mit dauerhafter Wirkung.
Es trifft nicht zu, dass die Venezianer der Zeichenkunst wenig
Beachtung schenkten, denn die beiden erhaltenen Mappen mit
Zeichnungen Jacopo Bellinis, Vater von Giovanni und Gentile,
bezeugen die Brillanz und den Erfindungsreichtum der venezianischen Zeichner. Anders als die Florentiner maßen die Venezianer dem Zeichnen jedoch keine übermäßige Bedeutung bei. Ein
Grund, weshalb sie die Ölmalerei mit solcher Leidenschaft übernahmen, war, dass man sich während der Arbeit umentscheiden
konnte. Röntgenaufnahmen von Giorgiones Meisterwerk *Das
Gewitter*, das möglicherweise bereits 1505 entstand, zeigen die
pentimenti, die in der europäischen Kunst zu wichtigen Veränderungen im Detail führten. Sein Mitarbeiter Tizian nahm zeit seines Lebens noch weitgehendere Veränderungen und Korrekturen vor. Die Venezianer Maler fanden auch deshalb Gefallen an
der Ölmalerei, weil sie die Palette der möglichen Farbtöne erweiterte, den Reichtum und die Brillanz der Bilder steigerte und
kontrastierende Hell-Dunkel-Effekte gestattete. So wie die Florentiner in der Zeichenkunst führend waren, so erwarben sich
die Venezianer einen herausragenden Ruf in Bezug auf die Verwendung von Farben und das Erzielen dramatischer Effekte.

Doch es gab noch andere, ebenso fundamentale Entwicklungen. Die Holländer und Flamen malten zwar zunächst in Öl auf
Holz, aber sie erlernten auch den Gebrauch der gestreckten
Leinwand, die für die Farbaufnahme unterschiedlich behandelt
wurde. Die Einführung von Leinwänden war fast genauso wichtig wie der Gebrauch von Öl, weil diese den Künstlern viel mehr
Freiheit bei der Bestimmung der Größe, Form und Textur der
Arbeitsoberfläche ließ. Der Tafelmalerei, die es schon seit langem
gab, folgte oder ergänzte die – neue und revolutionäre – Staffe-

leimalerei. War ein Künstler erst einmal in der Lage, dadurch seinen Lebensunterhalt zu verdienen, dass er auf einer Staffelei kleinformatige Bilder auf Leinwand oder Holz malte, verlegte er sich meist auf die Porträtmalerei, damals wie heute eine der einträglichsten Formen der Kunst. Er konnte seine Staffelei mit sich herumtragen oder in seinem Atelier arbeiten. Dort konnte er dann leichter männliche und weibliche Modelle zur Arbeit hinzuziehen, darunter Aktmodelle, und vor allem der zeitaufwendigen »Tyrannei« der Wandmalerei entkommen. Diese Entwicklung führte dazu, dass viel weniger in den Kirchen gearbeitet wurde. Es wurde zwar weiter in den Ateliers gemalt, aber die dort hergestellten Produkte konkurrierten nun mit anderen. Hieraus resultierte ein kommerzieller Ansporn, der das Ende des religiösen Kunstmonopols bedeutete – ein Prozess, der sich ohnehin vollzog, der Ölmalerei im 16. Jahrhundert jedoch wichtige Impulse verlieh. Ein weiteres Ergebnis war, dass die aristokratische und fürstliche Vormachtstellung in der Kunstförderung zerbrach und das aufstrebende Bürgertum Zutritt zu den Ateliers erhielt. In den Niederlanden geschah dies viel früher und schneller als andernorts, doch schließlich passierte es auch in Italien. Im Grunde genommen war die italienische Malerei danach nicht mehr die gleiche.

Neben diesem Wandel in der Maltechnik verlieh ein weiterer Umstand von immenser Bedeutung der Renaissance ihre besondere Dynamik: die Idee des Fortschritts. Es gehört zur Natur des Menschen, seine Lebensverhältnisse verbessern zu wollen. Dieses Verlangen kennzeichnet bis zu einem gewissen Grad alle Gemeinschaften. Doch einige Gesellschaften machen es zum Kardinalprinzip ihrer Existenz, während andere ganz anderen Vorstellungen und Überlegungen den Vorrang geben. So war man im alten Ägypten am Fortschrittsgedanken nicht besonders stark interessiert, sondern vielmehr bestrebt, sicherzustellen, dass man das Leben auf die richtige, gesellschaftlich festgelegte Art regulierte. Im Gegensatz dazu strebten die Griechen danach, sich selbst zu vervollkommnen, und steckten sich dabei hohe Ziele. Diese Vorstellung verbreiteten sie durch ihre Gemeinden, und damit »infizierten« sie zweifellos die Römer zur Zeit der Römischen Republik. Allerdings interessierten sich die Behörden während des Römischen Reichs mehr für Ordnung und Stabilität als für vorteilhafte Veränderungen – was sich lähmend auf die Wirtschaft auswirkte. Mit der Zeit wurden auch die Künste davon in Mitleidenschaft gezogen und machten allmählich Rückschritte. Zumindest bis zum 11. Jahrhundert blieben die Kraft fortschrittlicher Ideen und das Bestreben, das Werk der vorhergehenden Generationen systematisch zu verbessern, schwach. Beginnend mit dem 14. Jahrhundert – insbesondere in Italien, wo das Interesse an der Antike besonders lebendig war – kam jedoch die Vorstellung auf, dass die modernen Menschen (so sahen sie sich selbst) nicht nur alles lernen sollten, was die Alten sie lehren konnten, sondern auch auf dieses Wissen aufbauen, um in Wissenschaft und Literatur, in der Architektur, der Plastik und der Kunst ein noch höheres Niveau zu erreichen.

Bedeutsam ist in diesem Zusammenhang der Wettbewerbsgeist, der in Florenz schon immer stark ausgeprägt war. Man wollte die Rivalen in Genua, Venedig und anderswo aus dem Feld schlagen. Ab dem 13. Jahrhundert galt dies nicht mehr ausschließlich für das Wirtschaftsleben, sondern nun auch für die Kunst. Gleichzeitig ermunterte man die Maler, Bildhauer und Architekten, miteinander um Aufträge zu konkurrieren, um mehr Ruhm und Ehre zu erlangen. Und während sich der Kult um den einzelnen Künstler herausbildete, er aus der mittelalterlichen Anonymität heraus in das Licht des persönlichen Ruhmes trat, verschärfte sich der Wettbewerb in und zwischen den Generationen.

Dante selbst wies als Erster darauf hin, dass Giottos Ruhm den Ruhm Cimabues verdeckt habe. Zwei Jahrhunderte später nahm Leonardo diese Bemerkung mit dem Diktum auf: »Ein elender Schüler ist, wer seinen Meister nicht übertrifft.« E. H. Gombrich zitiert in seinem berühmten Aufsatz »Der Fortschrittsgedanke im Kunstleben der Renaissance« einen verschollenen Text aus dem Jahr 1473, in dem der Florentiner Humanist Alamanno Rinuccini für den großen Mäzen Federigo da Montefeltro eine Widmung verfasste. Darin argumentierte Rinuccini voller Elan, die Künste hätten in der jüngeren Vergangenheit so große Fortschritte gemacht, dass man sich vor den Alten nicht mehr »klein machen« müsse. Als Beispiele führte er die originellen Arbeiten von Cimabue, Giotto und Taddeo Gaddi an, die ein derartiges Niveau erreicht hätten, dass sie würdig seien, neben den Künstlern der Antike zu bestehen. Und Masaccio habe seither noch bessere Werke geschaffen. Und was sei mit Domenico Veneziano? Filippo, dem Mönch (Fra Filippo Lippi)? Und Johannnes von den Dominikanern (Fra Angelico)? Abschließend fügte er seiner Aufzählung noch Ghiberti und Luca della Robbia und vor allem Donatello hinzu. Bezogen auf die ganze Bandbreite der Errungenschaften, darunter die Redekunst und das Schreiben auf Latein, so beharrte Rinuccini, hätten Künstler und Gelehrte auf den Leistungen ihrer Vorgänger aufgebaut und Maßstäbe gesetzt, an die selbst die Antike nicht heranreiche.

Offenbar schrieb Rinuccini seine Widmung, nachdem er Albertis *Della pittura* gelesen hatte. Darin erklärt Alberti unmissverständlich, dass seine frühere Überzeugung, wonach sich die Menschheit im Niedergang befinde und keine den alten Meistern vergleichbare Giganten mehr hervorbringen könne, völlig

zerstreut worden sei, als er nach Florenz zurückgekehrt sei und
die Werke von Masaccio, Brunelleschi, Donatello, Ghiberti und
della Robbia gesehen habe. Die Künstler wollten nicht nur einander, sondern auch sich selbst übertreffen, von ihren Vorgän-
gern gar nicht zu reden. Und dabei stellten sie absolute Maßstäbe
auf, die sie der Wirklichkeit entnahmen. Gombrichs Auffassung
zufolge hat sich Ghiberti, vielleicht der intellektuellste aller bedeutenden Renaissancekünstler, einen von Plinius überlieferten
Ausspruch des Lysippos, dem vortrefflichsten Bildhauer der Antike, zu Herzen genommen: Ein Künstler soll nicht das Werk anderer Künstler, sondern die Natur selbst nachahmen. Ghibertis
zweites Bronzeportal am Florentiner Baptisterium war ein be-
wusstes Bemühen, das erste durch ein genaueres Studium der
Natur zu übertreffen. Wahrscheinlich haben Männer wie Ghiberti und Brunelleschi sich nicht nur als Künstler gesehen, sondern auch als Wissenschaftler (wie wir sie nennen würden), die
durch immer weiter führende Experimente den Kenntnisstand
vergrößerten. Viele der bedeutenden Gemälde dieser Zeit waren
Demonstrationen dessen, was man in den Künsten mittlerweile
zu leisten imstande war. Und dies war den Auftraggebern bewusst, weshalb sie die Künstler weiter anspornten. Wenn sie
einem Meister einen Auftrag erteilten, wollten sie dazu beitra-
gen, dass sich die Grenze der Kenntnisse und der Fähigkeiten ein
wenig weiter – in einigen Fällen sehr viel weiter – nach vorn ver-
schob. Dies war der wahre Geist der Renaissance und der Hintergrund, vor dem die Künstler jener Zeit arbeiteten. Die Bewegung
wies stets nach vorn, es gab kein Zurück mehr – aber auch keine
Stabilität. Allerdings darf man sich die Maler der Renaissance
nicht als Gefangene des Zeitgeistes vorstellen. Zumal die besten
ausgeprägte Individualisten waren, die ihren eigenen Gesetzen
folgten. Cimabue (um 1240–1302), bekannt als »Ochsenkopf«,

war stolz, hartnäckig, hoch motiviert und absolut entschlossen, das zu tun, was er für richtig hielt. Dante sagte, er nehme von Kritik keinerlei Notiz. Cimabue versuchte, insbesondere in den Fresken der Hochaltarstätte in der Oberkirche des heiligen Franziskus in Assisi, all das aufzunehmen, was an der Kunst im römischen Stil unter den Byzantinern wertvoll war – neue Gesten und Bewegungen, Töne und darstellerische Kunstgriffe bezüglich Gewandgestaltung und Bildhintergrund; und zugleich wies er die Neigung zurück, Neuerungen zu Dogmen zu erklären und zu wiederholen. In der orthodoxen Kirche gab es die Neigung, den Künstlern vorzuschreiben, welcher der »einzig wahrhafte« Weg sei, heilige Personen darzustellen, und auch die Bandbreite der erlaubten Themen vorzugeben – etwas, was der römische Katholizismus erst am Ende des Trienter Konzils von 1563 tat. Gerade dagegen kämpfte Cimabue, ein theatralischer Künstler, der mit großer Kraft und Intensität und zuweilen mit einem Hauch Sensationslust malte.

Dies kommt gelegentlich auch in seinen Werken in Assisi zum Ausdruck, deren Zustand nach dem Erdbeben im Jahr 1997 noch viel schlechter ist, als er vorher schon war. An den unteren Wänden des Querschiffs sieht man eine haarsträubende Szene der Zerstörung Babylons sowie ein glanzvolles Gemälde der wehklagenden Maria Magdalena – ein Bild des Jammers, das allein schon Cimabues kühnes Talent zeigt. Darüber hinaus schuf er Mosaiken, und in der Apsis des Doms von Pisa findet sich eine Darstellung des heiligen Johannes, die eine noch nicht gekannte Eleganz und Anteilnahme in dieser steifsten aller Techniken zeigt, die die abendländischen italienischen Künstler meist klugerweise den Byzantinern überließen. Die Krux bei Cimabue wie bei anderen Meistern der Frührenaissance ist, dass ihre Neuerungen schnell zur Routine, ja zum Klischee wurden, als nach-

folgende Künstler ihre Innovationen aufnahmen und nunmehr
wiederholten.

Dennoch vollzog sich ein großer Entwicklungssprung in der
Malerei von Cimabue zu Giotto di Bondone, wenngleich die Ge-
burtsdaten der beiden Männer nur 27 Jahre auseinander liegen.
Die Meinung in Italien folgte dem Urteil Dantes, und spätere
Kritiker sahen Giotto im Rückblick als den »Anfang« von etwas
völlig Neuem in der Malerei. Matteo Palmieri beschrieb in den
dreißiger Jahren des 15. Jahrhunderts die Malerei »vor Giotto«
als »die leblose Mätresse lächerlicher Gestalten«. Sie sei »voller
verblüffender Dummheiten« gewesen, bevor Giotto sie »wieder-
auferstehen ließ«. In den besten Teilen seines Werks in der Arenakapelle in Padua (1302–1306) – die *Beweinung Christi* zum
Beispiel, die *Gefangennahme Christi* und *Der heilige Joachim bei
den Hirten* – sehen wir die Entstehung genuiner Bilder; sie sind
versehen mit klug und geschickt gruppierten Figuren, die eindeutig in Räumen und in einer Umgebung angesiedelt sind, die
eine gewisse Ähnlichkeit mit der realen Welt aufweisen. Im *Heiligen Joachim* wirken die Bäume absurd und die Schafe gleichen
Ratten, aber der Hund ist echt und die Schäfer sind Menschen,
wie man sie eine Herde hüten sehen kann. Sowohl die *Gefangennahme* als auch die *Beweinung* vermitteln ein tiefes, intensives
Gefühl, das in ängstlichen, verzerrten und tränenreichen Gesichtern zum Ausdruck kommt, wie man ihnen auf Straßen oder
Feldern begegnet. Zwei Jahrzehnte später malte Giotto, in der
Bardi- und der Peruzzi-Kapelle an Santa Croce in Florenz und
möglicherweise in der Oberkirche in Assisi, seine Figuren mit
noch größerer Freiheit und Leichtigkeit – voll Anmut und Bewegung. Außerdem stellte er sie in zunehmend komplizierte
perspektivische Szenerien, so dass eine Komposition von beträchtlicher Raumtiefe entsteht. Zum ersten Mal seit der Antike

kann der Betrachter nun ein Bild »betreten« und sich darin »zu Hause fühlen«. Giottos Arbeiten ist es zwar besser ergangen als denen Cimabues, doch die späten Meisterwerke, die seine Zeitgenossen und Nachfolger am meisten bewunderten, sind verloren gegangen. Spätere Künstler haben ihn oft an die Spitze der Reihe großer Maler gestellt, als den Mann, der den Schematismus des byzantinischen Stils überwand und sich die Natur zum Vorbild nahm. Auf letzteren Punkt haben auch Ghiberti, Alberti und Leonardo in ihren Kommentaren zu Giottos Arbeiten hingewiesen.

Vasari unterteilt – von der Mitte des 16. Jahrhunderts zurückblickend – die Entwicklung der Kunst in drei Perioden: seiner Auffassung nach wurde die erste von Giotto, die zweite von Masaccio und die dritte von Leonardo eingeleitet. Das ist zum Teil richtig, jedoch nicht die ganze Wahrheit. Die gängige Meinung unter Künstlern – jedenfalls um die Mitte des 15. Jahrhunderts – war, dass Giottos Anhänger und Nachfolger seine Leistung nicht substanziell verbessert hätten, weil sie das Studium der Natur vernachlässigten. Ein halbes Jahrhundert später hat Masaccio das Werk Giottos »wieder hergestellt« und weitergeführt. Daher sieht man ihn oft als den ersten bedeutenden Renaissancemaler, doch um Giotto gerecht zu werden, sollte man ihn als den zweiten bezeichnen. Masaccio war Giottos Nutznießer: Er kannte die antiken Texte über Malerei, wusste weit mehr über die wieder entdeckte Literatur und war vom Geist des Altertums auf eine Weise durchdrungen, die im frühen 14. Jahrhundert noch nicht möglich gewesen war. Ausschlaggebender war aber vielleicht, dass Masaccio von den perspektivischen Arbeiten Brunelleschis und auch der Figurendarstellung Donatellos profitierte. Letztlich umfasste seine gesamte Schaffenszeit weniger als ein Jahrzehnt, und viele seiner Arbeiten sind verloren gegangen. Doch

dank der herausragenden Bildhauer, mit denen er zusammenarbeitete, gelangen ihm zwei Dinge, die über Giottos Arbeiten
hinauswiesen. Zum einen ließ er in der Mitteltafel seines Altar-
gemäldes *Maria mit Kind*, heute in der National Gallery, London, und noch stärker im Dreifaltigkeitsfresko in Santa Maria
Novella in Florenz, den perspektivischen Bildhintergrund natürlich erscheinen – was er zweifellos durch intensives Studium
der Demonstrationstafeln Brunelleschis gelernt hatte. Und zum
anderen schuf er in seinem wunderschönen Tafelbild *Der heilige
Paulus* aus dem Altar des Doms von Pisa eine lebensechte Drei-
viertel-Porträtstudie des Heiligen, die mit wunderbarer Leichtigkeit gemalt ist und Gesicht und Hände anmutig, empfindsam
und voll Selbstbewusstsein wiedergibt. Zwar ist der Einfluss der
Figurenstatuen Donatellos spürbar, aber Masaccio fügt eine
Weisheit und Anteilnahme hinzu, die der ungestüme Donatello
nicht besaß. Derselbe Geist erfüllt auch das wunderbare Fresko
Der Zinsgroschen, mit dem Masaccio die Wand der Brancacci-
Kapelle in Santa Maria del Carmine in Florenz ausmalte. Die
Personen, Häuser und Berge im Hintergrund vermischen sich
nicht mit der vollkommenen Natur. Das im Jahr 1427, fast ein
Jahrhundert nach Giottos besten Werken gemalte Bild zeigt, wie
viel in jenen hundert Jahren dazugelernt worden war. Deshalb ist
es nicht überraschend, dass Alberti fast mit Sicherheit Masaccio
meinte, als er (1436) einmal vom vorbildhaften Maler des Zeitalters sprach, auch wenn dieser acht Jahre zuvor gestorben war.

Tatsächlich kann man die italienische Malerei nach dem Tod
Masaccios nicht lediglich als Abfolge innerhalb einer Malschule
betrachten. Inzwischen hatte man so viel gelernt, und so viele
hatten es gelernt, dass die Kunst sich in verschiedene, zuweilen
rivalisierende und sogar widerstreitende Richtungen verzweigte.
Die durch das neuartige Wissen entstandene neue Freiheit, wirk-

lichkeitsnahe Personen in überzeugend wirkende Räume zu platzieren, erlaubte einzelnen Künstlern, die eigene Persönlichkeit mit einer solch kraftvollen Fantasie zu entwickeln, die vor 1420 unvorstellbar gewesen wäre.

Zum Beispiel Paolo Uccello, der etwas älter als Masaccio war und sehr viel länger lebte, von 1397 bis 1475. Er war von der Technik der perspektivischen Darstellung fasziniert und setzte sie mit bemerkenswerter Meisterschaft ein. Er liebte perspektivische Verkürzungen, beinahe bis zum Exzess, und die Geometrie, als Wissenschaft wie auch als Kunst. An der Natur hatte er dagegen kaum Interesse, wenngleich er sich glücklich schätzte, unter Ghiberti zu arbeiten. Uccellos drei große Tafeln, *Die Schlacht von San Romano*, die heute getrennt sind und sich in Paris, Florenz und London befinden, sind geradezu Demonstrationsbilder für Zentralperspektive und zeichnerische Verkürzung. Zwar sehen die Ritter eher wie Zinnsoldaten auf Schaukelpferden aus, und das Schlachtfeld gleicht einem Fußboden statt einem Feld, doch bleiben die Bilder in Erinnerung. Mehr noch – diese höchst individuelle Kunst, etwa die Jagdszene im Oxforder Ashmolean Museum, überwältigt den Betrachter. In mancher Hinsicht war Uccello allerdings auch ein mittelalterlicher Maler, da er eher schematische, dekorative Effekte anstrebte und weniger die humanistische Reinheit der Linie, die die Tradition Giottos repräsentierte und die Masaccio verkörperte.

Der dekorative Impuls in der Florentinischen Malschule war stark, was vor allem daran lag, dass so viele Auftraggeber Gefallen daran fanden. In den zwanziger Jahren des 15. Jahrhunderts holte das Oberhaupt der Bankiersfamilie Strozzi den venezianischen Maler Gentile da Fabriano (ca. 1370–1427) nach Florenz, damit er für ihre Kapelle ein prachtvolles Altargemälde schuf. Die mittlere Tafel, die *Anbetung der Könige* (1423), zählt zu den

Kleinodien der Renaissance – fast im wörtlichen Sinne, denn es glitzert vor Gold und kostbarer Filigranarbeit. Das Bild erinnert uns erneut daran, dass viele Maler in Goldschmiede-Werkstätten ausgebildet worden waren und sich der Farbe bedienten, um ihren Förderern gleichsam riesige zweidimensionale Schmuckstücke an die Wände zu hängen – dabei stellte das religiöse Thema eine Art Kompensation zur luxuriösen Welt dar. Die drei Könige in ihren funkelnden Gewändern gaben Gentile einen Vorwand, seinen Malstil virtuos zu präsentieren. Dieses herrliche Gemälde, das uns heute noch genauso beeindruckt wie damals die Zeitgenossen – es war enorm einflussreich –, ist zudem ein Musterbeispiel für die perspektivische Darstellung: Wie sich die königliche Prozession in die Ferne und ins Licht davonschlängelt, ist glänzend und höchst naturalistisch wiedergegeben. Es gibt aber noch einen anderen wichtigen Faktor. Zwar sind die zentralen Gestalten idealisiert, doch die Menge der Höflinge und das Gefolge dahinter sind sozusagen von den Straßen Florenz' und Kanälen Venedigs aufgelesen, eine wundervolle Ansammlung von Gesichtern, nach dem Leben im dritten Jahrzehnt des 15. Jahrhunderts gezeichnet, grob, gerissen, neugierig, eingebildet und froh – die Physiognomie des Lebens.

Dieses Interesse am Menschen, das sich in die Anforderungen der religiösen Ikonographie einfügte, wurde zu einem zentralen Charakteristikum der Renaissancemalerei. Fra Filippo Lippi (um 1406–1469) war ein Waisenkind, das in einem Frauenkloster aufwuchs und zunächst das Priestergelübde ablegen sollte, dann jedoch einen Riesenskandal verursachte, als er mit einer Nonne durchbrannte. Die Medici, die sein Talent bereits erkannt hatten, intervenierten, um ihn wieder in den Laienstand zu versetzen. Das Kind, das dem Paar später geboren wurde, Filippino Lippi (1457–1504), wurde ebenfalls ein außerordentlich erfolgreicher Maler. Filippos majestätische Fresken in den Domen in Spoleto und Prato gaben ihm Gelegenheit, mehrere vorzügliche Massenszenen zu malen. Seine Madonnen und Heiligen sind gelassen und überirdisch, doch die Massen sind gewöhnliche Menschen, Männer und Frauen, wie er sie sah. Dieselbe Dichotomie findet sich auch bei seinem Zeitgenossen Fra Angelico (um 1395–1455), der die Jungfrau mit dem Kind mit beeindruckender Zärtlichkeit und heiliger Innigkeit (wenn auch mit kostbaren Farbeffekten) malte. Seine Fähigkeit, zu Frömmigkeit zu inspirieren, brachte ihm eine Vielzahl kirchlicher Kunden ein. Obwohl Dominikanermönch, betrieb er die florierendste Werkstatt in ganz Florenz und wurde schließlich nach Rom beordert, um für die Päpste zu arbeiten. Jedes von ihm gemalte Gesicht ist das einer individuellen Persönlichkeit. Sein *Heiliger Petrus predigend* (1433), Teil des so genannten Linaiuoli-Altars (heute im Museo di San Marco in Florenz), zeigt eine Gruppe von Personen, von denen jede ihren Gedanken nachhängt – und keine der Predigt wirklich lauscht –, so als säßen sie alle Modell. Im Vatikan gibt es eine genau beobachtete Gruppe von Bettlern in dem Gemälde *Der heilige Laurentius verteilt Almosen* (1448), das das gleiche entschlossene Verstehen menschlicher Charaktere verrät. Das prachtvolle Gewand des heiligen Laurentius ist schon für sich genommen ein Kunstwerk. Der architektonische Hintergrund, wiedergegeben in verblüffender Perspektive und reich verzierten Details, zeugt von anderen Obsessionen der Renaissance, die den religiösen Angelico ebenso beschäftigten wie die eher weltlichen Künstler. Hinter der neuen geistigen Differenziertheit der Renaissance verbarg sich nicht selten ein Hauch mittelalterlicher Kindlichkeit.

Besonders deutlich wird dies am Meisterwerk des begabtesten Schülers Fra Angelicos, Benozzo Gozzoli (um 1420–1497),

dessen *Zug der heiligen drei Könige* drei Wände der Kapelle der
Medici in ihrem Florentiner Palazzo einnimmt. Das Fresko ist
mehr als eine Wiederholung der *Anbetung der Könige* von Gentile, wenngleich es unzweifelhaft davon inspiriert ist. Man sieht
drei separate Prozessionen – eine für jeden König, alle dargestellt
in überbordenden Einzelheiten, in Gold, Zinnoberrot, Violett
und Olivgrün und einer Vielzahl anderer Farbtöne. Sie schlän-
geln sich durch Felder und Städte, zusammen mit Kamelen,
Pferden, Eseln, Maultieren und Hunden, Leoparden, die Hirsche
jagen, Vögeln und Blumen, exotischen Bäumen und Burgen –
das Ziel von Gozzolis Malerei war, den Betrachter in Erstaunen
zu versetzen. Viele der Porträtierten sind Angehörige der Medici-
Familie und ihrer Anhänger, und man erkennt auch Benozzo
selbst. Dieser Raum, der in seinem Allerheiligsten weitere Werke
von Benozzo enthält, ist eines der schönsten Werke der Renaissance; die inzwischen restaurierten Fresken sind gut erhalten
und dem Besucher so nah, dass er jede Einzelheit genießen kann.
Niemand, der in diesem bezaubernden Raum gewesen ist, wird
ihn je vergessen. Es ist religiöse Renaissancemalerei auf ihrem
Höhepunkt, eine Feier der Lebensfreude in einer Welt der Schönheit und des Vergnügens.

Ein ähnliches, jedoch weitaus bedeutenderes Werk in Mantua,
der Freskenschmuck in der Camera degli Sposi von Andrea Mantegna (1431–1506), vollendet im Jahr 1474, zeigt den raschen
Fortschritt, den die italienische Malerei nun machte, und den Unterschied zwischen einem guten, aber zweitrangigen Künstler wie
Gozzoli und einem großen Meister. Mantegna, ein schwieriger
Mann und langsamer Arbeiter, war fast ein halbes Jahrhundert
als Hofmaler der Gonzagas von Mantua tätig, die mit seinen
Schwächen sehr gelassen umgingen. (Die Stärke der Renaissance
entsprang auch dem Umstand – es lohnt, dies zu wiederholen –,

dass die stolzen Fürsten bereit waren, sich dem Temperament der Künstler unterzuordnen.) Mantegna war in Padua tätig gewesen. Dort traf er Donatello, der damals seine große Reiterstatue schuf und von dem er nicht nur in die Geheimnisse der Florentiner wissenschaftlichen Kunstfertigkeit eingeweiht wurde, sondern auch dessen Leidenschaft für die ungeschönte Darstellung menschlicher Charaktere kennen lernte. Vielleicht hätte er als Bildhauer arbeiten sollen: Der Mann, der ihn die Malerei lehrte, Francesco Squarcione, kritisierte seine Gestalten, weil sie aussähen, als seien sie aus Marmor oder Stein gehauen. Mantegnas berühmter *Toter Christus*, heute in Mailand, eine kühne Übung in perspektivischer Verkürzung, wirkt, als wäre er mit einem Meißel aus Stein geschlagen statt mit dem Pinsel gemalt. Auch sein autobiografisches Werk *Darbringung im Tempel*, das – wie es heißt – seine Frau und ihren Erstgeborenen zeigt, wirkt hart wie Granit, obwohl in Tempera auf Leinwand gemalt. In Mantegnas großen Altarbildern, zum Beispiel die *Kreuzigung* im Louvre und das *Gebet Christi in Gethsemane* in der Londoner National Gallery, scheinen die Figuren aus dem Fels hervorzutreten, auf dem sie stehen und in dem sie verankert sind. Diese Versteinerung verleiht ihnen eine Furcht einflößende Präsenz, als wären sie härter und auch größer als das Leben. Zudem gibt es in einigen von Mantegnas religiösen Tafelbildern eine Bildlichkeit, einen Unterton von Angst und Schrecken, der auf den Zorn Gottes hinweist. Mantegna war einer der gebildetsten Künstler der Renaissance, ein Experte in Sachen Rom, dessen Architektur, dekorativen Motiven, Rüstungen und Waffen. Überdies erlaubte ihm sein ausgeprägtes historisches Verständnis, seine Bibelszenen vor einem antiken Hintergrund anzusiedeln, der in allen Einzelheiten echt wirkt, wodurch sich seine übermenschlichen Figuren allerdings noch weiter vom Alltagsleben des 15. Jahrhunderts entfernten.

Dennoch sind die Wandgemälde in der Camera degli Sposi eine authentische Darstellung des höfischen Lebens im 15. Jahrhundert, wie der Maler es im Palast der Gonzagas unmittelbar miterlebte. Die beiden Hauptszenen, die eine spielt im Freien *(Die Begegnung des Marchese Lodovico Gonzaga mit seinem Sohn)*, die andere drinnen *(Die Vertragsunterzeichnung)*, entführen uns geradewegs in die später von Machiavelli und Castiglione mit Worten geschilderte Welt der Feste und der Diplomatie, der Intrigen und des Lavierens. Mehr noch: In gewisser Weise erzählen uns diese Bilder, das eine *in fresco*, das andere weitgehend *in secco* gemalt, mehr über die Renaissancehöfe als die beiden maßgeblichen Texte. In diesem Raum findet sich viel Staunenswertes, darunter ein Auge beziehungsweise eine gemalte Lünette an der Decke, bei der erstmals die neue malerische Technik des *di sotto in su* verwandt wurde, bei der die Figuren bewusst verzerrt gemalt werden, damit sie natürlich wirken, wenn man sie vom Boden aus betrachtet – eine Methode, die Mantegna ausgehend von einem typischen Kunstgriff Donatellos entwickelte. Die Fresken in der Camera degli Sposi nehmen das Werk Correggios in der nächsten Generation vorweg. Dennoch finden sich hinsichtlich der Figuren keine Kunstgriffe. Es sind die wirklichen Gesichter echter Menschen – von städtischen und höfischen Italienern des 15. Jahrhunderts: Sie flüstern und verbergen ihre Gedanken, halten süßliche oder großartige Reden, verstellen sich, prahlen und machen eine *bella figura*, stolzieren, um Eindruck zu machen, und täuschen jede Art von Gefühl vor. Die Frauen sind dabei zwar weniger zahlreich vertreten, scheinen dafür aber gerissener als die Männer. Auch die bösartig wirkenden Hunde sind lebensecht, und die Burgen, Häuser, Kirchen und die ländliche Gegend beschreiben höchst anschaulich den Norden Italiens. Wie aus allen Werken Mantegnas, so lernt man auch viel aus dieser Arbeit, weil der Maler – obgleich ein Meister der illusionistischen Techniken – von der Wahrheit erzählt.

Mantegnas Interesse an der Landschaft und der Realismus, mit dem er sie wiedergibt, unterstreicht seine norditalienische Herkunft. Wenn die Florentiner Malschule eine Schwäche hatte, dann die, dass sie sich zu sehr auf den menschlichen Körper konzentrierte. Die architektonischen Umgebungen, in die sie die Figuren stellte, waren Kulissen beziehungsweise Übungen in Perspektive statt beobachtete Wirklichkeit. Je weiter man nach Norden gelangt, desto stärker treten die Wälder und Berge, die Täler und Flüsse hervor, und die Städte sind echt und genau wiedergegeben und keine Abstraktionen.

Venedig war eine mächtige, reiche und hyperaktive Stadt mit einer langen Tradition künstlerischen Mäzenatentums; aber sie brauchte lange, bis sie den Geist der Renaissance annahm. Sie konnte nichts vorweisen, was mit den Werken von Cimabue, Giotto und Masaccio vergleichbar wäre. Ab dem zweiten Viertel des 15. Jahrhunderts entstanden dort jedoch bedeutende Gemälde, hauptsächlich dank der Bellini-Familie. Ihr Patriarch, Jacopo Bellini (um 1400–1470), verheiratete seine Tochter Nicolosia mit Mantegna. Und obwohl Jacopo (Sohn eines Zinnmachers) selbst von Gentile da Fabriano ausgebildet wurde, haben wir es hier mit einem der am dichtesten gewebten künstlerischen Netze dieser Zeit zu tun. Jacopo ist im Wesentlichen wegen seiner staunenswerten Mappen mit Federzeichnungen im Louvre und im British Museum berühmt. Sein Sohn Gentile Bellini (um 1429–1507) war ein bedeutender Hofmaler, der den venezianischen Hintergrund in seinem Werk sehr effektvoll nutzte. Sein Leinwandgemälde *Errettung des Wahren Kreuzes aus dem Wasser* ist eine hervorragende Stadtlandschaft, in dem die Gebäude, gemalt in minuziösen Details, etwa Tulpenschornsteine, die

Hauptfiguren sind. Als Maler städtischer Landschaften wurde er nur durch seinen Schüler, den großen Vittore Carpaccio (um 1460–1525) übertroffen, dessen zahlreiche identifizierbaren venezianischen Landschaften, darunter die Marschen und Lagunen und auch die Stadt selbst, ihn zu einem der faszinierendsten Realisten der gesamten Renaissance machen. Besonders erfindungsreich war Carpaccio, wenn es um die Einführung von Hunden in seine Stadtlandschaften und Innenräume ging, wie beispielsweise in dem bezaubernden Gemälde des heiligen Augustinus in seinem Studierzimmer, eine wunderschön beobachtete Wiedergabe eines Raums, in dem ein humanistischer Gelehrter arbeitete. Auch auf seiner beachtenswerten Darstellung zweier venezianischer Damen, die von einem Balkon das Geschehen in den Straßen beobachten, sind Hunde zu sehen. Gentile Bellini überbot dies durch exotische Anklänge, ein Ergebnis seiner Reisen im östlichen Mittelmeerraum. Auf dem riesigen Gemälde *Predigt des heiligen Markus in Alexandria* sind nicht nur Kamele dargestellt, es gibt auch eine Giraffe und Anklänge an arabische Architektur (dazu ein Selbstbildnis mit einer Goldkette, die ihm der Sultan geschenkt hatte). Sein Gemälde *Prozession auf der Piazza San Marco* zeigt die Fassade der Basilika, ein bedeutendes topografisches Kunstwerk und zugleich eine Erinnerung daran, dass Canaletto einer langen venezianischen, bei seiner Geburt 250 Jahre alten Tradition entstammt.

Giovanni Bellini (um 1430–1516), Gentiles Bruder, reiste zeit seines Lebens nie außerhalb des Veneto. (Vasari schreibt, er sei mit neunzig Jahren gestorben.) Er war offenbar mit »seinen« Landschaften leidenschaftlich verbunden, die in den sakralen Tafelbildern und anderen Gemälden hinter den Figuren durchscheinen und zuweilen diese auch überragen. Oft handelt es sich um eine agrarische Gegend, in der Bauern ihre Felder bewirtschaften und Rinder grasen. Die Bilder erinnern an die Werke der Niederländer und gehen zurück auf die Brüder Paul, Hermann und Johan aus Limburg aus dem frühen 15. Jahrhundert, deren *Très riches heures du Duc de Berry*, das am reichsten verzierte Stundenbuch des ausgehenden Mittelalters, den Wechsel der Jahreszeiten auf dem Lande schildert. Bellini war nicht weit gereist, aber er lebte an einer der lebhaftesten Wegkreuzungen Europas. Dadurch lernte er holländische, flämische, deutsche und französische Werke kennen und war auch florentinischen und lombardischen Einflüssen ausgesetzt. Diese nahm er auf und formte sie zu einem höchst persönlichen und unverkennbaren Stil, der sich dennoch ständig weiterentwickelte. Er befand sich im Zentrum jener technischen Umwälzungen, in deren Verlauf die Ölmalerei beherrschend, das Malen auf einer Staffelei eingeführt und die Porträtmalerei populär wurde. Bellini besaß einen wundervollen Blick für Gesichter und eine stark ausgeprägte Fähigkeit, diese auf Holz oder Leinwand wiederzugeben; seine Darstellungen der Madonna mit Kind bewirkten, dass Bischöfe und Priester scharenweise zu ihm kamen und ihm Aufträge gaben. Er verlieh den Dogen Würde, ließ älteren Äbtissinnen Tränen in die Augen steigen und verwendete seinen außerordentlichen Einfallsreichtum und seine ungeheure Einbildungskraft auf die Darstellung immer wiederkehrender Themen, beispielsweise die *Pietà*, die *Trunkenheit Noahs*, die *Reuige Maria Magdalena* oder *Johannes den Täufer*.

Giovanni Bellini zeichnete mit all der Anmut seines Vaters, versah seine Gemälde jedoch mit einem letzten »Schliff«, der jeden Betrachter entzückte. Er war empfindsam und feinfühlig, wodurch seine Frauenporträts wie die Essenz der Zärtlichkeit erschienen. Es gibt viele reizende Einfälle, wie beispielsweise die jugendlichen Musikanten, die in seinem Altarbild in San Giobbe vor dem Thron der Jungfrau sitzen. Seine Gestaltungsmittel ahmten viele Künstler nach, sie plünderten seine Ideen und versuchten – zumeist erfolglos – seine virtuose Technik zu kopieren. Bellini betrieb ein großes Atelier mit Dutzenden von Gehilfen, die wegen seines hohen Ansehens aus der gesamten Region herbeikamen. Es ist nicht unwahrscheinlich, dass so unterschiedliche Meister wie Tizian, Sebastiano del Piombo und Lorenzo Lotto in der Frühphase ihres Schaffens eine Ausbildung in seiner Werkstatt erhielten. Am Beginn des 16. Jahrhunderts galt er weithin als der bedeutendste lebende Maler und war in ganz Europa bekannt. Dennoch nahm er weiter neue Ideen und Einflüsse auf, darunter die des jungen Giorgione. Dürer, der sich 1505 in Venedig aufhielt, als Bellini Ende siebzig war, sagte, Bellini male so gut wie immer und sei »immer noch der Beste«. Von Malern und denen, die ein leidenschaftliches Interesse an Kunst hatten, wie etwa John Ruskin, der Bellinis Altargemälde *Maria mit Heiligen* in Santo Zaccaria und sein Marien-Triptychon in Santa Maria dei Frari zu den beiden schönsten Gemälden der Welt erklärte, wurde er glühend verehrt.

Der Aufstieg einer Malschule in Venedig war charakteristisch für die Ausbreitung der schönen Künste in ganz Italien während des 15. Jahrhunderts. Piero della Francesca (um 1415–1492) arbeitete in mittelitalienischen Städten wie Perugia und Arezzo an qualitätsvollen Auftragsarbeiten; sein Freskenzyklus *Szenen aus der Legende des Heiligen Kreuzes* ist sein bedeutendstes Werk. Seine Entwicklung bezeugt die außergewöhnliche Lust am Lernen, die für die Renaissance so typisch ist, und den sozialen Aufstieg ihrer Künstler, denn della Francescas Vater war noch Gerber. Seine erste eigene Arbeit war die Bemalung der gestreiften Stangen, auf denen bei religiösen Prozessionen die Kerzen steckten. Dennoch bildete er sich zu einem herausragenden

Mathematiker, der bei der Wiederentdeckung und Ausbreitung der Euklidischen Mathematik eine größere Rolle als irgendjemand sonst in Europa spielte. Drei seiner unzähligen Abhandlungen sind erhalten geblieben, darunter die *De prospectiva pingendi*, eine Darlegung der Regeln der Perspektive, die mehr mathematisches Wissen erforderte, als die meisten Maler je besessen hatten. In manchen seiner Gemälde nahm die perspektivische Darstellung einen so großen Raum ein, dass andere, zentrale malerische Anforderungen vernachlässigt wurden, so dass die Öffentlichkeit bisweilen verwirrt reagierte. So sind in der wunderbar hellen und strahlenden *Geißelung Christi* im Palazzo Ducale, Urbino, Christus und seine Peiniger in den Hintergrund gedrängt, während drei Männer, die der Geißelung nicht einmal zusehen, den Vordergrund beherrschen. Piero war ein Exzentriker. In seinem Gemälde *Taufe Christi* (National Gallery, London) gilt das Interesse gleichermaßen einem Mann, der sein Hemd auszieht, den drei erschrockenen Engeln und dem Täufer, der Jordanwasser auf das Haupt Christi gießt. Ein erstaunliches Werk ist auch *Die Auferstehung* in Pieros Heimatstadt Sansepolcro, denn Christus entsteigt wie schlafwandelnd einem Marmorsarkophag, neben dem die Schlafenden liegen. Hier erkennen wir all die Charakteristika Pieros, Heilige, Sänger, Zuschauer, Würdenträger – und eine gewisse gefrorene Stille, in der sich möglicherweise sein obsessives Interesse an jener kühlen Wissenschaft, der Geometrie, spiegelt. Piero besaß ein so außergewöhnliches Talent, dass seine Bilder unauslöschlich im Gedächtnis haften bleiben, letztlich *das* Kennzeichen jeder bedeutenden Malerei. Deshalb gilt er, neben Sandro Botticelli (1445–1510), den meisten heute als die Personifizierung der italienischen Renaissance.

Auch Botticelli war ein Exzentriker und wie (der dreißig

Jahre ältere) Piero leidenschaftlicher Humanist. Seine Interessen waren jedoch mehr literarischer und weniger wissenschaftlicher Natur. Während Pieros Malstil eher statisch war, malte Botticelli flüssig, geschmeidig, dynamisch, mit einer kräftigen, biegsamen Linienführung, so dass seine Figuren an die Oberfläche gezogen werden, statt sich aus dem Bild herauszudrängen. Sie schwingen, tanzen, ranken sich zu sanften Wellenmustern, sind verwoben mit Blumen und Bäumen, dem Meer, dem Sand und dem Gras. Botticelli war der erste bedeutende Renaissancekünstler, der die antike Mythologie – *Die Geburt der Venus*, *Der Frühling* und Ähnliche –, dazu nutzte, seine Werke mit einem geistigen Inhalt zu versehen. Seinen blonden Frauen und Göttinnen eignet ein Anflug von wagemutigem Heidentum, von Unbekümmertheit und Hedonismus und eine kühle, kühne und anmutige Sinnlichkeit – nie lasziv oder fleischlich –, die heute von ebenso überwältigender Anziehungskraft ist, wie sie zweifellos damals war. Aber Botticelli war auch ein sehr produktiver und effizienter Maler von heiligen Jungfrauen und Christuskindern; einige sind sogar vorzüglicher als die seines Meisters, Filippo Lippi. Auch arbeitete Botticelli ständig für die Kirchen und Paläste der Medici, die seinen heidnischen Werken den Vorzug gaben. Vielleicht war er ein Mann mit einem starken religiösen Empfinden, denn als der leidenschaftliche Dominikanermönch Girolamo Savonarola (1452–1498) gegen die weltlichen Eitelkeiten predigte (zunächst auf Einladung Lorenzos de' Medici) und die Bevölkerung aufforderte, reiche Gewänder, skandalöse Bücher und heidnische Bilder zu verbrennen, soll Botticelli mit der Verbrennung einiger eigener Werke reagiert haben (tatsächlich sind manche, von deren Existenz wir durch literarische Quellen Kenntnis haben, verschwunden). Doch als Sixtus IV., nachdem er die Sixtinische Kapelle hatte erbauen lassen, Künstler nach Rom holte, damit sie die unteren Teile der Wände ausschmückten (1481), gehörte Botticelli zu den Auserwählten und steuerte *Die Versuchung Christi* sowie Szenen aus dem *Leben des Moses* bei, aber ohne großen Erfolg. Heidentum war seine Stärke, der Mythos seine Inspiration. Doch Künstler wissen nicht immer, was gut für sie ist.

In der zweiten Hälfte des 15. Jahrhunderts brach in Florenz eine außergewöhnliche Zeit geschäftiger Aktivitäten an; viele geniale Talente machten von sich reden. Unter ihnen war auch Piero di Cosimo (1462–1521), der gerne Tiere malte, nach dem Vorbild der Natur zeichnete und unkonventionelle Deutungen mythologischer Themen vorstellte. Er zählte auch zu den wenigen Florentinern, die gern Landschaften malten. In dem ein wenig unheimlichen *Tod der Prokris* in der National Gallery in London mit der düsteren Flussmündung, dem prächtigen Hund (und anderen Geschöpfen) sowie dem langohrigen Faun verbinden sich seine Obsessionen. Seinen Lebensunterhalt verdiente er mit dem Entwerfen prunkvoller Standarten und anderer Ausstattungsgegenstände für öffentliche Feiern. Vom Charakter her war er ein Einzelgänger. Sobald er beruflich auf eigenen Füßen stand, verließ er das florierende Atelier seines Förderers Cosimo Roselli. Nach den Worten Vasaris war er ein Eigenbrötler, der von hart gekochten Eiern lebte, fünfzig Stück davon kochte und gleichzeitig Kleister anrührte. Er verabscheute jede Form von Geräusch, wozu für ihn weinende Kinder, Kirchenmusik, hustende alte Männer und summende Fliegen gehörten. Doch immer wieder unterrichtete und inspirierte er große Maler, darunter Fra Bartolommeo (um 1472–1517), Andrea del Sarto (1486–1530) und Jacopo da Pontormo (1494–1557).

Der größte Teil der Florentiner Kunst spielte sich jedoch in den großen Werkstätten ab, beispielsweise der der Familie Pollaiuolo, hauptsächlich der Antonios (um 1431–1498) und seines Bruders Piero (1441–1496). Antonio erhielt eine Ausbildung zum Goldschmied. Er schuf vorzügliche Bronzestatuetten, entwarf Stickereiarbeiten und stellte Buntglas her. Beide Brüder malten. Gemeinsam schufen sie das gigantische *Martyrium des heiligen Sebastian*, eines der Glanzstücke der National Gallery in London und ein brillantes Exemplum für die Darstellung des nackten oder halb bekleideten Mannes. Antonios intensive Beschäftigung mit Aktfiguren – er studierte Anatomie – zeigt sich in dem bemerkenswerten Stich *Kampf der nackten Männer*. Die Maler des Mittelalters hatten um den Akt – die verdammten Seelen in der Hölle bildeten eine Ausnahme – einen großen Bogen gemacht. Nun aber wurde er zu einem Thema, auf das sich die Florentiner Künstler auf Grund ihrer Tradition präziser Zeichenkunst spezialisierten. Sie zeichneten Aktfiguren (ausschließlich Männer; Frauen, die bereit waren, Modell zu stehen, waren selten, mit Ausnahme von Prostituierten). Dies ist ein weiteres Beispiel für die Leidenschaft der Renaissancekünstler, ihre wissenschaftlichen Kenntnisse zu nutzen. Eine große Werkstatt wie die der Brüder Pollaiuolo stellte nicht nur regelmäßig Modelle ein, sondern hatte auch zahlreiche anatomische Gipsabdrücke vorrätig – Arme, Füße, Torsi und so weiter –, um so rasch Kopien herstellen zu können. Die Brüder fertigten zahlreiche Zeichnungen und Stiche, schufen Gegenstände für öffentliche Feste und Standarten für Turniere; vor allem Piero experimentierte mit Ölmalerei auf Holz und spielte eine bedeutende Rolle bei der Verbreitung dieser Technik in der Toskana.

Eine viel größere Werkstatt leiteten die Brüder Ghirlandaio, Domenico (1449–1494) und Davide (1452–1525). Sie stammten aus einer Familie vielseitiger Handwerker, die mit Leder, Stoff, Wandteppichen und anderen dekorativen Materialien arbeiteten, und beschäftigten zahlreiche Familienangehörige.

Domenico war für die geschäftliche Seite zuständig; gelegentlich arbeitete er auch in Rom, zum Beipiel am unteren Abschnitt der Fresken in der Sixtinischen Kapelle. Den größten Teil seines Lebens stellte er qualitativ hochwertige Kunstgegenstände her, unter anderem Mosaiken – etwas, das die Florentiner meist den Venezianern überließen. Für Santa Maria Domenico in Florenz malte er eine Reihe großformatiger Fresken, die wegen ihrer Haltbarkeit bemerkenswert sind. Domenico nahm *buon fresco* äußerst ernst und übte dieses schwierige Handwerk professionell und mit großem Kunstverstand aus. Deshalb sind seine Arbeiten auch gut erhalten. Zudem zeichnete er in typisch florentinischer Manier. Weil viele seiner Arbeiten erhalten sind, können wir genau erkennen, wie ein gewissenhafter Florentiner Künstler-Handwerker ein Bild vollendete. Domenico war stets bemüht, sich zu übertreffen und mit neuen Werkstoffen und Techniken zu experimentieren. Dazu gehörten unterschiedliche Mischungen von Öl und Erdfarben, Zeichnen mit Pinselspitze, Kreide, Feder und Tusche, Metallspitzen für Zeichnungen, versehen mit weißen Schlaglichtern und Pinselzeichnungen auf der vorbereiteten Leinwand. Vasari führt zahlreiche Künstler an, die in Domenicos Werkstatt ausgebildet wurden, darunter Michelangelo, dessen frühe Zeichnungen zumindest die Technik seines Meisters deutlich spiegeln.

Das berühmteste Atelier von allen aber war – wie schon gesagt – die Werkstatt des Verrocchio. Sie war ein wahres »Kraftwerk« der Ideen und eine brillante Lehranstalt, in der eine unerhörte Vielfalt an Techniken in verschiedenen Medien unterrichtet wurde; Verrocchio war ein »Allroundkünstler«, besonders seine Figurenstatuen und Bronzegüsse ragten heraus. Der berühmteste Gehilfe war Leonardo da Vinci (1452–1519), der mehrere Jahre in seinem Atelier arbeitete und lernte – und zwar nicht nur

vom Meister, sondern auch von den anderen hoch begabten
Schülern. Leonardos Ausbildung hilft, die außerordentliche
Breite seiner Interessen zu erklären. Man sollte die Florentiner
Künstlerateliers allerdings auch nicht überhöhen. Es handelte
sich um Unternehmen, deren Hauptziel es war, lukrative Auf-
träge zu erhalten, diese Gewinn bringend auszuführen und die
Konkurrenz zu übertreffen oder aus dem Markt zu drängen. In
Florenz drehte sich – fast – alles um Kunst. Aber es ging auch
ums Geldverdienen; die besondere Begabung der führenden
Florentiner Künstler und Kunsthandwerker bestand allerdings
darin, das eine zu verfolgen, ohne dass das andere darunter litt.
In Verrocchios Werkstatt hatte die Handwerkskunst tadellos zu
sein – darauf bestand er. Und doch wurde alles für eine mög-
lichst effektive Produktion getan. Man erkennt dies an seinem
Tobias und der Engel, heute in der National Gallery in London,
seine exemplarische Antwort auf ein konkurrierendes Werk der
Brüder Pollaiuolo über dasselbe, ungeheuer populäre Thema.
Das Gemälde der Pollaiuolos ist enorm reizvoll – nichts veranschaulicht besser die Frische und die Lebensfreude der Renaissance –, aber doch eben Kunsthandwerk. Heute scheint es
wahrscheinlich, dass Verrocchio selbst nur den Engel, die zentrale Figur, malte und Tobias dem jungen Leonardo überließ. Außerdem malte Leonardo alle vier Hände, dabei wurden die beiden – identischen – linken Hände nach Werkstattabdrücken
gezeichnet (auch die beiden rechten Hände scheinen so entstanden zu sein). Doch nichts lenkt von der herausragenden Qualität
des Werkes ab. Zugleich aber erinnert das Bild daran, dass es im
Florenz des 15. Jahrhunderts eine Vielzahl von mit der Kunst
verbundenen Aktivitäten gab: Das ging vom Großhandel mit
Tuchwaren über Läden, die Stickereien und farbige Schuhe ver-
kauften, bis zu vielseitigen Kunstateliers, die sich bisweilen nach

dem vulgären Geschmack reicher Emporkömmlinge richteten, aber auch geniale, von uns allen verehrte Werke hervorbrachten.

Verrocchio ging systematisch an seine Arbeiten heran, Leonardo tat das nicht. Er war ein Intellektueller, der sich mehr für Ideen und weniger für Menschen interessierte. Er stammte aus einer Familie wohlhabender toskanischer Notare, war aber unehelich und wuchs bei den Großeltern auf. Über seine Bildung und Erziehung ist zwar nur wenig bekannt, doch sie war mit Sicherheit weit gefächert. In Verrocchios Werkstatt erhielt er eine gute Ausbildung, so dass er sich den Lebensunterhalt auf verschiedene Weise verdienen konnte. Dass Leonardo ungeheuer begabt war, hat niemand je bezweifelt, weder damals noch seither. Er war der »uomo universale« schlechthin, ein Universalgelehrter, Inbegriff der suchenden Geisteshaltung der Renaissance und des Verlangens, auf allen Gebieten Höchstleistungen zu erzielen. Als er älter geworden war, begegneten ihm die Menschen mit schaudernder Ehrfurcht: Leonardo galt nun als der Weise, der Zauberer, das Genie. Allerdings war es nicht leicht, mit ihm zusammenzuarbeiten, denn er hatte zwei bedeutende Schwächen: Er interessierte sich für jeden Aspekt der sichtbaren Welt – das erste überlieferte Werk ist die brillante Zeichnung einer toskanischen Landschaft – und war von der Vielfalt der Natur, zumal dem menschlichen Körper in all seinen Ausformungen und Stimmungen, fasziniert. Aber all dies interessierte ihn als Phänomen, das er mit wissenschaftlicher Distanz betrachtete. Vielleicht hatte er homosexuelle Neigungen, denn 1476 wurde er im Alter von 24 Jahren wegen Unzucht angeklagt, auch wenn dies nicht notwendig ein Hinweis auf homosexuelle Praktiken ist (die Anzeige erfolgte anonym und wurde schließlich fallen gelassen).

Leonardo räumte dem Interesse am menschlichen Körper

zwar höchste Priorität ein, wie es sich für einen Humanisten und Gelehrten der Renaissance gehörte. Die ungeheure Bandbreite seiner anderen Aktivitäten – er beschäftigte sich mit Klimaphänomenen, der Tier- und Pflanzenwelt, mit Landschaften, Maschinen aller Art, vor allem mit Waffen und Befestigungen, dies alles in kunstvollen Zeichnungen in seinen *Notizbüchern* festgehalten – führte jedoch dazu, dass er seine Zeit und Energie auf zu viele Gebiete verteilte. Seine Prioritäten waren unklar. Niemand kann mit Sicherheit sagen, ob das Malen eines Bildnisses wie der *Mona Lisa* oder des Wandgemäldes *Das Abendmahl* in Mailand oder das Entwerfen einer undurchdringlichen Festung das war, was er am liebsten tat oder als besonders lohnenswert empfand.

Auf Grund seiner breit gefächerten Interessen fehlte ihm zudem die Konzentration auf ein bestimmtes Gebiet, wie sie sein jüngerer Zeitgenosse Michelangelo aufzubringen vermochte, wenngleich auch er, wie wir gesehen haben, mitunter eine Arbeit unvollendet ließ. Leonardo ist ein extremes Beispiel für einen zerstreuten und wenig disziplinierten Universalgelehrten. Schon 1478, als er noch in Verrocchios Werkstatt arbeitete, erhielt er den Auftrag, in einer Kapelle an der Piazza della Signoria ein Altarbild auszuführen. Aber er schaffte es nicht, damit anzufangen, und begann nie ernsthaft daran zu arbeiten, weshalb man Filippino Lippi hinzuziehen musste, der es beendete. Wer etwas von Leonardos Schaffen sah, und wenn es nur eine Zeichnung war, bewunderte es. Und deshalb herrschte seitens der mächtigsten Mäzene, von führenden Florentiner Familien bis zu den Sforzas von Mailand, von Papst Leo X. und den Königen Ludwig XII. und Franz I. von Frankreich, eine ständige Nachfrage. Doch seine glänzende Karriere war durchsetzt mit Auseinandersetzungen auf Grund inakzeptabler Verzögerungen und Streitereien wegen Geld, die wohl aus seinem wenig geschäftsmäßigen

Gebaren und manchmal auch dem einfachen Scheitern resultierten, das zu tun, was er versprochen hatte. Er war keineswegs faul oder zu perfektionistisch. Doch letztlich schuf er nur ein kleines Werk für die Öffentlichkeit. Lediglich zehn Gemälde sind überliefert, die allgemein als seine anerkannt werden. Drei weitere blieben unvollendet. Mehrere wurden von anderen Künstlern beendet.

Es stimmt jedoch, dass Leonardos Werke, wenn er sie denn zu Ende brachte, allerhöchste Qualität und Originalität und eine enorme Faszinationskraft kennzeichnet. Die Meinungen über die *Mona Lisa*, ein Bildnis, an dem er mehrere Jahre arbeitete und das die Schwächen seiner Arbeitsmethode zeigt – Gesicht und Hände passen schlecht zueinander –, oder die *Felsgrottenmadonna* in der Londoner National Gallery, die ebenfalls eine lange, verschlungene Werkgeschichte hat, gehen auseinander. Die *Heilige Anna Selbdritt* im Louvre hat Kritiker wie auch viele Bewunderer. Die *Dame mit dem Hermelin* (1490), ein Ölgemälde auf Holz, heute in Krakau, Polen, ist jedoch so vollkommen, wie es ein Gemälde nur sein kann: Das wundervoll komponierte und faszinierende Porträt – der Lieblingsmätresse von Leonardos Sforza-Mäzen – verbindet in gleichen Teilen Charme, Würde, ja Majestät und Geheimnis. Die rechte Hand und das exquisite Tier, das sie streichelt, sind mit einem entschlossenen Können gemalt, das von Leonardos geduldiger Andacht der Natur zeugt, und der Blick der jungen Frau, rätselhaft wie immer, ist unvergesslich.

Dennoch: Das Gemälde ist eines der seltenen Beispiele dafür, dass ein Auftraggeber das erhielt, was er bestellt hatte. Verstärkt wurde Leonardos Ruf, ein in Auftrag gegebenes Werk nicht abzuliefern – ein Papst drückte es so aus: Leonardo? Ach, das ist doch der, der nichts zu Ende bringt –, durch seine Schwäche für

Experimente, die zu Katastrophen anderer Art führten, die aber
diejenigen, die zahlten, wohl kaum weniger erzürnten. So beauf-
tragten ihn die Sforzas, die Wände des Refektoriums von Santa
Maria delle Grazie in Mailand mit Szenen auszumalen, und er
beendete tatsächlich das *Abendmahl*, das sogleich wegen seiner
außerordentlich originellen Komposition und der verblüffenden Anziehungskraft der Gesichter große Bewunderung auslöste. Doch Leonardos experimentelle Maltechniken führten
dazu, dass der Erhaltungszustand des Gemäldes sich rasch ver-
schlechterte; die anderen Szenen sind niemals aufgetaucht. Weitere ehrgeizige Projekte für Wandgemälde in Mailand und Florenz zerschlugen sich, und von jenen, die in Angriff genommen
wurden, haben nur wenige überdauert. Andererseits schuf Leonardo einen Entwurf für den Vierungsturm des Mailänder
Doms, fertigte eine riesige Reiterstatue aus Bronze, nahm die
Ernennung zum »Baumeister und Generalingenieur« des rüpel-
haften *condottiere* Cesare Borgia an und schuf diverse großformatige Kartons für Malvorhaben, von denen eines überliefert
ist. Er forschte über die Muskelkraft des Menschen, über Optik
und Hydraulik, entwarf Fluggeräte, Festungen und Belagerungs-
maschinen, explorierte den menschlichen Gesichtsausdruck und
Fragen der Psychologie. (Das alles ist in Notizbüchern und in
einzelnen, reich illustrierten Blättern erhalten.) In diesem Zusammenhang drängt sich der Vergleich mit dem englischen Ro-
mantiker Samuel Taylor Coleridge auf: Notizen treten an die
Stelle vollendeter Werke. Wie bei Piero della Francesca, so wuchs
auch bei Leonardo das Interesse an der Geometrie. Möglicherweise war sie das beherrschende Thema seiner letzten Lebens-
jahre, wenngleich er sich wie besessen mit Gewittern und extre-
men Wetterlagen befasste. In dieser Zeit weilte er am Hof – oder
in dessen Umkreis – des französischen Königs Franz I., der zu

einem idealen Mäzen wurde: ehrerbietig, großzügig, nicht drängend, zufrieden, diesen großen italienischen Weisen im Gefolge zu haben, der so vieles konnte, wenn er es wollte, und die Renaissance gleichsam verkörperte.

Leonardo übte ungeheuren Einfluss auf seine unmittelbaren Nachfolger und nahen Zeitgenossen aus, einschließlich Raffael. Dies galt bezüglich der Komposition großformatiger Gemälde wie auch der Maltechniken. Er schrieb ausführlich über Malerei, auch wenn die ersten Arbeiten erst Mitte des 17. Jahrhunderts veröffentlicht wurden. Doch seine Ansichten waren bekannt: zum Beispiel, dass eine »richtige« mathematische Perspektive nicht das ergibt, was wir zu sehen meinen, und deshalb der Korrektur bedarf. Während die Griechen eine spezielle Krümmung oder *entasis* verwandten, entwarf Leonardo eine Technik, die später unter der Bezeichnung *sfumato* bekannt wurde und sich höchst wirkungsvoll auf das Malen von Ölgemälden übertragen ließ. Leonardo ist damit einer der Urväter der Entwicklung, die von den kräftigen Umrisslinien, die man im 15. Jahrhundert bevorzugte und die beispielsweise Botticelli so glänzend nutzte, wegführte, hin zu den runden, eher malerischen Techniken des 16. Jahrhunderts, die ein hohes Maß an Halbschatten, systematischem Gebrauch von Schlaglichtern und *chiaroscuro* erforderten.

Hierbei handelte es sich um die bedeutendste und dauerhafteste Neuerung in der Geschichte der abendländischen Malerei. Darüber hinaus führte Leonardo die Praxis ein – oder machte sie zumindest berühmt –, in schwarzer und roter Kreide auf verschiedenfarbigen Papieren zu zeichnen; oft verwendete er weiße Schlaglichter. Nachdem seine Stiche, die er inspirierte, veröffentlicht wurden, seine Zeichnungen in Umlauf kamen und seine Schriften allmählich Verbreitung fanden, machten Tausende

Künstler davon Gebrauch, häufig mit spektakulären Ergebnissen. Leonardo übte fortschreitenden und kumulativen Einfluss aus. Man kann sich nur schwer einen Künstler von Rang vorstellen, der von seinem Werk unberührt bleibt. Ungeachtet des unbefriedigenden Zustands seiner Werke bei seinem Tod, gilt er daher als der Begründer der Hochrenaissance an der Wende vom 15. zum 16. Jahrhundert, als die Bewegung, die Antike wieder zu entdecken und zu übertreffen, ihren Kulminationspunkt erreichte.

Wenn Leonardo die Renaissance in intellektueller Hinsicht personifizierte, so verkörperte Raffael oder Raffaello Sanzio (1483–1520) ihre erfolgreiche Suche nach Schönheit. Trotz seines kurzen Lebens (er starb im Alter von 37 Jahren) schuf er ein großes Werk von höchster Qualität. Die Auftraggeber sahen in ihm den perfekten Maler: Er war umgänglich, verlässlich, jemand, der stets tat, was er versprochen hatte, und seine Werke termingerecht ablieferte. Er leitete eine große Werkstatt und setzte seine Gehilfen intelligent und auf eine Weise ein, die ihnen wie auch den Auftraggebern gegenüber fair war. Raffael wurde in einem der führenden Zentren der Kultur, Urbino, geboren, erhielt seine Ausbildung jedoch in Perugia, unter Perugino (um 1446–1523), eigentlich Pietro Vannucci. Dieser kam aus der Werkstatt Verrocchios und der Malschule, die Sixtus IV. begründet hatte, um die unteren Wände der Sixtinischen Kapelle auszumalen. Peruginos Gemälde sind ein wenig sentimental, und er liebte üppige Konturen, doch konnte er eine bezaubernde Madonna und einen erhabenen Heiligen so gut wie jeder andere Künstler seiner Generation malen. Zudem unterrichtete er den jungen Raffael in seiner Kunst. Es spricht für Raffaels ästhetische und emotionale Integrität sowie seine kühle, ruhige Urteilsfähigkeit, dass er die Fehler Peruginos vermied, dessen unbezweifelbare Stärken jedoch aufnahm und darauf aufbaute.

Raffaels Werk lässt sich in zwei Hauptgruppen gliedern: die großformatigen Fresken und dekorativen Arbeiten, die er im Auftrag Papst Julius' II. für den Vatikan schuf, sowie die Andachtsbilder und Altargemälde, hauptsächlich der Jungfrau mit dem Kind, manchmal mit weiteren Figuren. Darüber hinaus malte er einige Porträts, vor allem ein meisterliches Bildnis Baldassare Castigliones, das Generationen die Porträtmalerei lehrte. Raffaels Palette war also nicht umfangreich. Man sollte allerdings hinzufügen, dass er Bramante als Architekt der Peterskirche nachfolgte, dass er ein genialer Dekorateur war und dass er kurz vor seinem Tod in der Malerei neue Wege beschritt.

Raffaels Gemälde im Vatikan, beispielsweise *Die Schule von Athen,* sind intelligente, großformatige Kompositionen mit vorzüglich gemalten Figuren, die »Historienmalern«, wie sie sich selbst nannten, in ganz Europa vom 16. bis zum ausgehenden 19. Jahrhundert als Vorbild dienten. Es gibt darin weder Unklarheiten noch Geheimnisse, weder versteckte Bedeutungen noch Doppeldeutigkeiten, keine Schocks, Gehässigkeiten, Schrecken oder Sensationen. Man kann über die Gemälde nicht viel sagen, außer dass sie auf ihre Weise perfekt sind. Mit Raffaels Madonnen verhält es sich dagegen anders. Auch sie enthalten keine verborgenen Botschaften oder »Hintergedanken«, keine Hinweise auf Freudsche Bedeutungen, nichts, was heutige Wissenschaftler argwöhnisch befragen könnten. Andererseits handelt es sich um wundervoll einfallsreiche Variationen über ein Thema, das für die religiöse Kunst des Abendlands absolut zentral ist. Sie erreichen genau das, was sie anstreben: Beim religiös Gesinnten rufen sie Andacht, beim Ästheten Hingerissensein hervor. Raffaels Madonnen sind echte, lebendige Frauen und zugleich Königinnen des Himmels. Sie sind gemalt mit einem erstaunlichen Können, das sich nie wiederholt, ohne den geringsten Anflug von

Vulgarität, stets gelassen und zärtlich, liebevoll und ehrfürchtig. Julius II. holte Raffael nach Rom, damit er Gottes Werk in Farben malte, und genau dies tat Raffael. Durch Kopien und Drucke lieferte er, damals wie heute, die Andachtsbilder für die Wände zahlloser Klöster, Priesterseminare, Pfarrhäuser und katholischer Hochschulen. Die Gemälde sind uns so vertraut, dass sie uns zu langweilen drohen, was sie aber nicht tun. Sie aus der Nähe studieren bedeutet, das wertzuschätzen, worum es bei aller Kunst von Rang geht.

Es gibt in Raffaels Kunstschaffen jedoch ein zusätzliches Element, das sich in dieses Bild eines vorzüglichen dekorativen Künstlers nicht so recht einfügen will. Ein Teil in Raffael wies Heiterkeit zurück und strebte nach Transzendenz. Eines seiner Fresken im Vatikan, *Der Brand im Borgo* (um 1514), stellt Schrecken und Anarchie dar und den Pöbel, der um ein Wunder fleht. Raffael war Materialist, der sich danach sehnte, an das Übersinnliche zu glauben, und sich nach der allmählich untergehenden Welt des Mittelalters mit ihrer absoluten Gläubigkeit zurücksehnte. Die Maler des Mittelalters vermochten das Übernatürliche darzustellen, konnten es aber nicht durch die Maltechniken der atmosphärischen Lichtführung oder durch die Herstellung eines subtilen Beziehungsreichtums vermitteln. Raffael war dazu imstande. Meist verzichtete er jedoch ganz bewusst darauf. Seine Madonnen und »heiligen Gespräche«, bei denen die Heiligen in Anbetung des Göttlichen beisammen stehen, sind zart und erhebend, halten sich aber an die Natur. Mit der *Sixtinischen Madonna* (heute in Dresden) malte Raffael eine realistische Muttergottes von erstaunlicher Schönheit und absolutem Gottvertrauen, die dennoch nicht von dieser Welt ist und, durch eine übernatürliche Kraft gezogen, empor zum Himmel zu schweben scheint. Es ist das – auf verblüffende Weise gelungene – Gemälde einer Vision.

Raffael folgt dieser Entwicklung in seinem prachtvollen letzten Gemälde, der riesigen *Verklärung Christi*, vollendet in seinem Todesjahr 1520 (heute im Vatikanischen Museum). Christus schwebt über den erstaunten, realistisch gemalten, doch wie eine Masse aus Licht und Luft erscheinenden Aposteln, während am unteren Rand des Bildes eine Szene den Tumult seiner Jünger zeigt, die sich vergeblich bemühen, einen von Dämonen besessenen Jungen zu heilen. Es verwundert nicht, dass dieses Werk Raffaels bei den Zeitgenossen tiefe Ehrfurcht auslöste und sie nachdenklich stimmte. Es verweist auf eine kommende neue Welt der Kunst und macht die Tragik des frühen Todes Raffaels noch ergreifender.

Das »göttliche Trio« der Hochrenaissance, Leonardo, Raffael und Michelangelo, lebte und arbeitete zur gleichen Zeit, und so muss es Wechselbeziehungen zwischen ihren starken Künstlerpersönlichkeiten gegeben haben. Leonardos Einfluss lässt sich in vielen von Raffaels vorzüglichen Zeichnungen zweifelsfrei nachweisen. Er zeichnete in Rötel und ersetzte die Knaben oder Männer, die normalerweise für die weiblichen Figuren Modell standen (eine Praxis, der auch Michelangelo folgte), durch Frauen – mit spektakulären Ergebnissen. Die jungen Künstler zur damaligen Zeit fanden sie hinreißend, denn der offene, großzügige Raffael zeigte den Kollegen seine noch unvollendeten Arbeiten, die die bedeutendsten Figurenmaler seither anspornten, ihnen nachzueifern. Raffaels Beziehung zu Michelangelo war dagegen anders geprägt. Die Künstler arbeiteten in Rom zusammen. Es gibt keine Anhaltspunkte, dass Raffael jemals auf seinen Künstlerkollegen eifersüchtig war – ganz im Gegenteil –, aber Michelangelo war introvertiert und geheimniskrämerisch und bisweilen auch niederträchtig. Sein Freund Sebastiano del Piombo (1485–1547), der ebenfalls seit 1511 in

Rom arbeitete und selbst ein beachtenswerter Maler war, pflegte Michelangelo mit Anti-Raffael-Anekdoten zu versorgen, vermutlich, weil sein Lehrer sie hören wollte.

Das Schwierige für Michelangelo in seinem Verhältnis zu Raffael war, dass er sich selbst in erster Linie als Bildhauer sah – und es auch war. Er malte wenig, bevor er nach Rom kam und seine drei bedeutenden Freskenreihen (die Decke der Sixtinischen Kapelle, das *Jüngste Gericht* an der dortigen Altarwand und die Ausmalung der Paulinischen Kapelle) schuf. Sein einziges beglaubigtes und dokumentiertes Tafelbild, die *Doni Tondo* (heute in den Uffizien), ist ein kraftvolles Werk, ganz anders als Raffaels Madonnen, und offenkundig als konkurrierend gedacht. Auch um die anderen – ohnehin wenigen – malerischen Werke Michelangelos ranken sich Kontroversen und Geheimnisse. Seine zahlreichen Zeichnungen sind häufig prächtig. Die Ausmalung der Decke der Sixtinischen Kapelle stellt neben allem anderen eine gewaltige physische Leistung dar, wenn man die unvermeidlichen Schwierigkeiten der Freskenmalerei, die riesige Fläche, die auszumalen war, und die unglückselige Lage und Höhe des Malorts bedenkt. Die Ausmalung dauerte insgesamt vier Jahre, mit einer langen und weiteren kleineren Unterbrechungen, und so wurde das Deckengemälde schnell fertig gestellt, was sowohl den Eindruck von Einfachheit als auch von Unfertigkeit hervorrief. Schließlich aber war das Werk beendet. Man sollte es vom Boden aus betrachten, nicht aus der Nähe, als handelte es sich um Farbfotos. Blickt man zu dieser riesigen Masse aus biblischen Abenteuern, lächelnden Sibyllen und bärtigen Propheten empor, bekommt man manchmal das Gefühl, dass sie durchaus zu Dr. Johnsons Beschreibung eines auf den Hinterbeinen gehenden Hundes passt: »Es ist zwar nicht gut gemacht; aber man wundert sich, dass es überhaupt gemacht wurde.«

Als Julius II. Michelangelo bat, die Decke auszumalen, schwebte ihm eine einfache und vielleicht auch angemessenere Idee vor. Der antwortete, es handle sich um eine »armselige« Idee, womit er meinte, dass sie ihm nicht erlaube, eine *bella figura* zu machen. So wurde er Opfer seiner eigenen Prätention. Dennoch beendete er das Wandgemälde in zwei energischen Durchgängen. Der schöpferische Entwurf ist kraftvoll und stellenweise von edler Schönheit. Allen gefiel das Fresko, oder sie behaupteten es jedenfalls; dieses zustimmende Urteil hat bis heute gehalten. (Weniger Übereinstimmungen gibt es hinsichtlich der Frage, ob das Fresko nach der jüngst erfolgten Restauration, 1980 ff., schöner geworden ist.) Damals wie heute haben es Künstler bewundert – erleichtert, dass ihnen selbst eine solch schwierige Arbeit erspart blieb, froh, dass ein großer Geist wie Michelangelo sie übernahm und erfolgreich beendete. Sie zeigte die ganze *terribilità* Michelangelos und setzte neue Maßstäbe in der Historienmalerei. Insofern war die Ausmalung der Decke in der Sixtinischen Kapelle ein wichtiges Ereignis in der europäischen Kunst. Was kann man vernünftigerweise mehr verlangen?

Das *Jüngste Gericht* ist etwas anderes. Nicht nur die Kardinäle dürften während der Messe den Blick nach oben, auf die sich windenden Pyramiden der menschlichen Leiber gerichtet haben, die die Wand emporstiegen oder in die Tiefe stürzten. Der Eindruck ist wie beabsichtigt Furcht einflößend. Die Farbgebung ist grausig, wie es ebenfalls richtig ist. Das bedeutende Werk stellt die Apotheose wie auch die Verdammung der menschlichen Gestalt dar, oder vielleicht sollte man sagen, der männlichen Figur. Michelangelo arbeitete mit einer Entschlossenheit und einer Energie, die dem Werk eine kraftvolle Dynamik und einen gewissen unheimlichen Glanz verleiht. Man sollte es nicht anhand von Fotografien beurteilen, sondern be-

trachten, studieren und auf sich wirken lassen – keine leichte
Aufgabe angesichts des Gedränges, das dort fast immer herrscht.
Die meisten Menschen denken bei der Betrachtung des *Jüngsten
Gerichts* ernsthaft darüber nach, was nach dem Tod mit ihnen
geschieht. Und auch wenn sie Michelangelos Version nicht ak-
zeptieren, sind sie doch klüger geworden, weil sie mit seiner
Sicht konfrontiert wurden. Diese Wirkung wollte Michelangelo
erzielen, und darum muss das Werk als gelungen gelten. Im Vergleich dazu wirken die großen Fresken in der Paulinischen Kapelle, *Bekehrung des Saulus* und *Kreuzigung Petri*, wenngleich sie
viele Geheimnisse bergen, wie die Routinearbeiten eines alternden Mannes, der sich nichts mehr beweisen musste, sondern
darauf bedacht war, sein hohes Honorar zu rechtfertigen.

    In allen diesen großen Entwürfen zeigte sich eine Schwäche
beziehungsweise selbst auferlegte Begrenzung Michelangelos.
Niemand hat je dem menschlichen Körper eine solch große
Beachtung geschenkt oder der Erde, auf der er wohnt, eine so geringe. Nie hat Michelangelo Interesse daran gezeigt, seine Figuren im Raum zu verorten. Während Leonardo von allen Erscheinungen der Natur fasziniert war und Realität und Traumwelten
als Hintergrund verwandte, Raffael uns faszinierende Einblicke
in das Italien im 16. Jahrhundert gibt, das hinter seinen Madonnen hervorscheint, verachtete Michelangelo Landschaften und
weigerte sich, sie zu malen. In diesem eingeschränkten Sinn war
er der Inbegriff des Renaissancekünstlers: In der Kunst ging es
um das Menschsein und um nichts anderes. Gott erschuf die
Sonne und den Mond als geometrische Abstraktionen. Im *Jüngsten Gericht* schweben die Seligen empor ins Nichts, und die Verdammten steigen in die Leere hinab. All diese großen Projekte
bestehen aus eng miteinander verwobenen menschlichen Vig-
netten, die im Äther existieren. Diese Auffassung können viele

Menschen nur schwerlich teilen. Dr. Johnson sagte einmal über Miltons *Das Verlorene Paradies*: »Niemand hat je gewünscht, dass das Gedicht länger sei.« Bezogen auf Michelangelos *Sixtinische Kapelle* könnte man den Satz variieren: »Niemand hat je gewünscht, dass das Gemälde größer sei.« Am Ende drängt einen die schiere Menge der Muskeln zum Weitergehen.

Doch wohin? Michelangelo lebte bis zur Mitte der 1560er Jahre, und die Renaissance existierte mit ihm weiter. Hatte sie nach seinen glanzvollen Jahren noch etwas zu sagen? Die Antwort muss lauten: Ja, sehr viel, und zwar in zweierlei Hinsicht. Michelangelo war insofern Realist, als er die menschliche Gestalt nach lebendigen Körpern malte, mit einem hohen Maß an Realismus. Aber er wollte auch idealisieren, menschliche Gestalten in ihrer Reife, am Rande der Apotheose darstellen. Für ihn war die Behauptung, der Mensch sei nach dem Bild Gottes geschaffen, kein symbolischer Gemeinplatz, sondern eine schlichte Wahrheit.

Andere Maler sahen die Menschheit anders, und sie behaupteten ihr Recht, ihre Sicht zum gemeinsamen Bestand visueller Wahrnehmungen beizusteuern. Jacopo da Pontormo (1494–1557) wurde in der Werkstatt Andrea del Sartos in Florenz ausgebildet und geschult, das Ideale oder Normative zu malen. Er sah die Menschen anders, oder besser gesagt: Sie hatten ein eigenes, eigentümliches Gesicht beziehungsweise einen Gesichtsausdruck, der für ihn die Norm bildete. Das ist in seinen mythologischen, mitunter durchaus reizvollen Werken nicht besonders irritierend. Das Fresko *Vertumnus und Pomona* (italische Gottheiten), das er um eine Lünette im großen Salon der Medici-Villa in Poggio a Cajano schuf, zählt zu den heitersten Werken der Renaissance, auch wenn es bei näherer Betrachtung Anlass zum Nachdenken gibt. Doch seine heiligen Szenen fordern den Vergleich mit den bestehenden Fassungen förmlich heraus, und die Ergebnisse verwirren den Betrachter. In seinem Gemälde auf Holz, die *Heimsuchung Mariä* (Santissima Annunziata, Florenz), sind drei heilige Damen in wirbelnder Einheit eng gruppiert, bilden ein unauslöschliches Bild. Auch die Angehörigen der größeren Gruppe der *Kreuzabnahme Christi,* in Santa Felicita in Florenz, sind ineinander verstrickt. Das Bild ist schön und bewegend, die Gesichter sind zärtlich und traurig, die Farben strahlend – Pontormo übernahm die hellen Farben der Sixtinischen Kapelle von Michelangelo und ließ sie geradezu erglühen; aber das Ganze wirkt nicht natürlich. Die Personen sind nicht im Raum verortet. Sie haben tief liegende Augen, die oft aufrechte Ovale bilden. Es sind nicht wirkliche Menschen, sondern Kopfgeburten, Pontormos Fantasie entsprungen.

Sein Mitschüler in Andrea del Sartos Atelier, Rosso Fiorentino (1494–1540), hatte ebenfalls das Verlangen, in eine ganz andere, eigene Welt vorzudringen. Das große Ölgemälde auf Holz, *Kreuzabnahme Christi* (Volterra), ist eine fantastische Komposition; es ist elegant erdacht und zart gemalt, steht jedoch in keiner Beziehung zu dem wirklichen Geschehen. Der Bildhintergrund ist abstrakt, die Gesichter sind eigentümlich, wenngleich auf andere Weise auffällig als bei Pontormo, die Körper sind merkwürdig. Es ist Rossos Art, die Dinge zu feiern, seine *maniera.* Diese trägen Reaktionen auf die hyperaktive Energie Michelangelos und die selbstbewusste Gelassenheit Raffaels hätte man in anderer Zeit – etwa im 19. Jahrhundert – als Dekadenz bezeichnet. Kunsthistoriker verwenden den Begriff Manierismus.

Diese Maler waren ein wenig seltsam, vor allem Pontormo. Er lebte zurückgezogen, fast einsiedlerisch und baute sich im Obergeschoss ein Atelier, in das man nur über eine Leiter gelangte. Und wenn er sich dort oben mit Lebensmitteln und Wasser versorgt hatte, zog er die Leiter hinter sich hinauf.

Selbst seinem Lieblingsschüler, Agnolo Bronzino (1503–1572), wurde bisweilen der Zugang verweigert, manchmal sogar eine Antwort, wenn er eine Begrüßung hinaufrief. Der Schüler, »normaler« als sein Lehrmeister, entwickelte sich – zumindest in Florenz – zum erfolgreichsten Maler seiner Generation. Er war der Hofmaler der Medici-Herzöge und schuf dreißig Jahre lang modische Gesellschaftsporträts. Seine Zeichenkunst war vortrefflich, die Fertigbearbeitung von spektakulärer Helligkeit und Transparenz, die Gewänder der Porträtierten waren prachtvoll, doch die Farbtöne der Haut hell und kühl. Die Gesichter scheinen in Zeit und Farbe erstarrt, so, als stammten sie aus einer Art Eiszeit. Die Wohlhabenden seiner Zeit, die durch die Wirren der Reformation und die frühen Religionskriege geprägt war, wirken steif, unmenschlich, gepanzert und blutleer. Doch sie liebten es, sich so zu sehen, und da wir sie heute auch gern so betrachten, ist Bronzino wieder populär. Aber er konnte auch eine andere Seite des Menschseins zeigen. Sein Ölgemälde in der Londoner National Gallery, *Allegorie*, gehört – gleichgültig, was es aussagen soll, der Streit unter den Kunsthistorikern hält an, und Bronzino selbst änderte seinen Entwurf während des Malens radikal – zu den faszinierendsten, erotischsten und liebenswertesten Werken der Renaissance: Leidenschaft durchströmt die rosigen Gliedmaßen der Figuren, in jedem Zentimeter regt sich Unanständigkeit. Kein Wunder, dass die Medici, die begierig waren, mit Frankreich gleichzuziehen, das Bild dem lüsternen Franz I. schenkten.

Vermutlich schufen viele Maler der Periode der *maniera* (Manierismus) Erotika, für die zur damaligen Zeit eine wachsende Nachfrage entstand. Mit Sicherheit malte Parmigianino, eigentlich Francesco Mazzola (1503–1540), solche Werke. Von ihm sind zahlreiche Zeichnungen von Alltagsszenen erhalten, darunter Darstellungen des Geschlechtsakts. Seine religiösen Szenen wirken mitunter kühl, schlimmer noch: auf unterkühlte Art sentimental. Sein brillanter *Cupido*, heute in Wien, ist jedoch ein erotisches Meisterwerk, kalkuliert, beide Geschlechter gleichermaßen stark anzusprechen. Parmigianino war eine Art Wunderkind, das jung starb. Man kann also nicht sagen, wohin ihn sein Talent geführt hätte, wenn er lange gelebt hätte. Sein letztes bedeutendes und am meisten gefeiertes Werk ist eine Madonna mit Kind, umgeben von einer Gruppe wunderschöner weiblicher Engel. Das Kind ist überlang; der Kopf der Jungfrau ist so weit von den Schultern entfernt, dass das Ölgemälde auf Holz (Uffizien) unter dem Titel *Madonna mit dem langen Hals* Bekanntheit erlangte.

Parmigianino wuchs in Parma im Schatten des großen Correggio, eigentlich Antonio Allegri (1489–1534), auf. Correggio entzieht sich einer schematischen Darstellung der Malschulen des frühen 16. Jahrhunderts, da sein Werk in die Zukunft weist. So wenig ist über ihn bekannt (nach Vasaris Worten war er geizig und tugendhaft und führte ein angsterfülltes Leben voller Frömmigkeit), dass man kaum erkennen kann, worauf er mit seinen Werken abzielte. Sie müssen deshalb für sich selbst sprechen. Damals stellte man ihn als Mitglied der »Großen Fünf« der Renaissance neben Leonardo, Michelangelo, Raffael und Tizian. Heute ist seine Stellung ein wenig unsicher, jedoch im Aufsteigen begriffen. Er war kein Manierist, sondern malte Menschen nach der Natur. Er war ein Individualist, der Dinge schuf, an die vor ihm noch niemand gedacht hatte, entweder weil man es nicht konnte oder weil es vielleicht nicht lohnenswert erschien. Den weiblichen Akt malte er mit außergewöhnlichem Können und

großer Anmut. Er nutzte sein umfassendes Interesse an mythologischen Themen und war bestrebt, unbekleidete Frauen in
reizvollen Situationen darzustellen. Seine *Jo* (heute in Wien)
zeigt eine hingebungsvolle, träumerische Frau, die den als flau-
schige Wolke erscheinenden Jupiter verführen will. Das Bild ist
perfekt gemalt, aber es verlangt schon viel Fantasie, es erotisch zu
finden, was Correggio vermutlich beabsichtigte. Die Decke im
Konvent von San Paolo in Parma malte er überaus fantasievoll
aus. Geschäftige *putti* erschienen oberhalb halbrunder klassischer Statuetten. Correggios ganz und gar originäre, mit großem
Einfallsreichtum ausgeführte Gemälde inspirierten nachfolgende Künstlergenerationen bis ins 18. Jahrhundert. Seine Auftrag-
geberin war eine emanzipierte, intellektuelle Äbtissin, Giovanna
da Piacenza. Dies mag erklären, warum sich ein solches Werk in
einem Nonnenkloster befindet.

Später gewann Correggio, der ebenso gewissenhaft und
fleißig wie höchst begabt und kunstfertig war, einen Wettbewerb
zur Ausmalung der Kuppel, der Apsis und des Chorgewölbes des
Doms in Parma. Für die Kuppel wählte er *Mariä Himmelfahrt*,
eine Arbeit, die er mit ungeheurem Detailreichtum ausführte.
Man erblickt riesige stützende Apostel, Schichten von Wolken
und Hunderte wirbelnder Figuren, die die Muttergottes empor-
tragen. Da das Werk, dessen Ausmaß selbst Michelangelo abge-
schreckt haben könnte, natürlich vom Boden aus betrachtet
werden sollte, verwendete Correggio für die visuellen Effekte eine
ganze Reihe illusionistischer Kunstgriffe. Der technische Einfallsreichtum ist überwältigend, und das Konzept beeindruckte
selbst spätere Künstler und veranlasste sie, es ihm gleichzutun.
Doch es bedarf schon einer gewissen Naivität, das Gemälde
wertzuschätzen. So äußerte einer der Dompriester nach der Enthüllung, es »sehe wie ein Teller Froschschenkel aus«. Für die All-

gemeinheit akzeptabel und auch weithin kopiert von seinen Nachfolgern war Correggios Lichtführung in Altarbildern und ähnlichen Werken, etwa der *Heiligen Nacht* (Dresden), auf dem das Christuskind selbst als die starke Lichtquelle erscheint. Das Bild ist mit beneidenswertem Können ausgeführt und hinterlässt immer noch einen tiefen Eindruck.

Zudem muss es zur damaligen Zeit, den frühen dreißiger Jahren des 16. Jahrhunderts, außerordentlich großen Einfluss ausgeübt haben. In der oberen linken Hälfte sieht man eine unbeholfen gemalte und mit den anderen Bildelementen unverbundene (und auch unnötige) schwebende Wolke himmlischer Körper. Dass sich Correggios Zauber häufig am Rande des Absurden bewegt und dass einige der schönsten Leinwandgemälde, an denen er mit so viel Liebe arbeitete, durchaus Heiterkeit auslösen, kann einen melancholisch stimmen.

Bei Giorgione (Giorgio da Castelfranco, um 1475–1510) ist ein solcher Spott nicht angebracht. Sein unter dem Titel *Das Gewitter* (Venedig) berühmt gewordenes Ölbild auf Leinwand, das eine beinahe nackte Schöne zeigt, die ihr Kind stillt und dabei von einem Soldaten beobachtet wird, wirkt merkwürdig, geradezu bizarr. Es war das Lieblingsgemälde Lord Byrons und hat zu nicht enden wollenden Mutmaßungen darüber geführt, was es aussagen soll – ohne Erfolg. Tatsächlich zählt Giorgione unter den großen Meistern zu den am wenigsten dokumentierten. Auch ist *Das Gewitter* eines von nur vier Werken, bei denen die Autorschaft sicher verbürgt ist. Bei den anderen handelte es sich um das grimmig-nachdenkliche Porträt eines Mädchens, *Laura* (Wien), das wunderbar hochnäsige *Bildnis eines jungen Mannes* (San Diego) sowie ein weiteres Werk, das heute in Wien zu sehen ist, *Jüngling mit dem Pfeil*. Gemeinhin werden ihm ein halbes Dutzend weiterer Gemälde zugeschrieben. Dazu gehören der vielleicht schönste aller weiblichen Akte, die *Schlummernde Venus* (Dresden), *Die drei Philosophen* (Wien) und das reizvolle *Ländliche Konzert* (Louvre), das ein fröhliches Beisammensein zweier üppiger nackter Damen mit zwei bekleideten Musikern darstellt und von manchen Tizian oder auch beiden Künstlern zugeschrieben wird. Da Giorgione im Alter von etwa fünfunddreißig Jahren an der Pest starb, wurden seine Arbeiten von Tizian oder von Sebastiano del Piombo vollendet, die vermutlich in seiner Werkstatt arbeiteten.

Dass wir so wenig über Giorgione wissen und dass von den 66 Arbeiten, die ihm einst zugeschrieben wurden, nur eine Hand voll der kritischen Prüfung heutiger Kunstwissenschaft standhalten, erschwert die Bewertung seines Beitrags zur Kunstgeschichte. Doch zweifellos war er wichtig, da verschiedene frühe Autoritäten ihn als Begründer der »modernen« (das heißt, postbellinischen) venezianischen Malschule bezeichneten. Seine ungewöhnliche Palette an Sujets, seine Originalität, das feine Gespür für Farben, die verblüffende Bildkomposition, die Darstellung des menschlichen, insbesondere des weiblichen Körpers, die so ganz anders ist als bei seinem Zeitgenossen Michelangelo, der vor allem das Muskulöse betonte: all diese Qualitäten – und weitere – kennzeichnen ihn als Wegbereiter. Wie sein Partner Vincenzo Catena (um 1475–1531) scheint er unter Giovanni Bellini gearbeitet zu haben. Bellini vermittelte ihm auch die Leidenschaft für Landschaften, die *Das Gewitter* durchdringt und die *Die drei Philosophen* beherrscht, dort sind die mit wundervoller Kunstfertigkeit nach der Natur gemalten Bäume und Felsen ein integraler Bestandteil der Komposition. Selbst wenn sich Giorgione ein einfaches Thema stellt, erschafft er Geheimnisvolles. Sein Altargemälde in Castelfranco, in Tempera auf Holz, trägt den Titel *Thronende Jungfrau mit dem heiligen Franziskus und Liberale.* Warum aber wird die Jungfrau etwa sieben Meter hoch auf ein riesiges Bauwerk aus Stein und Holz geworfen und dadurch zum oberen Bildrand geschoben, so dass die beiden Heiligen den auf einem *al-fresco*-Marmorboden gemalten Vordergrund beherrschen? Die Dame und die schön wiedergegebene Landschaft bilden nahezu ein separates Bild. Überdies sieht man im Hintergrund eine unheimliche, einen riesigen Schatten werfende männliche Gestalt. Giorgione stellt uns vor nicht enden wollende Rätsel und gibt immer wieder Anlass zu reizvollen Spekulationen.

Ohne Giorgione hätte es mit Sicherheit keinen Tizian (Tiziano Vecellio, um 1485–1576) gegeben. Tizian baute auf Giorgiones venezianischem Vermächtnis auf. Er arbeitete zeit seines Lebens hart, erbrachte in allen Abteilungen der Malerei – Historienmalerei, religiöse Kunst, Porträts, mythologische und allegorische Themen – gute Leistungen und beherrschte schließlich in der Mitte des 16. Jahrhunderts nicht nur die italienische, sondern auch die europäische Malerei. Da er (von seiner Basis in Venedig) nicht nur für führende italienische Auftraggeber, sondern auch für so mächtige Herrscher wie Kaiser Karl V. und dessen Sohn Philipp II. von Spanien arbeitete, war er der erste Meister, der die europäische Kunst zusammenführte, weswegen wir sie heute in ihrer Gesamtheit betrachten können. Tatsächlich ist sein Werk, zumal in der Frühphase, ein wahres Kompendium der italienischen Renaissancekunst am Ende des ersten Viertels des 16. Jahrhunderts.

Sehr anschaulich zeigt dies Tizians großes Gemälde *Bacchus und Ariadne* in der National Gallery in London, eines von drei Bildern, die er für Alfonso d'Este, Herzog von Ferrara, für ein *camerino* (kleines Zimmer) in dem dortigen Schloss malte. Dem Wunsch des Herzogs gemäß sollte das Zimmer von Werken aller führenden Maler der damaligen Zeit geschmückt sein, aber aus irgendeinem Grund steuerten Raffael, Fra Bartolommeo und Michelangelo keine Arbeiten bei. Deshalb nahm Tizian ihre Ideen in seinen drei Gemälden (Öl auf Leinwand) auf, ebenso wie die Kenntnisse, die er von Giorgione erworben hatte. Der *Bacchus* ist ein verblüffend lebendiges und vollendetes Werk. Da gibt es ausdrucksstarke Figuren und viel Handlung, einen bezaubernden kindlichen Faun, Hunde und Leoparden und eine Schlange, Gewänder in reichen Farbtönen, einen strahlend hellen Himmel, all das, was bei späteren Malern, wie beispielsweise Poussin, zu einem überstrapazierten Klischee wurde. Doch damals war das Ganze neu und frisch. Tizian fügte es zu einer geradezu unheimlichen Komposition von magischer Vielfalt, Balance und Einheit zusammen. Das ist Renaissancemalerei in ihrer opulenten Reife, heiter und ihrer selbst gewiss, faszinierend im Detail, kraftvoll in der zentralen Stoßrichtung. Dieses Gemälde und ähnliche Werke wurden zum Maßstab, an dem sich die besten Maler zwei Jahrhunderte lang orientierten.

Tizian legte auch die Standards fest, im Rahmen derer man Porträtmalerei betreiben konnte. Er bewegte sich von dem typischen Renaissancebildnis, das Kopf und Schultern zeigte (oft im Profil), zum Halb-, Dreiviertel- und sogar Vollporträt. In ausdrucksvollen, warmen Farbtönen holte er das Beste aus der Wiedergabe des Faltenwurfs und der Gewänder heraus. Das menschliche Gesicht zeigte er aus allen Winkeln. Mit größtem Erfolg malte er Kaiser Karl V. auf dessen Schlachtross und kreierte damit eine weitere Mode, die bis zum Zeitalter Bonapartes anhielt. Er malte Papst Paul III. und spezialisierte sich darauf, Schläue, Frömmigkeit und Strenge zu porträtieren. Seine Gemälde zieren Scharen schöner Frauen, bekleidete wie unbekleidete; gerne verweilte er bei ihrer Wollust, Sinnlichkeit und gelegentlich auch ihrer Intelligenz. Tizians Bildnisse erfüllten die Reichen und Berühmten mit Ehrfurcht; sie wollten ihm unbedingt Modell sitzen und wiesen andere Maler, die sie gern porträtiert hätten, ab. Seine Pinselführung war das Ausschlaggebende, aber auch wenn er in seiner Jugend gut zeichnete, haben nur wenige Zeichnungen aus seinen späteren Schaffensphasen überdauert. Er malte direkt auf die Leinwand, verwandte dabei eine nur geringe Unterzeichnung und verzichtete oft ganz auf eine vorbereitende Skizze. Dies stand nach Auffassung der Florentiner Maler im diametralen Gegensatz zur richtigen Praxis, da ein Bild vorgezeichnet und komponiert sein sollte und man es vollendete, indem man die Farbe auf die bereits bestehende Unterzeichnung auftrug. Tizian dagegen hätte durchaus einwenden können, dass die Wirklichkeit nicht aus Linien, sondern aus Formen besteht, und dass die Farbe Teil der Formen ist und diesen innewohnt. So gründete er die Formen auf die Farbgestaltung, nicht auf die Linienführung. Dies erlaubte eine große Spontaneität und eine Arbeitsatmosphäre, die das Genie des Meistermalers entfesseln konnte. In gewisser Weise handelte es sich um eine ebenso bedeutende Änderung wie die Verwendung von Ölfarbe. Die meisten Maler sind seither Tizians Malweise gefolgt. Aber sie ist nicht immer angebracht, und im hohen Alter hat er sie tatsächlich falsch eingesetzt. Schließlich hörte er ganz auf, Unterzeichnungen zu verwenden, sondern trug Farbschichten auf, auf denen er seine malerischen Gerüste aufbaute. Die Pinselstriche wurden dicker und gröber, wobei er seine Finger als Pinsel benutzte. Gelegentlich erzielte er auf diese Weise Aufsehen erregende Effekte, doch häufiger war das Ergebnis, dass man sich nach der Zeit Giorgiones zurücksehnte.

Als das goldene Zeitalter der venezianischen Renaissancemalerei zu Ende ging, wurde das Werk Tizians durch das Tintorettos, eigentlich Jacopo Robusti (1518–1594), abgerundet. Tintoretto kam aus einer Familie von Malern. Er arbeitete fast sein Leben lang in Venedig, schmückte viele der wichtigsten öffentlichen Gebäude, darunter den Dogenpalast, und bemalte riesige Leinwandflächen. Er schuf ein riesiges Werk, darunter mindestens acht *Abendmahle*, manche von monumentalen Ausmaßen. Er führte Tizians Malverfahren weiter und entwickelte die *prestezza*-Technik der raschen Pinselstriche. Dadurch erzeugte er eher Eindrücke von Gesichtern und Gegenständen, als dass er diese im Detail ausführte. Seine wichtigsten Gemälde sollte man aus einiger Entfernung betrachten und nicht aus der Nähe inspizieren. Die meisten Menschen, vor allem die Auftraggeber, wollten aber natürlich beides: die Bilder aus der Ferne begutachten und sich ihnen dann nähern, um die kunstfertige Ausführung unter die Lupe zu nehmen. Viele Auftraggeber im Venedig des 16. Jahrhunderts hielten Tintorettos Werke für unvollendet und verlangten oft, er solle an ihnen weiterarbeiten, aber er lehnte ab. So wandten sie sich einem Künstler aus Verona zu, Paolo Caliari, bekannt als Veronese (1528–1588), der in ebenso großem Maßstab malte, aber glattere und weichere Effekte erzielte und die von der venezianischen Gesellschaft so geliebten schwelgerischen szenischen Hintergründe und luxuriösen Gewänder in die Malerei einführte.

Zum Ende seines Lebens war Tintoretto vergleichsweise arm, so dass seine Witwe die Behörden um finanzielle Unterstützung bitten musste. Mit seinen besten Werken erzielte er jedoch ungeheure Wirkungen, ganz andere, als Tizian anstrebte. In der Gemeindekirche Santa Maria dell'Orto, wo er begraben liegt, schuf er ein *Jüngstes Gericht*, das in vielerlei Hinsicht beeindruckender ist als das Michelangelos in der Sixtinischen Kapelle. Es ist das Ende der Welt, präsentiert in dramatischster Manier. Binnen weniger Jahre hatte Caravaggio eine neue und spektakuläre Epoche des Realismus eingeleitet und die letzten Blätter vom Baum der Renaissance in alle vier Winde verstreut.

VI. AUSBREITUNG UND NIEDERGANG DER RENAISSANCE

Die Ausbreitung der Ideen und Formen der Renaissance in Italien vollzog sich zunächst nur allmählich. Außerhalb Italiens geschah dies noch langsamer. Dem Geist und dem Auge der Nordeuropäer entsprach das, was wir als Gotik bezeichnen. Deshalb hielt sich dieser Stil so lange. Im 14. und 15. Jahrhundert erlebten Malerei, Bildhauerei und Architektur in Teilen Nordeuropas, vor allem im Burgund und in den Niederlanden, in Frankreich und Süddeutschland eine Blütezeit. Ihren Höhepunkt erreichte sie in den großartigen Tafelbildern des Jan van Eyck, in den prächtigen Illustrationen der Brüder Limburg zum Stundenbuch *Très riches heures du Duc de Berry* sowie in den luftigen Kathedralen und prachtvollen Schlössern. In England war die letzte Phase der Spätgotik, der Perpendikularstil, im ersten Viertel des 16. Jahrhunderts vorherrschend. Die Gotik gehört zwar zu den schöpferischsten Perioden der europäischen Geschichte, doch was geschaffen wurde, wurde im »alten Stil« bewerkstelligt; die Spätgotik war Kunst des Mittelalters, verfeinert, verbessert, mit mehr Ornamenten und Verzierungen versehen, aber nach wie vor mittelalterlich geprägt. Die Gelehrten Nordeuropas lasen bereits eifrig die wieder entdeckten griechischen und römischen Texte, aber die Künstler suchten in der Antike noch nicht nach Vorbildern.

Der erste Nordeuropäer, der sich ernsthaft mit den neueren künstlerischen Entwicklungen in Italien beschäftigte, war Albrecht Dürer (1471–1528), Sohn eines Nürnberger Goldschmieds. Dürer, selbst Kupferstecher, bekam anhand von Stichen Einblick in die italienische Ideenwelt und begab sich 1494 im Alter von 23 Jahren nach Venedig. Während er langsam zu Fuß gen Süden wanderte, zeichnete er eine Reihe wunderschöner Aquarelle. Er

notierte sein Erstaunen über das Licht und die Farben des
Südens, die Olivenhaine und die Architektur (seine Ansicht des
Arco, die er auf seiner Rückreise malte, ist das erste europäische
Landschaftsmeisterwerk in Aquarell). Er lernte sehr viel in Italien, und als er zwischen 1505 und 1507 dorthin zurückkehrte,
setzte er seine Studien fort. Später legte er seine Eindrücke in
theoretischen Schriften nieder, vor allem in seinem Lehrbuch
Unterweisung der Messung. Deutschland sei, so schrieb er, voll
aufstrebender Maler, »geschickter Jungen«, die zu einem Meister
abgeschoben würden und denen man auftrug, diesen zu kopieren. Sie wurden »ahn allen grundt [ohne jede Grundlage] und
allein auß einem täglichen brauch gelehrt . . .; sind dieselben also
im Unverstand wie ein wilder, unbeschnittener Baum auferwach-
sen.« In Italien habe er die Bedeutung der Mathematik in der
Kunst kennen gelernt: die Notwendigkeit, jeden Teil des menschlichen Körpers zu vermessen, um Genauigkeit zu erlangen, die
Notwendigkeit, sich wissenschaftlich mit der Perspektive zu be-
schäftigen, so dass richtig gemalte Körper realistisch im Raum
platziert werden können. Aus den Schriften des Plinius habe er
erfahren, fügte er hinzu, dass die Meister des Altertums – Apel-
les, Protogenes, Phidias, Praxiteles und andere – die Kunst der
Malerei und Bildhauerei systematisch und auf wissenschaftlicher Grundlage erlernt und sogar Bücher über ihr Können geschrieben hätten. Diese aber seien verloren gegangen, wie auch
das, was seiner Auffassung nach die vernünftige Grundlage der
Kunst war. Die Kunst sei ausgestorben gewesen, bis sie vor eineinhalb Jahrhunderten [in Italien] wieder ans Licht gekommen
sei. Ihm gehe es darum, so Dürer, ein bescheidener, aber ent-
schlossener Mann, den Menschen außerhalb Italiens zu zeigen,
wie Kunstwerke beschaffen sein sollten, so beschränkt seine
eigenen Fähigkeiten und Kenntnisse auch seien, und deswegen

fordere er die Kritiker auf, ihn auf die Fehler seiner gegenwärtigen Arbeiten hinzuweisen, auch wenn er der Grund gewesen sein sollte, dass die Wahrheit ans Licht gekommen sei. Wir erkennen Dürer als jemanden, der den Standpunkt der Perspektive eingenommen hat: Es geht ihm um die Zurückweisung der mittelalterlichen Kunst als eine verfälschende; um das Erfordernis, die Werke der Antike praktisch zu untersuchen, indem man ihre überlieferten Zeugnisse studiert, wie auch theoretisch, indem man die Texte liest; um die Konzentration auf die menschliche Gestalt und deren präzise Wiedergabe mittels wissenschaftlicher Studien; und schließlich um die Beherrschung der Perspektive.

Es ist wichtig herauszustellen, was Dürer über den Einfluss der italienischen Maßstäbe auf die Kunst des Nordens sagte. Neuere historische Forschungen verweisen darauf, dass es sich bei der künstlerischen Wechselwirkung zwischen den Regionen nördlich und südlich der Alpen um einen zweiseitigen Prozess und nicht nur um eine einfache Aneignung italienischer Ideen durch die immer noch mittelalterlich geprägten Mittel- und Nordeuropäer handelte. Dies war die Botschaft der wichtigen Lorenzo-Lotto-Ausstellung in der National Gallery, Washington, im Jahre 1997, der Ausstellung der Renaissancekunst in den Niederlanden im Metropolitan Museum, New York, 1998, und der Ausstellung »Venedig zur Zeit der Renaissance und der Norden« im Palazzo Grassi in den Jahren 1999/2000. Die gewichtigen Kataloge, die diese Ausstellungen begleiteten, präsentieren überaus detailliert die Belege für den Beitrag des Nordens zur Kunst der italienischen Renaissance. Aber Dürer war ein Künstler, der sich über das Verhältnis zwischen Norden und Süden in der Kunst vollkommen im Klaren war. Für ihn war seine Italienreise eine künstlerische Offenbarung, das, was wir als »Kulturschock« bezeichnen würden.

Für einen Maler reflektierte Dürer ungewöhnlich tief, im Grunde läßt sich von seinen Werken ablesen, wie die italienische Renaissance ihn veränderte. In dieser Hinsicht wie auch bezüglich anderer Aspekte war er einzigartig. Sein Zeitgenosse Matthias Grünewald (um 1470–1528) gibt uns keine Hinweise darauf, wie die neuen, »durch Wissenschaft« inspirierten Ideen über die Perspektive und die Wiedergabe der menschlichen Gestalt seinen *Isenheimer Altar* (1515) beeinflussten, was aber ohne Zweifel der Fall ist. Albrecht Altdorfer (um 1480–1538) profitierte zwar auf hervorragende und höchst individualistische Weise von der Wiedergeburt der klassischen Mythologie in Italien, schwieg sich jedoch über seine Ziele aus. Doch zuweilen spricht ein Kunstwerk für sich selbst. Im Jahr 1506, während Dürers zweiter Italienreise, malte Lucas Cranach der Ältere (1472–1553) ein Altar-Triptychon, *Das Martyrium der heiligen Katharina* (heute in Dresden), bei dem er Ölfarben auf Lindenholz verwendete. Katharina, bei den Künstlern des Mittelalters eine der populärsten Heiligen, war eine hochwohlgeborene Dame im Alexandria des 14. Jahrhunderts. Sie lehnte ein Heiratsangebot des Kaisers Maxentius ab, disputierte erfolgreich mit fünfzig heidnischen Philosophen über die Vorzüge und Verdienste des Christentums und wurde zum Tod durch Rädern verurteilt. Doch ein Blitz Gottes traf das Rad und zerbrach es, und viele Heiden starben den Feuertod. Am Ende wurde die mutige Dame enthauptet.

Cranach behandelt diese fantastische Geschichte mit einer hypnotisierenden Mischung aus Realismus und Extravaganz. Die Szene spielt unter einem dräuenden, von Blitzen erhellten Himmel. Das in brillant gemalten Details wiedergegebene Wittenberg befindet sich in der linken oberen Ecke der mittleren Tafel. Cranach porträtiert die Führungsschicht der Stadt im

Kreis um Katharina: die Professoren, Theologen und Adligen inmitten von Menschen, die durch die fromme Beredtheit der Heiligen bekehrt werden. Der bedeutende humanistische Gelehrte Schwarzenberg stürzt vom Pferd. Friedrich der Weise wirkt verwirrt. Die liebevoll geschilderten Freunde und Auftraggeber werden in die Katastrophe hineingezogen, ihre Seelen gerettet, ihre Leiber stehen kurz davor, zerstört zu werden. Die Farben sind hell, frisch, strahlend. Man sieht Blumen, Bäume, Farne und exotische Gräser in großer Fülle. In der Mitte des Bildes kniet Katharina, gelassen, schön und unerschrocken, ihren Tod und ihre Heiligung voll Gottvertrauen erwartend. Sie ist die Braut Christi und trägt ihre schönsten Kleider: ein exquisites Gewand aus scharlachrotem Samt mit schwerem Goldbesatz, feine Brüsseler Spitze an den Handgelenken, Rubine und Perlen vor der Brust, mit einem goldenen Kragen um die Schultern. Das rote Haar ist sorgfältig in Locken gelegt. Der Scharfrichter mit den hübschen Gesichtszügen, der gerade das Schwert erhebt, ist nicht weniger modisch gekleidet. Es ist Pfeffinger, der hochgewachsene Kanzler des Königs. Er ist angezogen nach der neuesten Mode, seine Hose ist schwarz, rot und weiß gestreift, die goldenen Seidenbänder sind direkt unter den Knien zusammengebunden, darüber trägt er eine goldseidene, blumenbestickte Jacke mit Schlitzärmeln. Sein Page ist ebenso hübsch anzusehen; auf einer der Seitentafeln verteilt ein bezaubernder kleiner Knabe, gemalt nach Johannes Friedrich, dem Sohn des Königs, Blumen an drei wunderschöne Heilige, die heilige Dorothea, die heilige Agnes und die heilige Kunigunde. Auch sich selbst hat der Maler mit einer Blütenkrone geschmückt. Auf der anderen Bildseite sieht man drei üppige Damen, die heilige Barbara, die heilige Ursula und die heilige Margarethe, begleitet von einem gezähmten Drachen, unter dem Schutz des Coburger Schlosses stehend. Dieses wundervolle Gemälde, Cranachs Meisterwerk, strahlt allem effekthascherischen Sujet zum Trotz Lebensfreude und Innigkeit aus. Es ist eine etwas disparate, aber doch zutiefst befriedigende Mischung aus mittelalterlichen, nordeuropäischen Wertvorstellungen und dem erregenden neuen Geist des Südens, eine freudige Ode an die deutsche Entdeckung der Renaissance. Wäre das Bild zu Beginn der Hochrenaissance in Rom geschaffen worden, hätte es bei den italienischen Kunstkennern jedoch vermutlich heiteres Gelächter hervorgerufen. Es war die Art von Gemälde, die Michelangelo als »äußerlich genau, [aber] ohne Vernunft oder wahre Kunst gemacht, ohne Symmetrie oder Proportion«, abgetan hätte, eine Ansicht, die ungefähr eine Generation später auch in Vasaris *Lebensläufen der Maler* zum Ausdruck kam.

Und wenn sich die Nordeuropäer, mit Ausnahme Dürers, auch weitgehend über die Ausbreitung der Renaissance ausschwiegen, so gilt das umgekehrt auch für die Italiener, die sie nach Norden über die Alpen brachten. Der florentinische Bildhauer Pietro Torrigiano (um 1472–1528) begab sich nach England. Dort schuf er zwar zwischen 1511 und 1518 für Heinrich VIII. in der Abtei von Westminster die Grabmalbildnisse der Eltern des Königs, hinterließ jedoch keine Aufzeichnungen über seinen Aufenthalt. Wir wissen (durch Vasari), dass Torrigiano Michelangelo bei einem Streit die Nase brach, doch nicht, wie er die Bildhauerei der Renaissance nach London brachte. Leonardos Leben in Frankreich ist recht gut dokumentiert, aber er schildert nicht, auf welche Weise er die Ideen der Renaissance vermittelte. Auch taten dies weder Rosso Fiorentino noch Francesco Primaticcio, als sie im Auftrag Franz' I. die Große Galerie im Schloss Fontainebleau ausschmückten.

Der Buchdruck und das Schießpulver sorgten aller Wahrscheinlichkeit nach effektiver als irgendetwas sonst für die Aus-

breitung der Renaissance. Wir haben bereits die außergewöhnlich rasche Verbreitung des Buchdrucks in Europa erwähnt.
Durch das Druckverfahren entstanden vergleichsweise preiswerte Stiche, die die italienischen Vorstellungen über die
menschliche Gestalt, die Perspektive sowie die Schönheiten der
klassischen Mythologie in ganz Europa verbreiteten, und zwar
vor allem in den Werkstätten der Kunsthandwerker und Künstler. Seit Beginn des 16. Jahrhunderts finden sich in den Töpfer-
und Silberwaren, in den kunstvollen Arbeiten der Goldschmiede, in Wandteppichen, in Seiden- und Dekorationsstoffen, selbst
in den Möbeln überall in Europa die visuellen Techniken und
Gestaltungsmuster der Renaissance wieder.

In dieser Zeit wurden Feldzüge über große Entfernungen
geführt. Im Gefolge der Armeen kamen dann neugierige Fürsten, die es darauf abgesehen hatten, Kunstschätze zu erbeuten.
Die Franzosen hielten sich seit der Mitte der 1490er Jahre in Italien auf, sie plünderten und brandschatzten, doch sie lernten
und erwarben auch. Ihnen folgten die Reichsdeutschen, die die
Halbinsel hinauf- und hinuntermarschierten, Herzogtümer und
Fürstentümer stürzten, aber auch Ausschau nach Neuem hielten. Allmählich gewannen die Staaten an Macht und verfügten
über größere Geldmittel, die sie nun für Kunst ausgeben konnten, um sich selbst zu feiern. So bereitete die Architektur, als die
augenscheinlichste aller Künste, den Weg, und die ausländischen
Fürsten lernten die Formen und die Muster der italienischen
Renaissance schätzen, mit denen sie ihr politisches Gewicht
prachtvoll darstellen konnten. Ungefähr zwischen 1490 und
1550 wuchs die Macht der französischen Krone, die ihre Muskeln nicht nur im Krieg, sondern auch bei ihren Bauvorhaben
spielen ließ. Franz I. gehört zu den größten Baumeistern aller
Zeiten; er importierte die Ideen der Renaissance, die er entlang

der Loire in Schlössern von ungeheurer Größe und Pracht zum Ausdruck brachte. Und da diese Paläste innen geschmückt werden mussten, kamen im Gefolge der Baumeister die Innenarchitekten und Maler, die Möbelmacher und *tapissiers*.

Auch der Aufstieg der Habsburger war ein wesentlicher Faktor für die Ausbreitung der Renaissance. Karl V., Herrscher über Österreich und die Niederlande, Kaiser von Deutschland und König von Spanien und dessen Schutzgebieten, war eine Art Weltherrscher und zugleich ein großer Kunstmäzen. Für ihn kannte die Kunst keine Grenzen: Europa war eine kulturelle Einheit. Also rekrutierte er Künstler aller Art, wo immer sie lebten. Dem alten Maurenpalast von Granada, den Spanien 1492 übernahm, nachdem die Mauren vertrieben worden waren, prägte er den Stempel der italienischen Renaissance auf: Er ließ ein wenig passendes römisch-klassisches Gebäude, einen von Säulen umgebenen Kreis auf einem Platz errichten, um zu zeigen, dass nun *er* der Herr und Meister sei. Später schuf er mit dem außerhalb von Madrid gelegenen Escorial einen riesigen Baukomplex, in dem die Ideen der italienischen Renaissance in dramatische spanische Formen gegossen wurden.

Auch nach Mittel- und Osteuropa drangen italienische Ideen vor; in manchen Fällen geschah dies schon weit vor dem 16. Jahrhundert. Bauten im Stil der Renaissance tauchten außerhalb Italiens erstmals in Ungarn auf. König Matthias I. Corvinus von Ungarn (Regierungszeit 1458–1490), ein Krieger und Eroberer und begeisterter Anhänger der Antike, schaute auf das Römische Reich zurück, um sich inspirieren zu lassen, und auf die Italiener, um sich bei der Umsetzung seiner Ideen von ihnen helfen zu lassen. Im Jahr 1467 holte er »Aristoteles«, eigentlich Rodolfo Fioravanti, der gemeinsam mit Alberti am Obelisken des Vatikans gearbeitet hatte und »sich darin auskannte, schwere Gegenstände zu bewegen«. Fioravanti, Ingenieur und Militärarchitekt, baute in Buda, der Haupstadt Ungarns, eine Brücke. Vasari zufolge brachte Corvinus Pollaiuolo dazu, die Draperien für sein Thronzimmer zu entwerfen, veranlasste Caradosso, goldene Altarbilder für den Dom in Gran (heute Esztergom) zu schaffen, und Filippo Lippi, zwei wunderschöne Tafelbilder beizusteuern. In den Jahren nach Corvinus' Tod waren viele italienische Künstler und Kunsthandwerker in Ungarn tätig. Die Bakócz-Kapelle im Dom zu Esztergom (Baubeginn 1506) ist eines der schönsten Denkmäler der Architektur der Hochrenaissance außerhalb Italiens.

Wie sich herausstellte, waren die im Ausland lebenden italienischen Künstler in der Lage, erfolgreich in fremden Kunststilen zu arbeiten und diese den Renaissancevorbildern anzupassen. Im Jahr 1474 reiste Fioravanti von Buda nach Russland und begann mit den Arbeiten an der Dormition-Kathedrale im Kreml. Frühere Bemühungen einheimischer Handwerker, das Gebäude zu errichten, waren fehlgeschlagen. Fioravanti erfand eine Setzwaage, einen Zirkel und verschiedene Zeichengeräte. Weil er über bessere wissenschaftliche und künstlerische Mittel verfügte – er benutzte für den Mauerbau Ziegelsteine und Zement statt Sand und Kieselsteine, wie auch moderne Steinmetztechniken und Hebevorrichtungen –, konnte er das Bauwerk bereits 1479 vollenden. Eine Generation später erbaute ein anderer Italiener, Alessio Novi, die Erzengel-Michael-Kathedrale (1505–1509), ebenfalls innerhalb der Kremlmauer gelegen. Auch die litauisch-polnische Dynastie der Jagiellonen holte Italiener und ließ einheimische Künstler im Stil der Renaissance ausbilden. Das Wawelschloss in Krakau und das prachtvolle Renaissancegrabmal des Jan Olbracht (1502–1505) sind das Gemeinschaftswerk von Francesco Fiorentino und Stanislaus Stoss. Auch der ein wenig später erbaute große

Innenhof des Schlosses stammt von Francesco, der mit einem einheimischen »Meister Benedikt« zusammenarbeitete. Dies sind nur einige der vielen, in einer neueren Untersuchung zusammengestellten Beispiele für das frühe Vordringen der Renaissance in das östliche Mitteleuropa.*

Am Ende der zwanziger Jahre des 16. Jahrhunderts wurden die Ideen und Formen der Renaissance in den meisten Teilen Europas, auch in der Neuen Welt neu erschaffen oder übernommen. Tizian, der auf der Höhe seiner Schaffenskraft war, galt nicht nur als italienischer, sondern auch als europäischer Künstler. Wie wir gesehen haben, handelte es sich beim literarischen Humanismus um 1500 um eine gesamteuropäische Bewegung. Und überall dort, wo die Bücher des Humanismus bekannt wurden, folgten auch schon bald die Kunstwerke der Renaissance. Zu diesem Zeitpunkt wurde diese auch durch äußere Ereignisse stark beeinflusst. Im 14. und 15. Jahrhundert herrschte in Italien nicht gerade Ruhe. Im Gegenteil: Es war zu regelmäßigen und oft zerstörerischen Kämpfen zwischen den führenden Städten um die örtliche und regionale Vorherrschaft gekommen; aber es hatte relativ wenige Einmischungen seitens fremder Mächte gegeben. In dieser Zeit der italienischen Unabhängigkeit erblühte das Leben in den Städten, und die Renaissance setzte sich durch. Im September 1494 jedoch marschierte Karl VIII. von Frankreich auf Einladung des Herzogs von Mailand mit einem Heer in Italien ein, um das Königtum Neapel zu erobern. Damit war Italiens politische Isolation beendet. In der Folge rissen zwei raubgierige ausländische Mächte, das Valois-Frankreich und das Habsburger Reich, Italien in Stücke, bis es 1559 zum Frieden von

---

* Thomas DaCosta Kaufmann, *Court, Cloister and City: The Art and Culture of Central Europe, 1450–1800*, Chicago 1995, Kap. 1

Cateau-Cambrésis kam. Allerdings handelte es sich um eher sporadische als um fortdauernde Gefechte, die Italien nicht als Ganzes beeinträchtigten. Wegen des massiven Einsatzes von Kanonen mussten rings um die Städte kostspielige Mauern und Befestigungen errichtet werden.

Der Feldzug Karls VIII. hatte unmittelbare Auswirkungen auf Florenz, denn er führte zur Flucht der Medici, zur »Befreiung« Pisas von Florenz und zu Karls triumphalem Einzug in die Stadt. Karl blieb nicht lange, sondern eilte weiter nach Neapel, wo er aber scheiterte. Doch seine Invasion führte zu einer Zeit des Aufruhrs und der Unruhe, in der es zur ikonoklastischen Mission Savonarolas und zu dessen Prozess und Verbrennung auf dem Scheiterhaufen kam. Zwar brachte Florenz weiterhin große Kunstwerke und Künstler hervor, doch in der Stadt »war nie wieder froher, selbstbewusster Morgen«. Aus heutiger Sicht ist unverkennbar, dass die florentinische Renaissance in dem Vierteljahrhundert vor der französischen Invasion, als sie wahrhaft eine für Künstler geschaffene Stadt war, ihren Höhepunkt erreichte.*

Das Zentrum der künstlerischen Aktivitäten verlagerte sich nun unter einer Reihe großzügiger Päpste, insbesondere Julius II. und seinem Medici-Nachfolger, Leo X., nach Rom. Es war das große römische Zeitalter Raffaels und Michelangelos. Doch die französischen Könige setzten ihre Übergriffe auf Italien fort; die aufsteigende spanisch-deutsche Macht fand ihren Bezwinger in dem jüngeren Kaiser Karl V., und Franz I. erlitt eine entscheidende Niederlage. Durch seine Gefangennahme in der Schlacht von Pavia im Jahr 1525 wurden die Deutschen zu den Herren

* Patricia Lee Rubin und Alison Wright, *Renaissance Florence: The Art of the 1470s*, London 1999

über Italien; zwei Jahre später marschierte Karls Söldnerheer,
nicht ganz seinem Wunsch entsprechend, in Rom ein und plün-
derte die Stadt. Damit war, so könnte man sagen, die Hochrenaissance zu Ende, und ein halbes Jahrhundert lang war das
kulturelle Klima Roms nicht mehr dasselbe. Doch beendeten die
Kriege, die Kriegsgerüchte und die Besetzung der Städte nicht
zwangsläufig die künstlerischen Aktivitäten. Vielmehr konnten
zahlreiche Künstler in diesen unruhigen Zeiten weiterarbeiten
und wichtigen Aufträgen nachkommen. Aber der Verlust der italienischen Selbstachtung, die ständigen Invasionen durch ausländische Mächte sowie die regelmäßig wiederkehrende Verar-
mung weiter Landesteile hatten unweigerlich Folgen. Deshalb ist
es kaum verwunderlich, dass nach der Plünderung Roms die
künstlerische Führerschaft in Italien nach Venedig überging, das
sich zwar an den verschiedenen Koalitionen, die die Städte auf
Grund der Invasion zu schließen gezwungen waren, beteiligt
hatte, selbst aber von direkten Angriffen verschont geblieben
war. In der Mitte des Jahrhunderts verschwand allmählich die
absolute Vorherrschaft, die Italien in den Künsten einst ausgeübt
hatte, da Frankreich, Deutschland, die Niederlande, Spanien
und sogar England zunehmend kulturelles Selbstbewusstsein
entwickelten. Zu einer Zeit, als sich die Ideen der italienischen
Renaissance mit wachsender Geschwindigkeit über ganz Europa
ausbreiteten, versiegte also die eigentliche Quelle.

Außerdem gab es da noch den religiösen Faktor, der zuneh-
mende Bedeutung gewann. Das mittelalterliche Europa war insofern eine totalitäre Gesellschaft, als die katholische Kirche in
Sachen geistiger und geistlicher Führung niemanden neben sich
duldete, sondern vielmehr die staatliche Macht zur gewalttätigen Unterdrückung von Häresien einsetzte. Theoretisch strebte die Kirche danach, jeden Aspekt kultureller Betätigung zu

kontrollieren. Praktisch agierte sie oft überraschend liberal oder nachlässig, so dass viele Künstler mit ihren neuartigen Projekten ohne Überwachung fortfahren konnten. Zwar wurde Nacktheit im Allgemeinen nicht gebilligt. Den Wurzeln des Volksglaubens erwuchsen jedoch Formen christlicher Mythologie und ein Wunderglaube – vieles davon bloße Folklore bar jeder Rechtfertigung durch die Bibel –, die den Künstlern schöne Themen lieferten. Gegen Ende des Mittelalters waren diese fantastischen und magischen Erzählungen mit symbolischen und allegorischen Elementen verwoben, die seltsame Visionen hervorbrachten, etwa in den Werken von Hieronymus Bosch (um 1450–1516), wenngleich man auch nicht verkennen darf, dass Boschs Faszinationskraft für seine Zeitgenossen nicht die gleiche war, wie sie für uns heute ist. Heinrich III. von Nassau beispielsweise kaufte Boschs *Garten der Lüste* nicht deshalb, weil er das Gemälde erbaulich fand, sondern weil es ihm und seinen Gästen »skurril« und komisch erschien.[*]

Die Maler der Renaissance profitierten in hohem Maße von dieser Freiheit beziehungsweise Laxheit. Natürlich waren sie den detaillierten Anweisungen oder Launen ihrer kirchlichen Auftraggeber unterworfen, die oft schwierig waren, wie viele erhaltene Verträge bezeugen. Doch es gab keine zentrale Kontrollinstanz, die den Künstlern sagte, was sie zu tun oder zu lassen hatten. Manche Päpste, wie etwa Pius II. (Papst von 1458–1464), waren selbst Humanisten oder den Zielen der Renaissance generell freundlich gesonnen. Letzteres galt für alle Päpste von Sixtus IV., gewählt im Jahr 1471, bis zu Klemens VII., gewählt im Jahr 1523. Wenn man bedenkt, dass die Renaissance in einer wichtigen Hin-

[*] Vgl. E. H. Gombrich, *Gombrich about the Renaissance*, Bd. III, London 1993, S. 79 f.

sicht eine Feier der künstlerischen und geistigen Tugenden der heidnischen Antike und deren Übertragung auf das Kulturleben der Neuzeit darstellte, ist das Ausmaß der Toleranz beachtlich. Dass das Oberhaupt der katholischen Kirche Szenen heidnischer Mythologie nicht nur genehmigte, sondern auch in Auftrag gab und dafür bezahlte, wurde in der Regel als selbstverständlich erachtet. Und nur wenige verhärtete Geister, etwa Savonarola, stellten dies in Frage. Seine Hinrichtung kann deshalb auch als Sieg der Wertvorstellungen der Renaissance betrachtet werden. Ob Botticelli dieser Aufassung zugestimmt hätte, ist jedoch fraglich.

Doch die geistige Toleranz der Kirche war auch ein Kennzeichen ihrer absoluten Einheit und unangefochtenen Vorherrschaft. Als diese verschwanden beziehungsweise in Frage gestellt wurden, herrschte – auf beiden Seiten – ein anderer Geist. Auch wenn die Reformation, die ihre ersten Auswirkungen auf die geschichtlichen Ereignisse in den zwanziger Jahren des 15. Jahrhunderts zeigte, vielschichtige Ursachen hatte, spielte die Renaissance doch unzweifelhaft eine Rolle. Besonders ausgeprägt war das kritische Denken unter den humanistischen Gelehrten. Sie richteten den Blick auf eine als ideal empfundene Vergangenheit und nahmen alles Gegenwärtige genau unter die Lupe. Dabei identifizierten sie nicht nur fehlerhafte Texte und gefälschte Dokumente, sondern nahmen auch gesellschaftliche Institutionen und Gebräuche kritisch ins Visier. Und da aus der Sicht der Intellektuellen die bei weitem wichtigste Institution die katholische Kirche war, konzentrierten sie sich immer stärker auf Rom und das, was es erlaubte. So wie sie antike Texte gern ihrer mittelalterlichen Ablagerungen entkleideten, suchten sie unter der von vielen als abstoßend empfundenen Praxis der Amtskirche die ursprüngliche, apostolische und pfingstliche Gemeinde zu finden. Hinsichtlich ihrer Ziele und Methoden ähnelte die Reformation der Renaissance im weitesten Sinne. Ebendeshalb wurde später von Erasmus, dem bedeutendsten Humanisten, behauptet, er »habe das Ei der Reformation gelegt«.

Da es in der Reformation um die Beseitigung der mittelalterlichen Schlacken am Urchristentum ging, zu der auch die Macht des Papsttums gehörte, war es unvermeidlich, dass die Ziele der Humanisten und Reformer verworren wurden. Die Humanisten befassten sich nicht nur mit geschriebenem Latein, um darauf abzuzielen, eine mittelalterliche und volkstümliche durch klassische Reinheit zu ersetzen, sondern es ging ihnen auch um die Aussprache. Besonders lag ihnen an der Förderung des Griechischen, obgleich sie dessen klerikalen Gebrauch als »barbarisch« abqualifizierten. In den dreißiger Jahren des 16. Jahrhunderts in England wurden die Reformierten oder »Häretiker« deshalb von konservativen Kirchenleuten oft anhand der »neumodischen« Aussprache des Griechischen erkannt. Zu einer weiteren Quelle des kulturell-religiösen Streits wurde die Musik. In der katholischen Kirche herrschte schon seit langem Unmut wegen der Art, wie die Polyphonie und andere sich ausbreitende musikalische Ausdrucksmittel die Bedeutung der in der Messe gesungenen Texte und anderer Kirchenmusik überdeckten. Im Jahr 1324 erließ der Avignon-Papst Johannes XXII. ein misslauniges Dekret, in dem »bestimmte Jünger der neuen Schule« verurteilt wurden, weil »sie es vorzogen, eigene Wege zu ersinnen, anstatt weiterhin in der alten Weise zu singen«: Er beklagte, dass »der Gottesdienst nun mit halben Noten durchgeführt und dass mit diesen Noten von geringem Wert jede Komposition belästigt wird. Überdies stutzen sie die Melodien mit Unterbrechungen und verderben sie mit Diskant.« In diesem ärgerlichen Tonfall geht es zwar weiter, doch der Erlass endet mit der lahmen Androhung, dass Ungehorsam mit der »Suspendierung vom Amte für eine Woche« bestraft werde.

Da von solchen und ähnlichen Warnungen kaum jemand Notiz nahm, wurde die Kirchenmusik weiter komplizierter und für den Laien unverständlich. Es handelte sich um die für die Gotik typische Vervielfältigung der Komplexität, um das genaue Gegenstück zur ornamentreich verzierten Architektur, dem späteren Perpendikularstil, der in der zweiten Hälfte des 14. bis ins 15. Jahrhundert vorherrschte. Mit Begeisterung für die Renaissance hatte dies nichts zu tun. Es ist zudem nicht ganz klar, ob es so etwas wie Renaissancemusik überhaupt gibt. Um 1316 hatte der Franzose Philippe de Vitry (1291–1361) die »neue Kunst« der musikalischen Notation eingeführt. Dies machte das Schreiben der Noten weitaus flexibler und erlaubte den Komponisten, ihre Wünsche mit Klarheit zum Ausdruck zu bringen und mehr Variationen des Rhythmus einzuführen. Fest steht, dass italienische Musiker in der Musikentwicklung im ausgehenden Mittelalter nur eine untergeordnete Rolle spielten. Die Veränderungen kamen aus Frankreich, den Niederlanden und England. Bemerkenswert ist jedoch: Während Italien in den bildenden Künsten Neuerer und Meister exportierte, importierte es diese auf dem Gebiet der Musik. Der am meisten gefeierte Komponist der Epoche, Adriaan Willaert (um 1490–1562), stammte aus Brügge. Nachdem er mehrere Stellungen in Italien innegehabt hatte, wurde er 1527 zum *maestro di capella* von San Marco in Venedig ernannt, wo sein Gehalt schließlich auf die stattliche Summe von 200 Dukaten im Jahr stieg. Abgesehen davon, dass er neun Messen und unzählige andere Werke, kirchliche wie weltliche, komponierte, machte er die Musik in San Marco zur besten in Europa, mit der es nur Orchester aufnehmen konnten, die vom deutschen Kaiser, den Königen von England und Frankreich, dem Papst oder den Höfen von Mantua und Ferrara finanziert wurden.

Italien hatte also die Ehre, vier der sieben besten Musik-Ensembles in Europa zu beherbergen. Außerdem spielte es bei der Entwicklung von Instrumenten, darunter die Laute, die Violine, die Viola, die Trompete, von Holzblasinstrumenten und Tasteninstrumenten wie dem Cembalo und dem Spinett, eine Rolle. Im 16. Jahrhundert machten die Kompositionen Instrumente erforderlich, die vier Oktaven und die gesamte Chromatik umfassten. Venedig war das erste Zentrum des Buchdrucks, das Partituren herstellte (1501), die Drucke erreichten im 16. Jahrhundert Auflagen von 500 bis 2000 Exemplaren. Außerdem war man in Italien in der Musik hinsichtlich der Wiederentdeckung der Antike wegweisend und veröffentlichte dort unter anderem die Werke Isodors von Sevilla (1470) sowie die musiktheoretischen Schriften Platons und Aristoteles'. Im ersten Viertel des 16. Jahrhunderts waren Übersetzungen der Traktate über Musik von Ptolemäus und Baccheus in Druck; 1562 kam die erste Übersetzung der *Harmonielehre* des Aristoxenos in den Handel. 1581 veröffentlichte Vincenzo Galilei in seinem *Dialogo della musica antica e della moderna* sogar drei antike griechische Hymnen des Mesomedes, die auf dem Weg über Byzanz erhalten geblieben waren.*

Es gibt Hinweise, dass sich im 16. Jahrhundert das musikalische Wissen in den Städten Europas ausbreitete und ein bürgerlicher Markt entstand, der den fürstlichen ergänzte. Aber die Vertreter der Reformation legten Wert darauf, dass die Religion

---

* Zur Diskussion der Renaissancemusik vgl. *The New Grove Dictionary of Music*, Bd. 15, *Music in the Age of the Renaissance* von L. L. Perkins, New York 1999

populär sein müsse. Das bedeutete, dass sie in der Volkssprache präsentiert werden sollte – ebenfalls eine Vorstellung der Renaissance. Und dies wiederum hieß, dass alle alten Vertonungen auf Lateinisch ausgesondert werden mussten. Überdies beharrten die rigoroseren unter den Reformatoren darauf, durchaus auf einer Linie mit Johannes XXII., dass komplizierte Vertonungen unzulässig seien, vor allem, dass auf jeder Silbe, mehr noch auf jedem Wort, nicht mehr als eine Note gesungen werden sollte, damit die Gemeinden dem Text folgen könnten. Sie wiesen die Messe mit ihrer komplizierten Vertonung der Psalmen zurück und zogen Kirchenmusik vor, die einfach und biblisch war, wie etwa der Psalmengesang, der unkomplizierte metrische Vertonungen schuf (beispielsweise in den Gottesdiensten, die vor der St.-Pauls-Kathedrale in London abgehalten wurden). Auch die Reformatoren, allen voran Luther selbst, schrieben Texte für Kirchenlieder in der Volkssprache, mit wirkungsstarkem biblischem Inhalt und zu nichtpolyphoner Musik gesetzt.

Derartige Entwicklungen wie auch die allgemeine Verwendung der Volkssprache in den Gottesdiensten wurden vor allem in den Städten populär, in denen immer mehr Bürger lesen und schreiben konnten und die Bibel lasen. In den vierziger Jahren des 16. Jahrhunderts verlor die katholische Kirche nicht nur den Norden Deutschlands, einen großen Teil Frankreichs, Englands, Schottlands und Skandinaviens, sondern sah sich fast überall in die kulturelle Defensive gedrängt. Sie reagierte darauf mit einer Reihe von Maßnahmen, die häufig in sich widerspruchsvoll waren. Erstens verstärkte sie die Aktivitäten der Inquisition, vor allem in Spanien (wo diese im Grunde genommen vom Staat geleitet wurde) und in Italien (wo sie dem Papsttum unterstand). Zweitens gründete sie neue Orden, etwa den Jesuitenorden, dessen Hauptziel die Erziehung und Bildung auf allen Ebenen war.

Drittens wurde sie puritanischer. Insbesondere das Papsttum hörte auf, Künstler zu fördern, die mythologische und Aktbilder bevorzugten, und ließ die Geschlechtsteile der männlichen Statuen bedecken. Viertens begann sie sich zu reformieren. Diese Reformen nahmen unterschiedliche Formen an. Die wichtigsten betrafen die richtige Ausbildung der Priester, die Gründung von Priesterseminaren und -schulen sowie die Betätigungen der Schlüsselmitglieder des Episkopats, wie etwa des bedeutenden Karl Borromäus, des Kardinals und Erzbischofs von Mailand. Mit der Einberufung des Konzils von Trient im Jahr 1545 wurde die Reformbewegung institutionalisiert. Das Konzil tagte, mit Unterbrechungen, beinahe zwei Jahrzehnte, doch erst in seiner Schlussphase wandte es sich direkt kulturellen Angelegenheiten zu.

Zu diesem Zeitpunkt hatte man die katholische Kirche mit der »alten« Musik identifiziert, das heißt, jedweder polyphoner Musik mit lateinischen Texten. Die meisten Berufsmusiker waren, und zwar auch in den vorherrschend protestantischen Gesellschaften, katholischen Glaubens; ihr Lebensunterhalt stand auf dem Spiel. Königin Elisabeth von England war Protestantin, besaß aber eine durch und durch katholische Königliche Kapelle, die zur Zielscheibe der fortgeschrittenen Reformatoren, vor allem derer mit puritanischen Neigungen wurde. Indem sie die katholischen Musiker und Komponisten schützte, rettete Königin Elisabeth die englische Musik vor dem Untergang, doch geriet die Polyphonie und alles damit in Zusammenhang Stehende innerhalb der katholischen Kirche, auch in Rom selbst, in die Kritik. So äußerte 1549 ein italienischer Bischof, Cirillo Franco, über polyphone Messen: »Wenn eine Stimme *Sanctus* sagt, sagt eine andere *Sabbaoth*, und so erscheint mir das Ganze eher wie Katzengeschrei im Januar denn als Blumenblüte im

Mai.« Zehn Jahre zuvor hatte Giovanni Morone, Bischof von Modena, in seinem Dom die Polyphonie zu Gunsten des einstimmigen Gesangs abgeschafft. Er war einer der päpstlichen Kardinäle, der die Diskussion über Kirchenmusik überwachte, als sich das Trienter Konzil schließlich zwischen 1562 und 1563 mit dem Thema befasste. Nach einer berühmten Geschichte oder Legende schuf der Kapellmeister in Santa Maria Maggiore in Rom, der Komponist Giovanni Palestrina (1525–1594), seine *Missa Papae Marcelli* für eine besondere Aufführung, um zu zeigen, dass man die Polyphonie mit Verständlichkeit verbinden könne, und dies hatte dann die gewünschte Wirkung. Ob diese Geschichte wahr ist oder nicht – fest steht, dass das Konzil von Trient ohne zerstörerische Beschlüsse auf dem Gebiet der Musik endete.

In der Malerei lagen die Dinge anders. Hier beschloss das Konzil auf seiner Schlusssitzung, dass Geschichten über heilige Personen, die sich nicht in den kanonischen Texten fanden, und Wunder, die die Kirche nicht als wahrscheinlich beglaubigt hatte, in Kunstwerken, die in Kirchen oder anderen religiösen Gebäuden aufgestellt werden sollten, nicht vorkommen durften. Streng genommen handelte es sich nicht um einen Akt des Ikonoklasmus, denn er richtete sich in die Zukunft, nicht in die Vergangenheit. Es wurden zwar nur wenige existierende Bilder entfernt, im Gegensatz zu dem, was in zahllosen Bauwerken durch protestantische Eiferer geschah. Dennoch beendete das Konzil alle künftigen Arbeiten dieser Art und beraubte die religiösen Künstler einer ihrer thematischen Hauptquellen. Das bedeutete das Ende des Mittelalters, und mit einem Schlag waren der schwärmende Erfindungsreichtum und die labyrinthische Einbildungskraft abgeschafft, die so viele wundervolle Kunstwerke hervorgebracht hatten. Dies galt für die Gotik ebenso wie für den Stil der Renaissance, die beide christliche und heidnische Mythologie in sich vereinten. Nicht nur die großen Meister, die in den großen Städten arbeiteten, waren betroffen, sondern auch – und vielleicht mehr – die bescheidenen Künstler und Kunsthandwerker der kleineren Städte und Dörfer, deren Wandgemälde, Kirchenbänke und Schreine wahre Enzyklopädien christlichen Volksglaubens sind, Kunstwerke, die nun allen verboten waren.

Einen noch größeren Einfluss hatten die positiveren Lehren der Gegenreformation, die die Abschlusssitzung des Trienter Konzils offiziell machte. In Reaktion auf den protestantischen Kult der Volkssprache und auf die Einfachheit und Strenge des Puritanismus beschloss die katholische Kirche, eine Politik der Betonung des Spektakulären in die Wege zu leiten. Mit den Jesuiten gleichsam als Vorhut sollten Kirchen und andere kirchliche Bauwerke vor Licht erstrahlen, umweht von Weihrauch, mit Behängen aus Spitze, beladen mit Gold, versehen mit riesigen Altären, prunkvollen Gewändern, sonoren Orgeln und riesigen Chören und einer Liturgie, die zwar von mittelalterlichem Unsinn gereinigt war, sich hinsichtlich Inhalt und Größe jedoch im Wesentlichen triumphalistisch gebärdete. Die Künstler – Maler, Bildhauer, Architekten, Möbelhersteller und Fenstermacher – sollten sich dieser Linie anschließen. Sie sollten den Volksglauben und die Mythologie überwinden und die Geschichte der Christenheit, die Historie der Kirche, den Glauben ihrer Märtyrer und die Vernichtung ihrer Feinde mit all der Kraft und dem Realismus zeigen, der ihnen zu Gebote stand. So trotzte Rom den Protestanten und reizte die Puritaner zu ihren schlimmsten Taten. Der Katholizismus reagierte auf die Schlichtheit und Strenge des Puritanismus mit all seinen Reichtümern, Farben und wirbelnden Linien und all seinem Prunk; er fügte dem Repertoire aber auch neue Formen hinzu, so wie die Künstler sie zu erschaffen vermochten.

Worin die geistigen Vorzüge dieser Politik auch bestanden haben mögen, sie genoss zumindest in Südeuropa große Popularität. Und deshalb gewann die katholische Kirche in den letzten Jahrzehnten des 16. Jahrhunderts verlorenen Boden zurück. Die Herangehensweise der Gegenreformation an die Kunst war die Formel für das, was später als Barock bezeichnet werden sollte – das war Musik in den Ohren ehrgeiziger junger Maler wie Caravaggio, aber der Totengesang für die Renaissance, besser gesagt für die Geisteshaltung, für die sie stand. Doch war die Bewegung ohnehin verbraucht, und in den sechziger und siebziger Jahren des 16. Jahrhunderts war sie am Ende, gestorben wie Michelangelo und Tizian, ihre letzten großen Meister. Aber die Formen der Renaissance hatten Bestand und wurden Teil der Strukturformen der europäischen Künste. Diese wurden im Barock und im Rokoko zusammengefasst und schließlich im Neoklassizismus des ausgehenden 18. Jahrhunderts erneut zum Leben erweckt. Dieses Formenrepertoire umgibt uns bis heute. In vielerlei Hinsicht gehören die Ideale der Renaissance zum dauerhaften kulturellen Erbe der Menschheit, ebenso wie die unvergleichlichen Kunstwerke und die bleibenden Monumente, die diese reiche und fruchtbare Epoche hervorbrachte.

ANHANG

ZEITTAFEL

Einige Jahreszahlen sind als Annäherungen oder auch als spekulativ zu verstehen.

1260 Niccolò Pisano schmückt die Kanzel in der Taufkapelle des Doms in Pisa aus

1302 Dante beginnt *Die Göttliche Komödie* zu schreiben

1311 Duccio verwendet in Siena perspektivische Maltechniken

1334 Giotto wird zum Leiter der öffentlichen Bauten in Florenz ernannt

1341 Petrarca wird in Rom zum Dichter (poeta laureatus) gekrönt

1353 Boccaccios *Decamerone* wird veröffentlicht

1386 Chaucer beginnt mit der Niederschrift der *Canterbury-Erzählungen*

1390 Cennino Cenninis *Buch von der Kunst oder Traktat der Malerei* erscheint

1401 Ghiberti gewinnt den Wettbewerb für das Bronzeportal der Taufkapelle in Florenz

1417–1436 Brunelleschi erbaut die Kuppel des Florentiner Doms

1435 Donatellos *David* wird in Florenz aufgestellt

1450 Alberti beginnt seine Abhandlung über die Baukunst

1455 Die Gutenberg-Bibel wird gedruckt

1465 Giovanni Bellini und Mantegna malen jeweils eine Fassung des *Gebet Christi im Garten Gethsemane*

1470–1480 Die Ölmalerei gelangt nach Italien

1479–1488 Verrocchio entwirft das Reiterdenkmal des Bartolomeo Colleoni

1480 Botticelli malt *La Primavera (Der Frühling)*

1494   Karl VIII. von Frankreich marschiert in Italien ein

1498   Erasmus besucht England

1497–1500   Michelangelo arbeitet an seiner *Pietà*

1500   Giorgiones *Tempesta (Das Gewitter)* entsteht

1504–1505   Leonardo da Vinci malt die *Mona Lisa*

1505–1507   Dürer reist zum zweiten Mal nach Venedig

1512   Raffaels *Sixtinische Madonna* entsteht

1513   Machiavelli beginnt mit der Niederschrift seines Werks *Der Fürst*

1516   Leonardo übersiedelt nach Frankreich

1517   Luther leitet die Reformation ein

1525   Die Schlacht von Pavia

1533   Tizian wird zum Hofmaler Kaiser Karls V. ernannt

1563   Abschlusssitzung des Konzils von Trient

1564   Tod des Michelangelo

1588   Tod des Veronese

1594   Tod des Tintoretto

LITERATUR

Die Literatur über jeden Aspekt der Renaissance ist kaum zu zählen. Deshalb beschränke ich mich an dieser Stelle auf Bücher aus meiner Bibliothek, die ich konsultiert habe. An erster Stelle ist das *Grove Dictionary of Art* zu nennen, herausgegeben von Jane Turner (34. Bd., London 1996); ich zog es zu Rate, um die geschichtlichen Daten, die Schreibung von Eigennamen und den Standort von Gemälden und Skulpturen zu verifizieren. Zur Musik des 15. und 16. Jahrhunderts habe ich außerdem das *New Grove Dictionary of Music* benutzt, herausgegeben von Stanley Sadie (21 Bd., London 1996). Zu den älteren Büchern gehören J. Burckhardt, *Die Cultur der Renaissance in Italien* (Leipzig 1860), sowie Bernard Berenson, *Italian Painters of the Renaissance* (Oxford 1953). Die Bücher von Kenneth Clarke sind immer noch wertvoll, vor allem seine Aufsätze in *The Art of Humanism* (London 1983), sein *Leonardo da Vinci* (rev. Ausg., London 1989) und sein *Leonardo Drawings at Windsor Castle* (zwei Bd., Cambridge 1935). Darüber hinaus habe ich C. F. Black u. a., *Cultural Atlas of the Renaissance* (New York 1993) herangezogen; die *Einaudi History of Italian Art* (zwei Bd., Cambridge 1994); Denis Hay, *The Italian Renaissance in its Historical Background* (Cambridge 1979); John White, *Art and Architecture in Italy 1250–1400* (New Haven, Conn. 1993); J. Shearman, *Early Italian Pictures in the Royal Collection* (Cambridge 1983); M. Levey, *Later Italian Pictures in the Royal Collection* (Cambridge 1991); E. Welch, *Art and Society in Italy, 1350–1500* (Oxford 1993); M. Davis und D. Gordon, *The Early Italian Schools Before 1400* (London 1998); S. J. Freedberg, *Painting in Italy 1500–1600* (London 1993); N. Huse und W. Wolten, *Art of Renaissance Venice* (New York 1993); A. Chastel, *History of French Art: The Renaissance* (zwei Bd. übers., London 1973); J. Dunkerton u. a., *Giotto to Dürer: Early Renaissance Painting in the National Gallery* (London 1991); diverse Bücher von John Pope-Hennessy, darunter *Italian High Renaissance and Baroque Sculpture* (Hrsg., London 1996), *Essays on Ita-*

lian Sculpture (London 1968), *Italian Gothic Sculpture* (London 1955) und *The Portrait in the Renaissance* (Oxford 1966). Wichtig ist auch E. Panofsky, *Renaissance and Renaissance in Western Art* (zwei Bd., Stockholm 1960); (dt. *Die Renaissancen der europäischen Kunst*, Frankfurt am Main 1979).

Weitere detaillierte Studien sind A. J. Lemaître und E. Lessing, *Florence and the Renaissance: The Quattrocento* (Paris 1993); G. Bruckner, *Florence, The Golden Age* (Berkeley 1998); P. L. Robin und A. Wright, *Renaissance Florence: The Art of the 1470s* (London 1999); A. Paolucci, *The Origins of Renaissance Art: The Baptistry Doors, Florence* (übers., New York 1996); (dt. *Die Bronzetüren des Baptisteriums in Florenz*, München 1997); D. Norman (Hrsg.), *Siena, Florence and Padua: Art, Society and Religion 1280–1400* (zwei Bd., London 1995); A. M. Romanini u. a., *Assisi: The Frescoes in the Basilica of St. Francis* (übers., New York 1999); John White, *The Birth and Rebirth of Pictorial Space* (London 1967); S. J. Freeberg, *Painting of the High Renaissance in Rome and Florence* (zwei Bd., rev. Ausg., New York 1989); und Emila Mâle, *Religious Art in France: The Late Middle Ages* (übers., Princeton 1986).

Zu einzelnen Künstlern und Werken habe ich folgende Monografien konsultiert: B. A. Bennett und D. G. Wilins, *Donatello* (Oxford 1984); James Beck, *Jacopo della Quercia* (zwei Bd., New York 1991); John Pope-Hennessy, *Cellini* (New York 1985); C. Avery und D. Finn, *Giambologna* (Oxford 1987); Howard Saalman, *Filippo Brunelleschi: The Buildings* (London 1993); D. Howard, Jacopo Sansovino: *Architecture and Patronage in Renaissance Venice* (London 1987); G. Kreytenberg, *Orcagna's Tabernacle in Or San Michele* (New York 1994), (dt. *Orcagna, Andrea di Cione: ein universeller Künstler der Gotik in Florenz*, Mainz 2000); Colin Eisler, *Jacopo Bellini: Complete Paintings and Drawings* (New York 1989); S. Fermor, *Piero di Cosimo* (London 1993); M. Levey und G. Mandel, *Complete Paintings of Botticelli* (London 1985); R. Lightbown, *Piero della Francesca* (New York 1992); F. und S. Borsi, *Paolo Ucello* (übers., London 1994); (dt. *Paolo Ucello: Florenz zwischen Gotik und Renaissance*, Stuttgart 1993); R. Goffen, *Giovanni Bellini* (New Haven, Conn. 1989); V. Sgarbi, *Carpaccio* (übers., New York 1995); J. Martineau (Hrsg.), *An-*

drea Mantegna (London 1992); M. Cardaro (Hrsg.), *Mantegna's Camera degli Sposi* (Mailand 1993); C. Acidini Luchinat (Hrsg.), *Gozzoli's Chapel of the Magi* (London 1993); J. A. Becherer (Hrsg.), *Pietro Perugino* (New York 1997); C. Fischer, *Fra Bartolommeo* (Rotterdam 1992); M. Clayton, *Raphael and His Studio* (London 1999); C. Pedretti, *Raphael: His Life and Work* (Florenz 1989); A. E. Oppé, *Raphael* (London 1970); L. D. und H. S. Ettlinger, *Raphael* (Oxford 1987); J. Meyer zur Capellen, *Raphael in Florence* (London 1996); *Michelangelo the Sculptor* (Ausstellungskatalog, Montreal 1992); M. Hirst und J. Dunkerton, *The Young Michelangelo* (London 1994); V. Manici, *Michelangelo the Painter* (New York 1985); L. H. Collins und A. Ricketts, *Michelangelo* (London 1991); Ludwig Goldschneider, *Michelangelo: Painter, Sculptor, Architect* (rev. Ausg., Oxford 1986); D. A. Brown, *Leonardo da Vinci: Origins of a Genius* (London 1998), *Leonardo da Vinci: Engineer and Architect* (Ausstellungskatalog, Montreal 1987) und *Leonardo and Venice* (Mailand 1992); A. E. Popam (Hrsg.), *Notebooks of Leonardo* (rev. Ausg., Oxford 1994); Charles Hope, *Titian* (London 1980); Hans Tietze, *Titian* (London 1950); R. Goffen, *Titian's Women* (New Haven 1994); S. S. Nigro, *Pontormo: Drawings* (New York 1991) und *Pontormo: Paintings and Frescoes* (New York 1993); David Ekserdjian, *Correggio* (London 1997); Cecil Gould, *Parmigianino* (London 1995); Ludwig Goldschneider, *Ghiberti* (London 1994); Peter Streider, *Dürer* (London 1982); und R. J. Schoeck, *Erasmus of Europe* (Edinburgh 1990).

Zu den Gemälden, die für das Studium der Renaissance so wichtig sind, habe ich vor allem folgende Sammelwerke konsultiert: M. Jaffé, *The Devonshire Collection of Italian Drawings* (vier Bd., London 1994). F. Gibbons, *Italian Drawings in the Art Museum* (zwei Bd., Princeton, N. J., 1977); J. Byam Shaw, *Italian Drawings in the Frits Lugt Collection* (drei Bd., Paris 1983) und *Drawings by Old Masters at Christ Church* (zwei Bd., Oxford 1976); J. Bean (Hrsg.), *Fifteenth- and Sixteenth-Century Italian Drawings* (New York 1982); *Renaissance Drawings from the Uffizi* (Ausstellungskatalog, New South Wales 1995); N. Turner, *Florentine Drawings of the Sixteenth Century* (London 1986); und J. Wilde, *Michelangelo and his Studio* (London 1975). Zur Ausbreitung der Renaissance in Ost- und Mitteleuropa fand ich erhellend Thomas Da Costa Kaufmann, *Court, Cloister and City: The Art and Culture of Central Europe,* 1450–1800 (London 1995).

Personenregister

Kleine Weltgeschichte

Die neue Taschenbuchreihe mit kompetenten
und informativen Erläuterungen von großen
Ereignissen, Epochen und Ideen. Mit Karten,
Zeittafeln, Personen- und Begriffserläuterungen.

Hans Küng
Kleine Geschichte der katholischen Kirche

Mark Mazower
Der Balkan
Aus dem Englischen von Elvira Willems

Karen Armstrong
Kleine Geschichte des Islam
Aus dem Englischen von Stephen Tree

Michael Stürmer
Das Deutsche Reich 1870–1919

Berliner Taschenbuch Verlag